Publications Illustrées

LA FORÊT DE RENNES

FONTAINE-AUX-PERLES

PAR PAUL FÉVAL

ILLUSTRÉE PAR EUGÈNE FOREST

Prix : 90 cent.

Paris

BOISGARD, éditeur, rue Suger, 13.

Se trouve également chez : MM. MARESCQ et Cie, rue du Pont-de-Lodi, 5,

MARTINON, rue du Coq-Saint-Honoré, 4.
DUTERTRE, passage Bourg-l'Abbé, 20.
LEDOYEN et GIRET, quai des Grands-Augustins, 7.
A LYON : Chez BALLAY et CONCHON.

1851

EN VENTE

ATALA, 2 livraisons, broch., 50 cent.
MARTYRS, première partie, 5 livraisons, broch., 1 fr. 10 cent.
MARTYRS, deuxième et dernière partie, 6 livraisons, broch., 1 fr. 30 cent.
RENÉ, 1 livraison.
LE DERNIER ABENCERAGE, 1 livraison. } broch., 50 cent.
LES QUATRE STUARTS, 3 livraisons, broch., 70 cent.
LES NATCHEZ, 8 livraisons, broch., 1 fr. 70 cent.
LE PRINTEMPS D'UN PROSCRIT, 2 livraisons, broch., 50 c.
VOYAGES EN ITALIE ET EN AMÉRIQUE, 7 livraisons, broch., 1 fr. 50 c.

LE DERNIER ROI, par Henri de Lacretelle, 3 livraisons, broch., 70 cent.
LA MARQUISE DE BRINVILLIERS, par Eugène Bareste, 1 livraison broch., 30 c.
HISTOIRE DE LA BASTILLE, par Camille Leynadier, 7 livraisons, broch., 1 fr. 50 cent.
LE LOUP BLANC, par Paul Féval, 4 livraisons, broch., 90 cent.
MADEMOISELLE LAFAYETTE, par Molé-Gentilhomme, 1 livraison, 20 cent.
LE DONJON DE VINCENNES, par Camille Leynadier, 3 livraisons, broch., 70 c.
LA FONTAINE AUX PERLES, par Paul Féval, 4 livraisons, broch., 90 c.
HISTOIRE DE PARIS, par Dulaure, première partie, 5 livraisons, broch., 1 fr. 10 c.
HISTOIRE DE PARIS, par Dulaure, deuxième partie, 5 livraisons, broch., 1 fr. 10 c.
L'INQUISITION D'ESPAGNE, par Léonard Gallois, 5 livraisons, broch., 1 fr. 10 c.

SOUS PRESSE

L'ITINÉRAIRE DE PARIS A JÉRUSALEM.
LE GÉNIE DU CHRISTIANISME.

LAGNY. — Imprimerie de VIALAT et Cie.

ILLUSTRATIONS LITTÉRAIRES

LA FORÊT DE RENNES

FONTAINE-AUX-PERLES

Par Paul FÉVAL

Le vieux Carhoat et Francin Renard au rocher de Marlet.

I.

LES DEUX VOYAGEURS.

En 1772, la forêt de Rennes rejoignait encore, par une ligne non interrompue de taillis, les grands bois de Broons. La petite rivière de Vanvre, modeste affluent de la Vilaine, coulait obscurément parmi les vastes friches et les interminables bruyères qui côtoyaient la lisière orientale de la forêt.

A peu près à égale distance du bourg de la Bouëxière et de Thorigné, la Vanvre s'encaissait en un petit vallon dont les rampes se couvraient de jeunes taillis, entre lesquels de rares baliveaux dressaient çà et là leurs têtes rondes.

La route qui conduisait de Broons à Saint-Aubin-du-Cormier, route dont s'éloigne considérablement le nouveau chemin communal, suivait une sorte de ravin qui venait couper à angle droit la petite vallée et le cours de la Vanvre.

Cette route, creuse, descendait presque à pic la rampe nord du vallon et venait aboutir à un petit pont formé de deux madriers, soutenus dans l'eau par des poutres.

Les voitures ne pouvaient point passer sur cette arche frêle, et il fallait avoir confiance en sa monture pour s'y risquer à cheval.

Des deux côtés du chemin, sur cette même rampe, on voyait moutonner çà et là la tête chauve du roc.

A quatre ou cinq cents pas du pont, la Vanvre tournait brusquement au nord, et son cours se trouvait masqué par un grand rocher de forme irrégulière qui, vu de loin, semblait surplomber et pendre

LAGNY. — Imprimerie de VIALAT et Cie.

sur la petite rivière. Dans cette partie de la colline, le bois était plus vieux; les arbres touffus et vigoureux grimpaient le long de la montée et cachaient la base arrondie du roc.

C'étaient de grands châtaigniers au sombre feuillage, entre lesquels blanchissaient les troncs sveltes de quelques bouleaux.

Parmi ces arbres, on apercevait le toit grisâtre d'une petite maison couverte en ardoises, qui était comme tapie au pied du rocher.

Elle était un peu plus élevée que les pauvres loges couvertes en chaume, où les gens de la forêt font leur demeure.

Son toit d'ardoises lui donnait d'ailleurs une physionomie autre et moins indigente que celle des cabanes du pays : en outre elle avait une girouette ni plus ni moins que si ses maîtres eussent été de bons bourgeois de Rennes ou de Vitré.

De tout autre point de l'horizon, il devait être fort difficile de distinguer cette maison autrement que par la fumée de son foyer.

D'en haut, elle était couverte par les arbres; d'en bas, le grand rocher qui l'entourait à demi la masquait entièrement.

De l'autre côté de la Vanvre, à égale distance du pont, mais dans une direction opposée, on apercevait une magnifique avenue dont les vieux chênes s'alignaient, montant de biais la rampe méridionale.

Du fond de la vallée on ne voyait entre les grands arbres de l'avenue qu'une échappée du ciel gris de Bretagne; il fallait monter sur la colline du nord pour découvrir, tout au bout de la longue allée, un charmant château assis au revers, un peu au-dessous du son sommet de la rampe opposée.

C'était un édifice d'architecture gracieuse et d'un riant aspect. La poivrière du moyen âge y avait conservé sa petite place au milieu des constructions plus modernes et piquait le ciel de son toit pointu tout près des larges cheminées en briques rouges.

Au-dessous du château, le taillis se fondait insensiblement avec une haute bruyère, qui touchait elle-même à des champs cultivés, coupés de prairies où la Vanvre déroulait à perte de vue son mince filet d'azur.

On était au commencement de l'automne. Les ajoncs jaunissaient sur la lande, mêlant leur or foncé au rose changeant des bruyères. — Au loin, les moissons coupées laissaient leur chaume terne et pâle qui tranchait sur le vert vif des grandes prairies.

La vallée était déserte et silencieuse. On n'y entendait pour tout bruit que le murmure paisible de la Vanvre, caressant les piles vermoulues du petit pont, et parfois, quand la brise d'ouest soufflait plus vive, cet harmonieux écho de lointaines fanfares qui souvent vous fit rêver dans les bois...

Il y avait chasse sans doute quelque part dans la forêt de Rennes.

Il était un peu plus de quatre heures du soir. Le ciel roulait de gros nuages gris qui semblaient peser sur l'atmosphère et l'alourdir. Le soleil ne se montrait point; mais sa chaleur, tamisée par les nuages, se faisait sentir plus pénétrante. De courtes rafales d'un vent tiède secouaient les branches desséchées des arbres. L'eau tranquille de la Vanvre se noircissait, annonçant un orage.

Tout en haut de la route encaissée en forme de ravin, et qui figurait avec la vallée une sorte de croix, deux silhouettes de cavaliers apparurent et se dessinèrent en noir sur le fond terne du ciel.

Ils dépassèrent le sommet de la rampe nord et descendirent le chemin pierreux au petit pas.

L'un de ces deux cavaliers portait le costume d'un gentilhomme, et sa monture, bien que fatiguée, avait fort belle apparence.

C'était un homme de quarante-cinq ans environ, à la figure spirituelle et riante, à la joue bronzée, qu'entourait comme un cadre la riche abondance d'une chevelure poudrée.

Il avait le front large et ouvert; ses yeux bruns, autour desquels l'âge où le sourire avait semé d'innombrables rides ténues et presque imperceptibles, brillaient sous des sourcils dessinés hardiment. Une fine moustache noire se relevait au-dessus de sa bouche légèrement railleuse.

Sa tournure était irréprochable. Il montait fort galamment son cheval et portait son costume, à la dernière mode, de la meilleure façon.

Pour que les passants ne perdissent rien sans doute de ce séduisant ensemble, il avait plié son manteau de voyage sur la croupe de son cheval.

L'autre voyageur pouvait avoir vingt-deux ans. Il était coiffé du tricorne militaire; mais, à la différence de son compagnon, il avait agrafé son manteau, qui cachait tout le reste de son costume, à l'exception d'une culotte blanche collante sur laquelle se boutonnaient de longues guêtres blanches.

C'était une charmante figure, pensive et résolue à la fois. Quelques boucles de cheveux blonds poudrés s'échappaient de son tricorne et tombaient sur son front. Ses yeux d'un bleu obscur, avaient une douceur rêveuse qui se voilait en ce moment de tristesse. Sa bouche était loin de sourire comme celle de son compagnon.

Ses traits avaient une régularité sévère, et son regard seul tempérait la fermeté grave qui était le caractère saillant de sa physionomie.

Il montait un maigre cheval qui s'en allait bronchant et la tête entre les jambes.

A mi-côte, le gentilhomme arrêta sa monture et tira son mouchoir pour secouer la poussière qui couvrait son jabot de dentelle et sa veste de velours.

— Mon compagnon, dit-il, me voici au terme de mon voyage..... Assurément, j'aurais voulu jouir plus longtemps d'une société aussi aimable que la vôtre, mais il est l'heure de faire collation, et je ne suis vraiment pas fâché d'arriver... Si les bêtes parlaient, mon compagnon, je voudrais gager que votre monture en dirait tout autant que moi.

Le jeune homme regarda le cou tendu de son cheval, dont les jambes pliaient harassées.

— Je suis, moi aussi, monsieur, répliqua-t-il, au terme de mon voyage.

— Bah! vraiment? s'écria le premier interlocuteur, — est-ce que le hasard m'aurait fait rencontrer un convive?...

Il éleva la main et montra les cheminées du château qui disparaissaient à moitié derrière le sommet de la colline opposée.

— Je ne vais point au château de Presmes, répondit le jeune homme dont la joue se colora d'une rougeur fugitive.

— Vous le connaissez, du moins à ce qu'il paraît!... Eh bien, mon jeune maître, si vous n'y allez pas, tant pis pour moi et tant pis pour vous!... pour moi, parce que vous êtes un charmant compagnon, quoiqu'un peu bien mélancolique... pour vous, parce que le vieux veneur est assurément l'hôte le plus commode qui se puisse rencontrer..., et parce que la comtesse Anne et mademoiselle de Presmes sont deux adorables créatures, si mes quarante-cinq ans m'ont laissé le droit de donner mon avis sur les dames...

Le jeune homme rougit davantage et ne répondit point.

L'autre poussa son cheval.

— Ah! ah! reprit-il gaillardement, — c'est un beau sang que celui de Rennes!.... Je n'ai point vu à Paris d'aussi charmantes enchanteresses que les filles de messieurs des États de Bretagne!..... Tubleu, mon jeune maître, quels yeux et quels teints!.... Rencontrâtes-vous quelquefois par hasard une divinité aux longs cheveux blonds et aux grands yeux noirs, que les gentilshommes rennais appellent La Topaze?..

— Non, répliqua brusquement le jeune cavalier.

— Elle a bien un autre nom, poursuivit l'enthousiaste voyageur; mais il ne m'appartient pas de le prononcer. Si vous la voyiez, mon jeune ami, vous en deviendriez fou... C'est la règle.

Le jeune cavalier mit sa main devant son visage qui était pourpre.

En arrivant à la tête du pont de planches, il s'arrêta.

— C'est ici que nous nous séparons, monsieur, dit-il.

— Déjà! s'écria le gentilhomme d'un ton de cordiale bienveillance; — mon jeune maître, j'en suis fâché... Mais, puisque vous vous arrêtez dans les environs, j'espère que nous pourrons nous revoir..... Vous plaît-il que nous échangions nos noms?...

Le jeune homme baissa les yeux avec embarras.

— Je ne puis vous dire le mien, murmura-t il.

— Non?.... Eh bien! à la bonne heure, mon jeune camarade!.... Chacun a ses petits secrets... Moi, Dieu merci, je puis dire mon nom à mes amis comme à mes ennemis... Si, par hasard, vous vouliez renouveler connaissance avec votre vieux compagnon de route, le chevalier de Briant sera toujours enchanté de vous offrir sa main.

Il joignit le geste à la parole.

Le jeune homme passa son bras par la fente de son manteau pour toucher la main qu'on lui présentait, et s'inclina avec courtoisie. Il tourna ensuite la tête de son cheval vers cette grande roche inclinée qui marquait le coude de la rivière, et qu'on appelait le rocher de Marlet.

Le chevalier le suivit un instant du regard.

— Joli garçon! murmura-t-il; — pas beaucoup d'argent, je crois!... un peu râpé... Pourquoi diable nous cache-t-il son uniforme de garde française?... Il y en a tant d'autres qui sont empressés de montrer la livrée du roi!

Le chevalier raccourcit la bride, flatta son cheval et s'engagea sur le pont étroit qu'il franchit sans encombre.

On le vit côtoyer un instant la Vanvre, couper au travers des jeunes taillis, et s'engager enfin sous les grands arbres de l'avenue.

C'était vraiment un cavalier de fort belle mine. — On l'aperçut longtemps cahoté par le pas pénible de son cheval qui gravissait la rampe ardue. Il se tenait droit et bien campé, le feutre sur l'oreille et le poing sur la hanche.

Au haut de la montée, sa silhouette se détacha un instant sur le ciel, pour disparaître ensuite peu à peu, à mesure qu'il redescendait le versant de la colline.

Le jeune homme s'était arrêté, au bout de quelques pas. Il contemplait son camarade de route qui se dirigeait vers le château de Presmes.

Il y avait maintenant parmi sa tristesse une expression de naïve envie.

Quand M. de Briant eut disparu derrière le sommet de la rampe, notre jeune homme poussa un gros soupir, secoua la tête et piqua son cheval.

Il suivit durant quelques minutes le cours de la Vanvre, et tourna au premier petit sentier qui perçait le taillis.

De loin, toute cette partie du bois paraissait unie, et les quartiers de roc eux-mêmes qui se montraient çà et là entre le feuillage paraissaient comme des marques blanches sur la surface plane d'un tapis vert.

Mais de près, l'aspect changeait grandement. — Les arbres qu'on avait pu prendre pour des buissons nains avaient déjà trois ou quatre fois la hauteur d'un homme. Leurs pousses jeunes et riches de sève jaillissaient en gerbes de la souche commune, interceptaient la route et croisaient de tous côtés leurs branches sveltes ou noueuses. — Les rocs que l'éloignement avait arrondis apparaissaient maintenant crevassés, déchirés, et dressaient au-dessus des arbres leurs têtes blanchâtres.

A chaque pas on était arrêté par quelque fondrière. La coulée tournait autour des souches, évitait les rocs et descendait dans les trous.

Notre jeune homme avait mis pied à terre et tenait son cheval par la bride. Il avait roulé sur la selle son long manteau de voyage, qui s'accrochait aux branches et embarrassait sa marche.

Sous ce manteau, comme nous l'a déjà dit le chevalier de Briant, il y avait un uniforme de garde française.

Le ciel s'assombrissait de plus en plus, et de brusques rafales frémissaient dans le feuillage.

De larges gouttes de pluie commençaient à tomber, perçant bruyamment la voûte de verdure.

L'air était chaud, lourd, étouffant; tout annonçait un gros orage. Le garde française ne se pressait point. Il surmontait lentement et avec fatigue les mille obstacles de sa route.

De temps en temps même, il s'arrêtait pensif, laissant son cheval affamé paître les basses branches du taillis.

En ces moments, son regard parcourait l'horizon borné qui se rétrécissait autour de lui. On eût dit que son œil reconnaissait à contre-cœur les objets qui l'entouraient. Sa mélancolie redoublait, loin de se calmer. Ce n'était certes point là un de ces voyageurs attendus pour qui le retour est si douce chose!...

Si lente que fût sa marche, il arriva cependant bientôt à mi-côte, et son œil, perçant à travers les arbres, put apercevoir de nouveau une partie du paysage qu'il avait découvert en arrivant, du haut de la colline.

Les cheminées rouges et le donjon pointu du château de Presmes se montraient au delà du sommet opposé, qui cachait tout le reste de l'édifice.

Martel, c'était le nom du garde française, sembla vouloir détourner son regard de ce spectacle auquel le ramenait une irrésistible fantaisie. — Un sourire jouait autour de sa lèvre, tandis que ses grands yeux bleus demeuraient tristes jusqu'à exprimer une douleur désespérée.

Il se découvrit pour passer sa main sur son front, d'où ruisselait la sueur. Un nom prononcé bien bas glissa entre ses lèvres : un nom de femme....

— Si près d'elle! murmura-t-il, — et plus loin que jamais de l'espoir!..

C'était en ce moment de calme profond qui précède l'orage. Le ciel retenait ses larges gouttes de pluie qu'il allait répandre à torrents. Le vent faisait trêve.

Parmi le silence absolu qui régnait dans la vallée, Martel entendit tomber du haut de la colline une voix fraîche, gaillarde et toute joyeuse qui chantait des couplets de la complainte de Fontaine-aux-Perles.

La chanteuse ne s'effrayait pas plus de l'orage que Martel lui-même, et sa voix jolie donnait une gaieté singulière aux paroles mélancoliques de sa chanson.

En même temps, du côté de l'est, par delà ce grand rocher qui bornait la vue au coude du vallon, arrivaient les sons brisés de plusieurs fanfares.

Les sonneurs semblaient s'approcher rapidement, et quelques notes distinctes de *la Fontainebleau* parvinrent, d'échos en échos, jusqu'aux oreilles de Martel.

Il reprit la bride de son cheval et se remit en route. — Le vent qui s'éleva porta ailleurs le son du cor, mais la chanson continuait au haut de la colline. — Elle disait :

Madeline fut madame;
Elle eut une bague au doigt,
Un bracelet au bras droit,
Un rubis couleur de flamme,
Du satin et du velours,
Et tout plein d'autres atours...

La figure de Martel s'éclaira. Il eut cette fois un gai sourire, comme si la voix de la chanteuse eût éveillé au fond de sa tristesse un doux et bon souvenir.

— Bleuette! murmura-t-il. — Je parie que c'est Bleuette!...

Il voulut presser le pas de son cheval, mais c'était là chose impossible; la pauvre bête n'en pouvait plus. Tandis que Martel tirait de son mieux sur la bride, la chanson continuait :

Son collier de perles fines
Valait bien trois cents écus,
Pour ne rien dire de plus;
Quand elle allait à matines
Lire son *Confiteor*,
C'était dans un livre d'or!

La chanteuse fit sur ce dernier mot une de ces périlleuses roulades qui percent si souvent le silence des soirs par les routes désertes de la Bretagne.

Martel, attachant son cheval à un arbre, grimpa lestement sur une des pierres qui abondaient dans le taillis.

Il jeta son regard tout autour de lui, cherchant à découvrir Bleuette, la gaie chanteuse.

Il ne vit rien. Bleuette avait sans doute tourné le sommet de la colline, car le vent lui apporta indécis et confus le troisième couplet de la complainte.

Comme il allait redescendre, une *retraite* brillante, à trois trompes, éclata derrière le grand rocher de Marlet, qui marquait le détour de la Vanvre.

Martel n'était pas à plus de deux cents pas de ce rocher.

Il porta ses yeux dans cette direction, s'attendant à voir déboucher de l'autre côté de la rivière un équipage de chasse.

Mais rien ne se montrait encore.

Le premier coup de vent de l'orage tomba sur la vallée en ce moment, courbant la cime des taillis dont les feuilles brillèrent trempées de pluie.

Martel, cependant, ne quittait point son poste, où il recevait en plein l'averse.

Il regardait toujours du côté de la grande roche, à l'endroit où devait se montrer la chasse.

A force de regarder, il crut apercevoir, à travers la brume soulevée par l'averse, un objet confus qui se mouvait, collé aux flancs mêmes de la pierre.

Ses yeux se fixèrent assidûment sur cet objet dont un coup de vent qui balaya la pluie lui permit enfin de reconnaître la nature.

C'étaient deux hommes, tapis et comme en embuscade dans un enfoncement du roc. Leurs vêtements gris se confondaient presque avec la couleur de la pierre. — Tous les deux étaient armés de carabines à longs canons.

II.

DANS LES TAILLIS.

Le garde française Martel resta l'œil fixé sur ces deux hommes, cachés dans une anfractuosité du rocher de Marlet.

Ils étaient là peut-être pour s'abriter contre l'orage, mais leur tournure et leurs gestes donnaient vraiment un démenti à cette bienveillante hypothèse.

La pluie qui tombait à torrents, faisait luire les longs canons de leurs carabines. — L'un d'eux, long, maigre et décharné, portait le costume des pauvres gens de la forêt. Il avait de grands cheveux mêlés sous un feutre en éteignoir; sa veste, en forme de paletot, retombait sur une culotte de futaine déchirée et nouée par des ficelles au-dessous du genou sur sa jambe nue.

L'autre était grand aussi, mais large et puissant de carrure; sa casquette de chasse en peau de loup laissait échapper de grosses mèches de cheveux blancs.

Une peau de *bique* (chèvre) lui servait de frac, et ses jambes étaient recouvertes de guêtres en cuir, boutonnées jusqu'aux genoux.

Martel avait perdu l'envie de descendre auprès de son cheval. La tempête faisait rage; la pluie le trempait jusqu'aux os, mais il restait ferme à son poste, regardant toujours ces deux hommes.

Au bout de quelques secondes, la cavalcade attendue déboucha derrière le rocher, de l'autre côté de la rivière de Vanvre.

Il y avait nombreuse compagnie de piqueurs et de gentilshommes, qui passèrent au trot de leurs montures, courbés en deux sur la selle pour éviter l'averse.

Puis venaient des valets de chiens à pied, menant des couples, — et enfin deux dames en carrosse découvert, qui étendaient leurs écharpes au-dessus de leur tête comme un bouclier contre l'orage.

Les deux hommes, tapis contre les flancs du roc, s'étaient penchés comme ils eussent fait sur un balcon.

Quand la cavalcade eut tourné le dos, celui des deux qui était vêtu d'une peau de chèvre, malgré la chaleur accablante de cette journée d'automne, abaissa vivement sa carabine et fit le geste de coucher en joue quelqu'un de ceux qui passaient.

C'était peut-être une bravade ou une plaisanterie de chasseur.

Martel ne le jugea point ainsi; ses yeux s'ouvrirent tout grands; il devint pâle, et ses bras s'étendirent en avant comme pour arrêter ce geste que l'on faisait à deux cents pas de lui.

Il voulut crier, mais sa voix s'arrêta dans sa gorge; ses jambes tremblèrent; il chancela et fut près de tomber à la renverse.

Rien qu'à voir cette scène muette, vous eussiez deviné certainement que l'inquiétude poignante, peinte sur le visage du jeune garde française, n'avait point pour objet le groupe des chasseurs qui continuaient leur route au grand trot le long du cours de la Vanvre. — Encore moins s'adressait-elle aux valets de chiens entourés de la meute fatiguée.

Pour lui trouver un motif, il eût fallu glisser son regard sous les écharpes étendues, et voir dans le carrosse découvert les visages charmants de deux jeunes femmes qui riaient à l'orage et défiaient les torrents redoublés de l'averse.

Quel que fût son objet d'ailleurs, cette inquiétude était vaine. Le paysan aux longues jambes nues toucha le bras de son compagnon qui releva son arme en haussant les épaules.

L'instant d'après il n'aurait plus été temps de se raviser. La cavalcade, en effet, arrivait à être hors de portée, et s'engagea bientôt dans la grande avenue qui conduisait au château de Presmes.

Les couleurs revinrent aux joues de Martel, qui mit la main sur son cœur et leva vers le ciel un regard de passionnée gratitude.

La cavalcade, éperonnée par l'averse, gravit l'avenue sans ralentir son allure : elle dépassa bientôt le sommet de la colline et disparut sur le versant opposé. — Quand Martel ne vit plus les écharpes déployées voltiger au-dessus du carrosse, ses regards se reportèrent vers les deux hommes embusqués sur le rocher.

Ils étaient toujours à la même place.

Leurs gestes indiquaient une conversation animée. A chaque instant le vieillard vêtu d'une peau de chèvre étendait la main vers l'endroit où venait de disparaître la cavalcade.

Il y avait dans ces mouvements répétés de la colère et de la menace.

L'orage, cependant, faiblissait, soudain à s'évanouir comme à naître. Une dernière rafale balaya devant elle quelques gouttes de pluie égarées, et un rayon de soleil vint se jouer parmi les feuilles humides et brillantes.

L'orient était encore couvert de grands nuages noirs sur lesquels tranchaient les profils gris du rocher de Marlet.

Le couchant, au contraire, où le soleil oblique nageait dans des vapeurs laiteuses, s'illuminait magnifiquement.

Ce jour bizarre où la lumière et l'ombre se disputaient avec énergie chaque objet, donnait au paysage un aspect nouveau. Chaque forme se dessinait vive. La Vanvre, blanche du côté de Presmes et noire au pied du roc de Marlet, se teignait entre ces deux points extrêmes de nuances diverses et reflétait fidèlement les mille teintes par où passait l'éclat éblouissant du couchant pour arriver à ces nuées sombres qui, vers l'est, abaissaient à l'horizon de véritables ténèbres.

De son observatoire, Martel vit les deux hommes descendre des flancs du roc en s'aidant des pieds et des mains.

Ils passèrent auprès de la petite maison assise contre les parois du rocher et dont Martel n'apercevait en ce moment que la cheminée fumeuse.

Ils entrèrent dans le taillis. L'homme à la peau de chèvre renouvela l'amorce de sa carabine. Son compagnon et lui se dirigèrent, en poursuivant leur entretien, justement vers l'endroit où se tenait le jeune garde française.

Celui-ci avait mis sa main, étendue comme une visière, au-dessus de ses yeux, et considérait attentivement les deux interlocuteurs.

A mesure qu'ils avançaient, son attention redoublait. Une curiosité vive éclairait son visage. Ses yeux s'attachaient surtout au vieillard dont les cheveux blancs retombaient sur le poil fauve de sa peau de bique.

Martel ne pouvait encore distinguer son visage qu'imparfaitement. A chaque instant, en effet, le vieillard et son compagnon disparaissaient derrière les branchages humides du taillis pour se remontrer bientôt un peu plus près.

Plus ils avançaient, plus le regard de Martel se faisait perçant et avide de mieux voir.

Ses traits exprimaient une émotion croissante. On eût dit qu'il voulait douter d'une chose qui lui sautait aux yeux et qu'il tâchait à se révolter contre l'évidence.

— C'est lui! murmura-t-il enfin; je suis sûr de le reconnaître!

Le vieillard et son compagnon n'étaient plus qu'à une trentaine de pas de la pierre sur laquelle se tenait Martel. Le sommet de cette pierre était large et plat.

Martel profita d'un moment où un buisson de chêne s'interposait entre lui et les nouveaux arrivants pour se coucher tout de son long sur le plateau où il s'était tenu debout jusqu'alors.

Dans cette position il était impossible de l'apercevoir d'en bas.

Le vieillard et son compagnon dépassèrent le bouquet de chêne. Ils étaient désormais si proches que leurs voix contenues arrivaient jusqu'aux oreilles de Martel.

C'était le vieillard qui parlait :

— Il a donc peur de moi, le vieux fou! dit-il en ricanant.

— Grand'peur, notre maître, aussi vrai comme Dieu est Dieu, répliqua le paysan aux jambes nues. — Il a dit là-bas à Thorigné : « Les Carhoat sont trop près de moi pour que je laisse dormir mes fermages au château... Ils n'y restent qu'une nuit. »

— Dans une nuit, interrompit le vieillard, on fait bien des choses...

Le front de Martel se couvrit d'une rougeur épaisse.

— Ça c'est vrai, répliqua le paysan. — D'autant que depuis la Saint-Mathieu, les nuits ont douze heures... Il a dit encore qu'il avait fait doubler les portes de Presmes en dedans avec du fer...

— Le vieux fou! grommela le vieillard. — Il faudra pourtant bien que ma carabine lui dise un mot quelque jour.

Le paysan haussa les épaules.

— Une charge de poudre et une bonne balle de perdues, dit-il, — outre que c'est un péché de tuer un gentilhomme.

— Et n'a-t-il point dit autre chose encore? demanda l'homme à la peau de bique.

— Si fait bien, repartit le paysan d'un air innocent, — mais vous allez vous fâcher...

— Va toujours!

— Il a dit...

Le paysan s'interrompit et regarda le vieillard en dessous.

Celui-ci avait sous ses épais cheveux blancs une tête belle et hardiment caractérisée. Ses sourcils, blancs comme ses cheveux, recouvraient des yeux encore pleins de feu et brillant d'une audace toute virile. Ses joues, vivement colorées, avaient çà et là quelques rides qui se groupaient et venaient se rejoindre au coin de sa bouche, où elles creusaient un profond sillon. Cette ligne, qui se relevait dans le sourire avec l'extrémité de ses lèvres, donnait à toute sa physionomie une expression d'amertume railleuse qui en déparait complétement le noble caractère.

C'eût été, sans cela, une tête noble et austère; — avec cela, c'était encore une belle tête qui pouvait se poser comme il faut sur les épaules d'un vieux viveur de bonne souche.

Nous pouvons dire tout de suite que M. le marquis de Carhoat, — l'homme à la peau de bique, — valait, sous bien des rapports, beaucoup moins que sa figure.

Il se tenait droit, et sa taille, qui avait de la fierté, ne se ressentait point des insultes de l'âge.

Malgré sa chevelure blanche, ce devait être encore un rude champion, capable de faire sa partie contre les plus jeunes et les plus robustes dans un combat d'homme à homme.

Son compagnon avait sur le visage cette niaiserie futée du paysan de la Haute-Bretagne. Il était pâle, maigre, et son feutre en éteignoir cachait les trois quarts de sa figure.

Son sourire, sa voix, ses gestes, sa pose, tout en lui indiquait une humilité hypocrite.

Si c'était un coquin, comme il en avait assez l'apparence, c'était un laid coquin dans toute la force du terme.

Lorsqu'il s'interrompit, le vieux Carhoat frappa du pied avec impatience :

— Mon petit Francin Renard, grommela-t-il, — on dirait que tu as envie de te faire briser les côtes!

Le paysan recula d'un pas, prudemment, et reprit sans plus de précautions oratoires :

— Eh bien! notre maître, il a dit comme ça que vous étiez gênant dans le pays... Mais que vous aviez bu et mangé ensemble un temps qui fut...

— C'est vrai! murmura Carhoat; ce temps-là c'était le bon!...

— Que vous lui faites un petit peu pitié... reprit le paysan qui recula d'un autre pas.

— Pitié!... répéta Carhoat, dont l'œil brilla et dont les joues s'empourprèrent.

— Oui bien, notre maître... et qu'il ne voulait pas enlever à un pauvre homme comme vous son dernier asile...

Carhoat frappa violemment la terre mouillée de la crosse de sa carabine.

— Il a dit cela!... s'écria-t-il.

— Oui bien, notre monsieur...

Le vieillard enfila trois ou quatre blasphèmes, et prononça quelques mots que Martel ne put entendre.

— C'est bon, c'est bon, reprit-il ensuite, — il me le paiera, le vieux découpleur de chiens!

— En attendant, notre maître, poursuivit Francin Renard, — il vous faudra comparaître demain devant le tribunal de la capitainerie.

— J'avais juré, grommela le vieux Carhoat, — de ne jamais rentrer à Presmes que par la fenêtre.

— Vous aviez compté sans Jean Tual, le fermier de Fontaine-aux-Perles... Il est gruyer juré, tuteur légal des chevreuils et des lapins de la forêt... vous plaiderez, notre maître!

— Si ce Jean Tual était un gentilhomme, gronda Carhoat, je lui dirais de venir se placer vis-à-vis de moi à vingt pas sur la roche de Marlet... nos carabines feraient le reste... mais il est clair que c'est encore un article à mettre sur le compte de M. de Presmes... Un capitaine des chasses répond du fait de ses guyers.

— Pour ça, oui, répondit Renard d'un ton convaincu. — Mais les murailles de Presmes sont bonnes.

Martel, de son observatoire, entendit la main de Carhoat frapper sur le canon de sa carabine.

— Bah! fit Renard, d'un air incrédule, — vous le mettez en joue trois fois par semaine, mais il y a toujours là quelqu'un pour vous arrêter le bras.

Les deux interlocuteurs avaient repris leur marche, un instant arrêtée, et tournaient autour de la pierre. — Martel ne pouvait voir leur visage.

Ils passèrent sous le vent, qui continuait de souffler avec violence, et leurs voix n'arrivèrent plus à l'oreille du garde française qu'en accents brisés et confus.

Il se tourna en rampant sur la plate-forme, afin de ne point les perdre de vue.

Son regard, laissant le paysan Francin, s'attachait exclusivement à Carhoat, dont la figure rougissait de colère entre les masses épaisses de ses grands cheveux blancs.

Les traits de Martel, tandis qu'il le contemplait ainsi, avaient une expression inquiète, émue et presque respectueuse.

— Ses cheveux ont blanchi! murmurait-il; — il a bien souffert!... Mon Dieu! c'était un noble cœur que vous aviez fait pour ce noble visage!

En ce moment le vieux Carhoat se prit à rire; Renard et lui s'étaient tournés vers le château de Presmes, dont les hautes cheminées tranchaient sur les dernières lueurs du couchant.

Le nom de Lucienne, prononcé par le vieillard vint jusqu'aux oreilles de Martel, qui tressaillit et tendit le cou pour mieux entendre.

Les gestes des deux interlocuteurs s'animaient; leurs doigts tendus désignaient fréquemment le château, mais leurs voix baissaient, et l'ouïe attentive de Martel pouvait à peine saisir çà et là quelques paroles dépareillées.

Parmi ces paroles le nom de mademoiselle de Presmes et celui de la comtesse Anne revenaient souvent. — Martel ne respirait plus. Il se penchait en dehors de la plate-forme; ses yeux dévoraient les deux interlocuteurs. Au nom de Lucienne et de la comtesse, ceux-ci joignaient de temps à autre les noms de Prégent, de Philippe ou de Laurent.

Et alors le vieil homme à la peau de bique riait de tout son cœur d'un air méchamment triomphant. — Le paysan riait aussi et jetait en l'air son entonnoir de feutre.

Le jour baissait rapidement, et l'horizon se couvrait de nouveau. Carhoat et Renard revinrent sur leurs pas. Au moment où ils dépassaient la pierre, le vent reprit leurs paroles pour les porter à Martel.

— Ça sera difficile, disait Renard, ça sera difficile!.. S'il ne s'agissait que d'attaquer l'impôt dans la forêt, je sais bien où nous trouvērions des pratiques... mais le bonhomme est aimé, voyez-vous!... entre Château-Bourg et Liffré, vous ne trouveriez personne pour lui jouer ce bon tour!...

— J'ai les trois enfants, répondit Carhoat; — ce sont des gentilshommes, morbleu! comme leur frère Martel, que j'ai envoyé là-bas servir le roi!

— Ça fait trois, répliqua Renard, et il y a au château une dizaine d'officiers de vénerie, sans compter les gardes de la capitainerie, le baron de Penchou, M. de La Baguenaudays et les gens du bonhomme....

— Eh bien! Renard, on peut aller à Rennes... Il y a de bons Bretons au cabaret de *la Mère-Noire*, dans la rue du Champ-Dolent... Pour cent livres j'en aurai trente...

— Mais les cent livres?... interrompit Renard.

— Cent livres se trouvent sous le pas d'un cheval! répondit le vieillard qui caressa le canon de sa carabine.

A ce geste et à ce mot, la figure du garde française se couvrit d'une rougeur plus épaisse, son œil se baissa comme si un lourd poids de honte eût pesé sur sa paupière.

— D'ailleurs, reprit Carhoat, les enfants ont été en campagne... ils vont peut-être rapporter plus de louis qu'il ne nous faut de livres.

— Mes frères aussi! murmura Martel.

En ce moment un chœur de voix rudes et fortes se fit entendre vers l'endroit où la route de Saint-Aubin-du-Cormier coupait le sommet de la rampe.

— Voici les garçons! dit Carhoat.

Les nouveaux arrivants chantaient à l'unisson et à tue-tête :

Perrine, ma Perrine,
Lon li lan là
La deri deri dera,
Perrine, ma Perrine,
Où sont tes veaux allés (1)?...

Carhoat et le paysan tournèrent autour de la pierre, pour se diriger vers le haut de la rampe à la rencontre des garçons.

Ce mouvement les mit en face du pauvre cheval de Martel, qui soufflait, les naseaux dans l'herbe mouillée.

— Tiens, tiens! dit Renard, m'est avis que nous n'étions pas seuls.

Le vieux Carhoat fit rapidement le tour de la pierre, et sonda les buissons avec le canon de sa carabine; puis il revint vers le cheval.

— Ce n'est pas du pays, ça! murmura-t-il entre ses dents; — ce manteau n'a été coupé ni à Vitré ni à Rennes!..... Corbleu! j'ai droit d'aubaine sur tout ce qui se passe dans le bois de Marlet... Au diable le coquin qui a éreinté cette pauvre rosse... S'il m'entend, qu'il vienne, je vais le coucher le long du ventre de son cheval!

Cette bravade, prononcée à haute voix, demeura sans réponse.

— Emmène la bête, ami Francin, poursuivit Carhoat, — je te la donne. Moi, je prends le manteau... j'en ferai faire un habit complet à mon petit René pour cet hiver.

Les garçons continuaient de chanter sur la montée et à la fin de chaque couplet ils criaient :

— Oh! hé! René! Oh! hé!

Martel les vit déboucher dans une petite clairière du taillis. Ils étaient tous trois à cheval.

Au même instant, un pas vif et léger se fit entendre sur la feuillée. Un adolescent, à la taille frêle, aux longs cheveux blonds bouclés retombant en désordre autour d'un visage d'ange, bondit hors du taillis dans la clairière, et sauta sur la croupe du premier cheval en jetant ses bras autour du cou du cavalier.

Celui-ci se retourna et mit un baiser sur cette tête charmante qui le regardait en souriant.

Puis ce fut le tour des autres cavaliers. L'enfant se laissa glisser à terre et sauta sur la croupe des deux autres chevaux, partageant également entre les nouveaux venus ses caressantes tendresses.

Le front soucieux de Martel se dérida en un sourire. Ses yeux se reposèrent charmés sur ce bel enfant dont l'œil bleu avait une pureté céleste...

(1) Cette chanson du pays de Rennes n'a pas moins de cent vingt couplets. Chacun d'eux est aussi remarquable, sous le rapport de la poésie, que le spécimen mis par nous sous les yeux de nos lecteurs.

III.

LE GARDE FRANÇAISE.

Les cavaliers, à qui le bel adolescent venait de faire un si gracieux accueil, étaient tous les trois des hommes de grande taille et de vigoureux aspect.

Ils portaient un costume à peu près uniforme, qui tenait le milieu entre l'accoutrement des bonnes gens de la forêt et les habits des gentilshommes tels que la mode les eût exigés soixante ans auparavant.

Leurs longs cheveux étaient sans poudre; leurs vestes d'étoffes grossière affectaient la forme du pourpoint des courtisans de Louis XIV. Au lieu de la culotte, ils portaient des chausses de toile larges et plissées, qui se rattachaient au-dessus du genou et joignaient l'échancrure de leurs bottes en gros cuir.

Ils étaient coiffés de casquettes en feutre gris. Tous les trois portaient le fusil en bandoulière et un long couteau de chasse à gaîne.

Le bel adolescent était leur frère, et tous quatre avaient pour père le marquis de Carhoat, — l'homme à la peau de bique.

Ce dernier, suivi de Francin Renard, atteignit bientôt la clairière où s'étaient arrêtés ses fils.

Le paysan ôta son chapeau en entonnoir et fit un salut auquel personne ne répondit. — Le vieillard échangea des poignées de main avec les trois cavaliers, et mit un baiser sur les cheveux blonds du petit René, auquel il destinait paternellement le manteau du pauvre Martel.

Renard traînait par la bride le cheval à moitié mort.

— Que diable veux-tu faire de cette rosse, Francin? demanda l'aîné des Carhoat.

— Sauf vot' respect, monsieur Laurent, répondit le paysan, si je peux seulement le mener à Liffré, je le vendrai six bonnes livres au cordonnier qui fait vos bottes.

Les deux autres frères, qui se nommaient Prégent et Philippe, se prirent à rire comme si leurs chaussures, à eux, eussent été de fin cuir d'Espagne.

Laurent fronça le sourcil, mais Renard, effrayé de l'effet de sa saillie, se tint prudemment au large.

— Eh bien! mes garçons! dit le vieux Carhoat, qu'avons-nous fait depuis avant-hier?

— Mauvaise chasse, répliqua Laurent; — il n'y a plus au monde, je crois, que des pauvres diables, des bourses vides et des manteaux râpés... mais nous parlerons de cela ce soir, père, ajouta-t-il plus bas; — l'enfant n'a pas besoin de savoir quel gibier nous courons.

— Eh bien! petit René, s'écria Philippe, la marmite de Noton Renard est-elle pleine?

— Je ne sais pas, répondit l'enfant.

Philippe lui fit du doigt une caressante menace.

— Ah! petit René, petit René! dit-il, tu savais cela encore le printemps passé; mais le printemps passé, tu n'allais point sous le couvert te cacher pour écouter les chansons de Bleuette.

René devint tout rose comme une jeune fille à qui l'on parle d'amour. Il secoua sa blonde tête en souriant et s'enfuit dans le fourré.

— Je vais voir si la marmite est pleine, dit-il de loin.

— Comment! s'écria le vieux Carhoat, vous revenez comme vous étiez partis?

— Père, nous revenons avec une faim d'enragés, répliqua Prégent. Une journée de voyage après une nuit passée à la belle étoile, cela creuse l'estomac, je vous jure.

— Vous n'avez donc rien rencontré cette nuit? dit le vieillard en insistant.

— Bah! répliqua Prégent, qui haussa les épaules, — allons souper.

— Ni carrosse... ni cavalier... ni piéton... poursuivit le vieillard.

Laurent et Philippe joignirent leurs voix à celle du Prégent.

— Allons souper, répétèrent-ils en chœur.

Ils passèrent les premiers, se dirigeant vers le rocher de Marlet, — Carhoat et Francin Renard les suivirent en échangeant un regard de désappointement.

Martel, qui n'avait point quitté son observatoire, les vit longer le sentier tortueux qui perçait les taillis. — Il vit les trois cavaliers mettre pied à terre au bas du rocher.

Les chevaux, confiés au petit René, disparurent sous une sorte de hangar, et tout le monde entra dans cette maison adossée au roc, dont la cheminée projetait en ce moment une large colonne de fumée.

Martel descendit alors de sa plate-forme et rentra dans les taillis.

Un instant il se dirigea, comme au hasard, parmi les bouquets de pousses sveltes qui jaillissaient en gerbes de chaque souche.

Son front était penché; ses mains jointes pendaient; sa marche était lente et affaissée.

Ce n'était plus une tristesse vague qui pesait sur lui. Son visage exprimait une amertume profonde, et tout son être semblait plier sous le fardeau douloureux de ses réflexions.

— Je m'étais dit : Je reviendrai digne d'elle, murmura-t-il. — Que mes espoirs étaient riants et beaux!... Que l'avenir était vaste!... J'étais fort... j'étais brave... j'avais le nom d'un gentilhomme!... La fortune que je ne possédais point, mon épée pouvait me la gagner!...

Il s'interrompit et jeta sur son uniforme un regard découragé.

— Que de bonheur et que d'orgueil le jour où j'endossai mon habit de soldat! poursuivit-il. — C'était un noble rêve!... Je croyais à la gloire pour monter jusqu'à mon amour... Mon Dieu! la vie m'eût-elle été trop chère?... Me voici retombé plus bas que le premier échelon dont j'étais parti... Me voici rejeté plus loin d'elle... Et cette fois, mon Dieu! vous ne me laissez point d'espoir!...

Il passait en ce moment non loin de la cabane où venaient d'entrer Carhoat et ses fils.

A travers les arbres, il voyait ses murailles enfumées et sa toiture basse où la mousse croissait sur les ardoises.

Il détourna la tête et changea de route.

Le crépuscule du soir commençait à tomber; le ciel orageux montrait, entre ses nuages noirs, de larges flaques d'un bleu obscur. Le vent secouait les feuilles jaunies qui tombaient par centaines et jonchaient de tous côtés le sol.

Le garde française, sans suivre désormais aucun chemin battu, gravit la rampe de manière à tourner le rocher de Marlet.

Après quelques minutes d'une montée pénible, il arriva au sommet de la colline, plus élevé que le faîte même du roc et dominant immédiatement le coude de la vallée.

Ici, l'aspect changeait brusquement. L'horizon s'élargissait dans tous les sens, et le paysage, agrandi, prenait une teinte plus riante.

Sous les pieds de Martel, du côté de l'orient, la colline se coupait à pic, laissant un large espace entre sa base et la Vanvre qui remontait en ligne presque directe.

Le cours de la petite rivière se marquait au milieu des prairies, dont la nuit tombante assombrissait la verdure, par une double rangée de vieux saules dont les troncs rabougris supportaient de longs panaches de branchages. A la droite de Martel, la rampe où était situé le château de Presmes fléchissait et mettait ses taillis presque au ras de la plaine. A gauche, au contraire, la colline s'élançait abrupte, couronnée de grands arbres, entre lesquels le roc se montrait toujours çà et là.

Sous ses pieds une petite maison s'élevait, à une centaine de pas du rocher de Marlet. Elle touchait au taillis d'un côté, de l'autre à la prairie.

Derrière la maison, un verger planté de pommiers rejoignait la Vanvre qui courait et se perdait à l'horizon, fermé par des collines incultes et rases comme un feutre.

Sur la porte de la maison, il y avait, en ce moment, un vieux paysan dont le large chapeau portait une plaque d'argent. Il était occupé à nettoyer un lourd fusil de tournure antique et avait pour compagnie un beau chien de chasse qui le regardait curieusement.

A cent pas de là, au pied du même roc de Marlet, une jeune fille battait du linge au bord d'une fontaine carrée d'une étendue plus qu'ordinaire, située au milieu d'un épais buisson d'aunes et de saules, et dont l'eau transparente avait la limpidité du cristal.

Cette jeune fille était nu-tête; ses cheveux noirs, relevés, s'attachaient derrière la nuque et arrondissaient leur luxueuse abondance pour former le chignon qui est la parure des paysannes du pays de Rennes; son corsage, d'un bleu éclatant, tranchait sur la laine sombre de ses jupes, aux plis bouffants et larges. Ses petits pieds nus étaient dans des sabots dont la nuance brune faisait ressortir leur blancheur.

Elle battait son linge et elle chantait.

Ah! dam! elle était bien belle!
Notre maître en était fou :
C'était son plus cher bijou,
Et de ses yeux la prunelle.
Il en perdait, à songer,
Le boire avec le manger...

Martel prit un petit sentier qui descendait tortueusement la colline.

Le vieux paysan, qui était maître Jean Tual, gruyer (1) juré de la capitainerie de Liffré, nettoyait son gros fusil et ne levait point les yeux; mais le chien de chasse flairait le nouveau-venu.

Il fit quelques pas en montant la colline, et resta droit sur ses jarrets, le nez en l'air, le cou tendu, inquiet et menaçant.

Bleuette continuait de battre son linge et de chanter.

Elle disait :

Arriva de Normandie
A Saint-Aubin-du-Cormier,
Un tout petit chevalier
Qui causait comme une pie;
Notre maître fut jaloux :
C'est le fait des vieux époux.

Un aboiement du chien l'interrompit et l'empêcha de commencer un troisième couplet.

— A bas, Lion! à bas! dit Jean Tual; vous bavardez comme un chien de garde!

Bleuette avait cessé de battre son linge et regardait le nouvel arrivant avec un étonnement mêlé d'incertitude.

Ses grands yeux noirs naïfs et brillants hésitaient à sourire.

— Lion ne reconnaît pas ses amis, dit le garde française qui arrivait au bas de la rampe.

Bleuette battit des mains en poussant un cri de joie.

— C'est bien lui! dit-elle; mon père, c'est M. Martel qui revient général!

Le gruyer leva les yeux, considéra un instant le jeune garde française à qui Bleuette, accourue en sautant, donnait déjà sa joue fraîche à baiser.

Il y eut un mouvement d'hésitation sur l'honnête et franche figure du gruyer.

— C'était un bon cœur autrefois, murmura-t-il entre ses dents; — un bon cœur et un brave enfant!... ça, c'est la vérité!... mais il est le fils de son père tout de même!

Bleuette faisait mille caresses à Martel et l'entraînait vers la maison.

— Mais venez donc, mon père! s'écria-t-elle, — Martel va croire que vous n'êtes pas content de le revoir!

Le gruyer fit quelques pas au-devant du jeune homme, et lui tendit sa large main basanée.

— Quant à ça, repliqua-t-il, M. Carhoat aurait tort.

Martel serra cordialement la main qu'on lui présentait, et se retourna bien vite vers Bleuette pour lui sourire encore et répondre à ses caresses de sœur.

Jean Tual les regardait par derrière. Il hocha la tête et fronça légèrement le sourcil.

— C'est le fils de son père!... répéta-t-il en se parlant à lui-même, — et il revient de Paris, où il n'y a que des pratiques du diable!... C'était pourtant un brave petit cœur autrefois.

— Comme vous voilà fort, Martel, disait Bleuette, — et comme vous voilà beau!

— Tu ne me tutoies donc plus, Bleuette? interrompit le garde française.

Jean Tual fit la grimace en aparté.

— Est-ce que nous nous tutoyions autrefois? repartit la jeune fille en riant. — C'est que vous voilà si brave et si fier, Martel, avec vos galons d'or et votre moustache noire!... je n'oserai plus... tout ce que je puis faire, c'est de vous aimer comme avant votre départ.

Martel tenait entre ses mains les doigts de la jeune fille, frais et rougis par le froid de l'eau.

Il l'attira à lui et mit un baiser sur ses cheveux noirs.

Jean Tual, depuis quelques secondes, cherchait un moyen pour se mettre en tiers dans cette reconnaissance trop vive à son gré.

Il toussa énergiquement.

— Quant à ce que vous dites de Lion, monsieur Carhoat, dit-il, le chien n'a pas pu vous reconnaître, parce qu'il ne vous avait jamais vu.

Martel se retourna, il avait parfaitement oublié le chien.

— Oui, oui, reprit le gruyer, — si vous l'aviez bien regardé, vous auriez vu que Lion a les oreilles marquées autrement que son père... c'est son père que vous connaissiez, monsieur Carhoat.

Martel se baissa et caressa Lion, qui tournait autour de lui en le flairant curieusement.

— Nous ferons bien vite connaissance, dit-il... père Tual, ajouta-t-il en se relevant, — je viens vous demander pour ce soir à souper et un gîte pour la nuit.

Le gruyer ne prit point la peine de cacher sa surprise; il ouvrait la bouche pour rappeler sans doute à Martel que la maison de Carhoat était située à trois cents pas de là, derrière le rocher, lorsqu'un signe suppliant de Bleuette arrêta la parole sur sa lèvre.

— A votre service, monsieur Carhoat, répondit-il avec froideur.

Martel ne sembla point vouloir prendre garde à la gêne de maître Tual; Bleuette, d'ailleurs, ajouta une gracieuse invitation à la sèche formule employée par son père.

Elle prit la main de Martel, et lui fit passer le seuil de la petite maison.

L'intérieur en était net et brillant de propreté, mais tous les objets y avaient cet aspect sombre que donne aux fermes du pays de Rennes la maladresse naïve de leur architecture.

Le jour manquait. — Le peu de lumière qui arrivait par la porte et par la fenêtre étroite s'absorbait sur les murailles terreuses, et ne trouvait de réflecteur qu'aux brillants panneaux de grands bahuts de chêne noir.

Fontaine-aux-Perles n'était pas, du reste, une ferme ordinaire. Il y avait un certain luxe dans l'ameublement. Au-dessus de l'énorme lit de maître Jean Tual, un ciel en serge verte découpait les dents rondes de ses festons. Le lit lui-même était carré comme la couche de nos rois, démesurément haut sur pieds, et relié à son ciel par des colonnes grêles.

Entre les hauts matelas et les festons de la *carrée*, il y avait une sangle, tendue horizontalement, qui semblait attendre un second lit.

Nous avons vu en Bretagne de ces couches communes avoir jusqu'à quatre étages.

Mais celle-ci ne servait qu'à Jean Tual lui-même, sans doute, car la sangle supérieure ne supportait aucun matelas.

Bleuette avait un cabinet à elle, ce qui est un luxe inouï.

Au milieu de la chambre assez vaste, se dressait sur la terre battue une longue table formée de madriers épais et flanquée de deux tréteaux.

La nappe était mise sur un coin de cette table, — une nappe de chanvre gris dont la toile avait la consistance du cuir.

D'un côté de cette table s'ouvrait la porte; de l'autre, l'immense cheminée avançait l'auvent de son manteau.

A droite et à gauche de l'âtre, sous le manteau même, des billots de bois s'alignaient, faisant office d'escabelles. — Les gens qui s'asseyaient sur ces billots pouvaient se chauffer commodément par le beau temps; mais, quand venait la pluie, le large tuyau de la cheminée donnait passage à l'averse qui ne laissait bientôt plus dans l'âtre que des charbons éteints.

Il faisait encore un peu jour au dehors; dans la ferme la nuit était venue. Bleuette fit asseoir Martel sur l'un des billots et alluma une chandelle de résine à laquelle une baguette de bois, fendue et fichée dans la maçonnerie de l'âtre, servait de chandelier.

Une large marmite pendait à la crémaillère. Bleuette en inspecta le contenu, y jeta une poignée de gros sel et vint se placer auprès de Martel.

Celui-ci la regardait en souriant. — Il y avait en Bleuette une grâce robuste et vive qui réjouissait l'œil. Sa mise avait une rustique coquetterie qui faisait d'elle la reine de la mode à quatre lieues à la ronde. Son gai sourire montrait des dents blanches adorables; sa peau, légèrement brunie, se veloutait de rose, et quand elle mettait sa coiffe de dentelles à longues barbes flottantes, pour aller à la grand'messe de Thorigné, les jeunes gars de la forêt n'avaient pas assez d'yeux pour la contempler si belle...

On l'appelait Bleuette parce que la dévotion de sa mère avait voué son enfance à la vierge Marie.

Sa mère était morte depuis bien longtemps; mais, par un pieux souvenir, la jeune fille avait gardé toujours la couleur consacrée. Sa fine et souple taille n'avait jamais d'autre parure que son corsage bleu.

Les bonnes gens de la forêt l'avaient nommée Bleuette peut-être à cause de cela, peut-être aussi parce que sa gaieté soudaine pétillait comme une étincelle; — peut-être encore parce que sa gracieuse jeunesse avait le simple attrait de ces douces fleurs qui sourient dans la moisson, et que les enfants pieux tressent en belles guirlandes pour couronner les saints reposoirs...

Bleuette avait dix-huit ans.

Le gruyer, qui était rentré à la ferme derrière les deux jeunes gens, s'arrêta auprès du seuil et continua de nettoyer son fusil en les considérant d'un œil inquiet.

— A la bonne heure! pensa-t-il. — Lion est un bon chien parce que son père était un bon chien... Si celui-ci chasse de race, je l'aimerais mieux sur le grand chemin que dans ma maison!

Il secoua la tête comme si cette réflexion philosophique lui eût mis en l'esprit des idées plus chagrines. Mais il n'osa point manifester autrement sa mauvaise humeur parce que Bleuette couvrait Martel de sa protection, et que Bleuette était l'unique amour de Tual en ce monde.

(1) A peu près garde-chasse.

— Mais comment avez-vous fait, Martel, disait la jeune fille, — pour gagner ce bel habit doré?

— C'est la livrée du roi, Bleuette, répondit tristement le garde française.

— Du roi de France? répéta Bleuette; du roi qui est à Paris?... Pourquoi n'avons-nous pas de roi, Martel, nous autres gens de Bretagne?

— Le roi de France est notre roi, répondit Martel en souriant.

Bleuette releva sur lui son regard étonné.

— Nous sommes Bretons, dit-elle, pourquoi notre roi s'appelle-t-il le roi de France?

— Quant à ça, dit de loin le gruyer, en s'efforçant de sourire, — je pense bien que M. Carhoat n'ira pas répéter les paroles de l'enfant au château. Je touche soixante-quinze livres par an pour mon office de garde des chasses... et ce n'est pas sous le toit de Jean Tual qu'on devrait parler contre le roi.

En prononçant ce dernier mot il souleva son vaste feutre.

Bleuette frappa son petit pied avec une pétulante impatience contre la terre battue qui servait de plancher à la ferme.

— Père, dit-elle, Martel se fâchera contre vous!... Ne savez-vous pas qu'il vous aime?

Maître Tual frotta plus vivement le canon de son fusil.

— Sais-je, moi, ce qu'on rapporte de Paris, grommela-t-il; — quand on est le fils d'un diable et qu'on revient avec un habit de soudart!

Il se renferma dans un silence défiant, observant du coin de l'œil les deux jeunes gens qui se taisaient.

Il y avait de l'embarras sur le visage de Martel.

— Bleuette, dit-il enfin à voix basse et en baissant les yeux, — comment se nomme maintenant mademoiselle de Presmes?...

— Il y en a deux, répondit Bleuette avec un malicieux sourire: — l'une d'elles a nom madame la comtesse de Landal...

— L'autre?... murmura le garde française.

— Avez-vous donc oublié son nom?... demanda la jeune fille qui souriait toujours.

Martel releva sur elle son regard, où il y avait un espoir timide.

— Lucienne n'est pas mariée?... dit-il.

Bleuette secoua sa tête espiègle et fit un geste de gentille menace.

— Vous lui aviez promis de revenir général! répliqua-t-elle...

Yvon et Kérizat.

IV.

BLEUETTE.

Martel avait les yeux fixés sur le visage souriant de Bleuette; son regard demandait grâce.

— Je vous en prie, murmura-t-il, ne raillez pas... je l'aime tant!

— Pourquoi raillerais-je, Martel? répliqua la jeune fille; — elle est si douce et si bonne!... Vous avez raison de l'aimer.

Martel lui prit la main et la pressa entre les siennes.

Maître Jean Tual toussa du mieux qu'il put, mais ce avertissement fut vain; on ne l'entendait pas.

Or le gruyer n'osait point aller au delà de cette toux significative. Sa fille était pour lui l'idole timidement aimée que l'on craint d'offenser.

— Elle doit être bien belle! dit le garde française.

— Oh! bien belle! répondit Bleuette; — si vous la voyiez, mais vous la verrez, Martel.

Celui-ci secoua la tête tristement.

— Je reviens plus pauvre qu'autrefois, murmura-t-il, et je n'ai plus ces beaux espoirs qui me soutenaient il y a trois ans. Bleuette, ma pauvre Bleuette! je ne veux pas la voir.

La jeune fille parcourut d'un regard surpris le riche uniforme du garde française. A son regard tout plein d'interrogations naïves, Martel répondit par un mélancolique sourire.

— C'est l'habit d'un soldat, reprit-il après quelques secondes de silence; mes rêves étaient fous, Bleuette... L'épée ne sait plus ouvrir la route de la fortune. En trois ans je suis devenu sergent... Un grade de roture, ma fille, où l'on a au-dessus de soi des enfants sans barbe. Et ce grade lui-même n'est pas à moi, cet uniforme ne m'appartient pas. Oh! non, je ne la verrai pas, Bleuette; je sais trop bien qu'elle est perdue pour moi, et que mon espérance serait de la folie!

L'œil de la jeune fille avait perdu de son vif éclat; sa prunelle se voilait, sérieuse et toute pleine d'une pitié tendre.

— Elle est bien riche! dit-elle avec un gros soupir; — c'est vrai!

Puis elle ajouta presque aussitôt:

— Mais son père l'aime bien, Martel! Jamais il ne sut lui rien refuser... et quand elle parle de vous, Lucienne a le cœur si plein et la voix si tremblante...

Le front de Martel était pâle et son œil se baissait comme s'il eût voulu cacher son émotion croissante.

Bleuette continuait en s'animant:

— Pensez donc, Martel... il en est venu de Rennes, de Vitré, de

Fougères. Il en est venu de Saint-Malo-de-la-Mer, de partout! et toujours elle a dit non. Ils étaient beaux, nobles, riches... elle a dit non, toujours.

Le sang remontait vivement à la joue de Martel, dont la paupière demi-fermée se prenait à trembler.

— Ah! je le sais, dit encore Bleuette; — votre nom dans sa bouche ressemble à un aveu d'amour. Nous parlions bien souvent de vous, Martel! car je suis votre sœur, moi, et ceux qui vous aiment, je les chéris.... Elle venait presque tous les jours à la ferme avec son beau livre relié d'or, comme le livre de ma chanson. Nous nous promenions au pied du rocher, devant la fontaine..... Je crois que c'est à cause de vous que mademoiselle Lucienne m'aime tant!

Elle se tut; Martel attendit un instant.

Puis il releva ses paupières qui étaient humides.

— Merci, Bleuette, merci, murmura-t-il, — si vous saviez combien il y a longtemps que je n'ai senti tant de joie! C'est un beau rêve sans doute..... ce n'est rien qu'un beau rêve..... mais parlez-moi d'elle encore afin que je sois heureux quelques minutes de plus...

Le charmant visage de Bleuette disait l'attendrissement de son cœur naïf et bon.

— En vous écoutant il me semble l'entendre, reprit-elle..... que de fois elle m'a dit: Parle-moi de lui, Bleuette!

Le front de Martel s'éclaircissait.

— Parle-moi de lui encore, poursuivit la jeune fille, dis-moi qu'il ne m'a pas oubliée..... dis-moi que dans ce grand Paris une autre ne viendra pas se placer entre lui et mon souvenir.

— Elle disait cela! murmura Martel.

René et ses frères.

— Elle disait cela, répéta Bleuette; — oh! et bien d'autres choses encore!... Tous vos petits secrets, elle me les confiait, parce qu'elle savait que je vous aime... Quand je pouvais avoir de vos nouvelles, comme elle était heureuse!

Bleuette s'interrompit et reprit av[illegible] tristesse :

— Mais je ne cessai d'avoir de vos nouvelles, Martel... M. de Carhoat chassait sur les garennes du roi... Mon père fut obligé de faire son devoir... vos frères le menacèrent... et quand l'un d'eux me rencontre dans le taillis, je suis forcée de m'enfuir, Martel, car tous les trois ont oublié que je fus leur amie... Tous les trois m'ont insultée comme ils insultent les filles de la forêt.

Martel rougit; sa tête se pencha sur sa poitrine.

— Et René? dit-il, — est-ce que René vous a aussi insultée?

Bleuette rougit à son tour. Ses grands yeux noirs se baissèrent.

— Oh! René, répondit-elle; — le pauvre enfant!... il a le cœur aussi noble que vous, Martel... S'il pouvait me défendre, je n'aurais pas besoin de m'enfuir..... et malgré sa faiblesse, il m'a protégée plus d'une fois, car s'il y a encore un bon sentiment au fond de l'âme de vos frères, c'est la tendresse qu'ils lui portent...... Il n'ose pas entrer dans la maison de Jean Tual; mais il vient jusqu'à l'angle du rocher... il me regarde... il m'écoute chanter la complainte... C'est un enfant, Martel; mais quand je le vois rester de longues heures à me contempler de loin, quand j'entends son pas léger et timide me suivre sous le taillis, cela me rend triste... je crois qu'il m'aime.

— Et ne l'aimez-vous pas, vous, Bleuette? demanda Martel.

Bleuette ne répondit point.

Ils étaient assis tout près l'un de l'autre; leurs mains se joignaient, leurs visages se touchaient presque. — Vous les eussiez pris pour deux amants dans la joie du retour.

Jean Tual le jugeait ainsi.

Depuis quelques minutes, il les regardait avidement. Son œil plein de défiance cherchait à deviner leurs paroles.

Le regard de Martel croisa le sien par hasard, et le garde française comprit sur-le-champ la muette angoisse du gruyer.

Il se leva, traversa la chambre et lui tendit la main.

Il y avait sur son noble visage une franchise haute et digne.

Le gruyer, pris à l'improviste par ce mouvement, détourna la tête avec embarras.

— Maître Tual, dit Martel, ne vous souvenez-vous plus de moi?

Le bonhomme releva ses yeux sur lui. Il hésitait. Sa main ne se pressait point de joindre celle que lui tendait Martel.

— Bleuette est ma sœur, reprit celui-ci; — ne voulez-vous plus que je l'aime?

L'hésitation de Jean Tual dura encore une seconde, puis sa paupière clignota, et ses deux mains se levèrent à la fois pour saisir la main du jeune homme.

— Cet œil-là ne peut pas mentir, dit-il; — et après tout, Carhoat, je sais bien que vous êtes un bon cœur... et puis, l'enfant ne peut pas se tromper... j'ai tort.

Il lança un regard contrit du côté de Bleuette.

— J'ai tort, répéta-t-il d'un ton bourru. — On ne peut pas mieux dire... Causez tant que vous voudrez, garçailles, je ne me mêle plus de vous!...

Il serra vigoureusement la main de Martel, prit son tourne-vis pour démonter le chien de son fusil, et se donna tout entier à sa besogne.

Bleuette alla lui mettre un gros baiser sur le front.

— Merci, petit père, dit-elle.

Puis les deux jeunes gens revinrent s'asseoir l'un auprès de l'autre.

Mais le cours de leurs idées était rompu; on ne parla plus d'amour ni de douces choses.

Durant quelques instants ils gardèrent le silence. — Martel avait une question pénible sur la lèvre. Son front soucieux et sombre glaçait le sourire de Bleuette.

— Ma sœur n'est plus à Marlet? dit-il enfin avec une sorte de brusquerie.

Bleuette tressaillit et garda un silence embarrassé.

Martel répéta sa question et n'obtint point encore de réponse.

— Bleuette, reprit-il avec prière, — dites-moi tout ce que vous savez... je suis préparé... je m'attends au plus grand de tous les malheurs... et ce sera une consolation que d'entendre ce triste récit de votre bouche.

— Ne savez-vous donc pas ce qui est arrivé pendant votre absence? demanda Bleuette.

— Je ne sais rien et je crains tout, répliqua Martel. De vagues rumeurs sont arrivées à moi jusqu'à Paris... je crus d'abord à la calomnie, et je fis rentrer les paroles dans la gorge du premier qui répéta ces bruits... Un autre vint, Bleuette! Oh! que la honte est rude à supporter en plein jour, au milieu de la foule qui vous connaît et qui jouit de votre torture!...

Les mains de Martel se joignaient crispées; des rides se creusaient sur son front, et un rouge vif colorait son visage...

— Tous les jours quelque nouvelle insulte! poursuivit-il — tous les jours!... le bruit de mon épée qui se croisait semblait appeler d'autres attaques... Un ennemi inconnu avait jeté dans le régiment cette histoire vraie ou fausse... mon nom était foulé aux pieds... mon père, mes frères, ma sœur! Je vous en prie, Bleuette, ne me cachez rien... dites-moi jusqu'où ma famille est tombée...

Bleuette se recueillit un instant. Une invincible répugnance semblait combattre en elle son désir de satisfaire Martel.

Lorsqu'elle prit enfin la parole, ce fut d'un ton lent et triste.

— On le dit, murmura-t-elle — Lucienne elle-même m'en a parlé.

— Lucienne! répéta Martel avec amertume.

— Elle aimait bien Laure, vous le savez... poursuivit Bleuette; — Laure était si belle et son cœur avait tant de douce fierté! quelque temps après votre départ, Martel, votre père perdit ses dernières ressources... Jusqu'à cette époque, Laure avait gardé de brillantes parures et les gentilshommes des États la déclaraient la plus belle parmi toutes les belles dames qui ornent les fêtes de M. le lieutenant de roi. On disait en ce temps que c'était à une partie de jeu contre M. de Kérizat que votre père avait perdu ses derniers mille louis... plus tard, on dit que ce même M. de Kérizat entraîna la pauvre Laure au bord du précipice où elle est tombée maintenant...

— C'est donc vrai! murmura Martel, qui se couvrit le visage de ses mains.

La jeune fille se tut; ses yeux étaient humides.

Durant quelques secondes on n'entendit dans la salle basse de la ferme que les sanglots étouffés qui déchiraient la poitrine de Martel.

Le vieux Jean Tual regardait à la dérobée cette scène dont les paroles lui échappaient, mais dont il comprenait la douloureuse pantomime.

Une pitié grave était sur son simple et franc visage. Il comprenait que ce fils allait apprendre la chute de son père. Il devinait que ce frère apprenait la honte de sa sœur.

Martel fut longtemps avant de pouvoir réprimer ses sanglots. Son cœur se fendait. Il avait eu pour sa sœur une tendresse passionnée.

Quand il découvrit son visage, ses yeux étaient rouges, mais secs; sur sa joue pâle restaient les marques enflammées de la convulsive pression de ses doigts.

Bleuette voulut essayer une caresse, la voix de Martel, grave et creuse, l'arrêta.

— Après, disait-il; — je me sens la force de vous entendre.

— Je vous en prie, Martel, répondit Bleuette, ne me demandez pas de poursuivre ce douloureux sujet... vous en savez assez...

— Parlez, interrompit Martel, je vous dis que j'aurai la force de tout entendre!

Bleuette étouffa un gros soupir et continua d'une voix altérée :

— M. de Kérizat était, vous le savez, le compagnon de votre père... Ils menaient ensemble la même vie de dissipation et de plaisir... On ne connaissait point à Kérizat un fort patrimoine, mais l'argent ne lui manquait jamais... Il était de toutes les fêtes et de toutes les orgies. L'état qu'il tenait à Rennes allait de pair avec la maison des premiers seigneurs. Quand votre père fut ruiné tout à fait, Kérizat lui prêta de l'argent... beaucoup d'argent, dit-on... si bien que le vieux Carhoat passait pour être complétement à la merci de son ancien compagnon de plaisirs...

En ce temps, Laure habitait la ferme de Marlet..... Elle était bien pure, Martel, quoiqu'il y eût en son cœur cet indomptable orgueil qui est le principe de tout mal... Mademoiselle Lucienne l'aimait comme une sœur, — à cause de vous, peut-être. — Moi, j'étais son amie d'enfance, et je la chérissais, sans perdre le respect que la fille d'un pauvre homme doit à une demoiselle... Nous allions, toutes les trois ensemble, faire de longues promenades dans la forêt... Nous nous perdions sous les futaies du grand parc de Presmes... Lucienne et Laure parlaient souvent des magnificences de messieurs des États, des bals de la présidence et des nobles pompes de l'évêché... Moi, j'écoutais, curieuse : je ne connaissais rien de ces splendeurs. Mais quand on parlait de vous, Martel, — et tous les jours on parlait de vous, puisque nous étions là trois cœurs pour vous aimer, — ma langue se déliait; je prenais part à l'entretien et je savais dire aussi bien que les autres : Il est beau, il est bon, il est noble....

— Mais, ma sœur! ma sœur! interrompit Martel dont l'âme navrée restait insensible à ces naïves caresses.

Bleuette jeta sur lui un regard furtif, où sa pitié tendre se traduisait tout entière.

— Mon Dieu, reprit-elle, Laure regrettait amèrement toutes ses joies passées.... car elle sentait que quitter le plancher brillant d'un manoir pour descendre sur la terre battue d'une pauvre métairie, c'est renoncer au monde, — et que la fille d'un marquis, tombé jusqu'à n'avoir plus qu'un toit de chaume pour abriter sa tête, n'avait plus sa place marquée parmi les belles héritières des gentilshommes du parlement... Elle était bien triste... je crois que le regret avait mis en elle un vent funeste de vertige... Parfois, nous la voyions pleurer sans motif... parfois son rire éclatait à l'improviste et blessait le cœur comme eût fait un cri d'angoisse...

Un jour, Lucienne et moi nous nous promenâmes seules..... Laure n'était point venue... nous l'attendîmes jusqu'au soir et le lendemain nous l'attendîmes encore... Laure avait quitté la ferme de Marlet... un bruit se répandit dans le pays...

Que nous aurions voulu n'y point croire, Martel!..... On disait que Laure avait suivi M. de Kérizat.

— Et qu'elle est sa maîtresse? prononça sourdement le garde française.

Bleuette baissa les yeux.

— Je savais cela, reprit Martel, dont la voix tremblait pleine de larmes, et qui faisait effort pour contenir sa douleur; — je savais cela, Bleuette... Le nom de Kérizat était déjà gravé dans ma mémoire. Je savais qu'avant de mourir il me faudrait le tuer!...

Ses poings fermés se crispèrent, et le rouge lui monta subitement au visage.

— Mais je ne le connaissais pas, moi, cet homme! s'écria-t-il. Je ne l'ai jamais vu chez mon père... M'aiderez-vous à le retrouver, Bleuette?

— Je le voudrais, Martel, répondit la jeune fille, dont le doux regard eut une étincelle de colère virile. — Je le voudrais, car c'est le devoir d'un homme de venger son honneur... Mais M. de Kérizat a quitté le pays depuis bien longtemps... Après son départ on a découvert que son opulence, toute factice, ne se soutenait qu'à l'aide du jeu et des dettes... On dit qu'il est à Paris maintenant, sous un autre nom que j'ignore, et qu'à Paris, comme à Rennes, il vit du jeu et des dettes qu'il fait.

— Et cet homme était l'ami de mon père! murmura Martel.

— Oh! dit Bleuette, il a tout aussi bien perdu Carhoat que la pauvre Laure!... Chacun s'accorde à reconnaître que M. le marquis était un digne seigneur il y a dix ans, à l'époque où les gens de Morlaix le nommaient leur député aux États.... Il a fallu que ce Kérizat s'attachât à lui comme un démon pour pervertir peu à peu son cœur, en même temps qu'il minait sa fortune... Il l'a laissé enfin pauvre et déchu... Que Dieu maudisse le tentateur!...

Le regard de Martel remercia la jeune fille.

— Mais, ma sœur? reprit-il.

— Nous ne sûmes pas tout de suite ce qu'était devenue Laure, poursuivit Bleuette. Au bout d'un mois pourtant nous apprîmes qu'elle parcourait la province avec M. de Kérizat... Elle avait traversé Nantes et Vannes et Quimper, éblouissante de luxe, folle, étourdie, enivrée...

Nous ne voulions point croire à un si grand malheur..... Lucienne pleurait en pensant à vous, Martel... et cette infortune qui tombait sur votre maison vous ouvrait davantage la porte de son cœur.

— Que Dieu la fasse heureuse! murmura Martel, — bien heureuse!... et qu'il lui donne tout le bonheur que je n'espère plus!

— Au bout de deux mois, continua la jeune fille, Laure revint à Rennes avec son séducteur... Elle ne se cachait point... Elle mettait son orgueil à se parer de sa faute. Son luxe, étalé sans pudeur, écrasait l'élégance des plus nobles dames... Elle laissait Kérizat la promener insolemment et montrer à tous sa victoire.

Les yeux de Martel brûlaient parmi la pâleur de son visage.

— Mon père ne pouvait ignorer cela!... murmura-t-il d'une voix si basse que Bleuette eut peine à l'entendre.

— Votre père le savait, répliqua-t-elle.

— Que fit-il?

— Rien.

— Et mes frères? dit encore Martel.

Bleuette hésita un instant, puis elle répéta en secouant la tête :

— Rien.

V

MAISON DÉCHUE.

Martel demeura comme accablé sous le coup de cette révélation navrante. — Il croyait savoir, avant cela. — Il savait. — L'insulte lui avait annoncé sa honte. Dans ses querelles de régiment, on lui avait jeté à la face des outrages cruels; cela si souvent, que son épée, lasse de se laver dans le sang, s'était brisée...

Mais il voulait douter encore. — On espère si longtemps quand il s'agit d'infamie et qu'on a le cœur d'un chevalier!

Il revenait avec un vague espoir de trouver le malheur au lieu de la honte annoncée, et de reconnaître que parmi tant d'accusations, il y avait au moins quelques calomnies.

Martel était le quatrième fils d'Alain Guern, chevalier, marquis de Carhoat, seigneur de Lezennec, de Ploumer, de Kerpont, du Halloz, etc., député de la noblesse aux États de Bretagne pour le cercle de Morlaix.

Martel avait toujours été étranger à Rennes. — A l'époque où son père vint aux États, il se trouvait à l'académie de Brest, poursuivant son éducation de gentilhomme et se préparant au métier des armes, qu'il devait suivre, ainsi que ses trois frères aînés.

Laure de Carhoat, sa sœur, moins âgée que lui d'un an, était élevée dans un couvent de cette même ville de Brest.

Le reste de la famille de Carhoat, composé du marquis, des trois frères aînés, arrivés déjà à l'âge de jeune homme, et d'un enfant nommé René, dont la naissance avait causé la mort de sa mère, vint se fixer dans le pays de Rennes.

A cette époque on pouvait dire déjà que Carhoat était une maison déchue. — Les Guern, aux siècles précédents, avaient été de très-grands seigneurs.

Du temps de l'indépendance, ils avaient tenu l'état qui convenait à des alliés de la maison souveraine. — Leur écusson s'écartelait des macles de Rohan et des besants de Rieux.

Mais, à dater de la réunion consentie par la duchesse Anne, leur importance avait décru sans cesse. — Tandis que d'autres familles, les Rohan par exemple, cette race dont la fierté sut toujours fléchir, prospéraient sur le terrain nouveau de la cour, les Carhoat, Bretons de la vieille roche, durs et droits comme leur épée, se roidissaient contre les envahissements du pouvoir royal, et soutenaient, infatigables, les privilèges de la province.

Ce n'était pas le moyen de faire son chemin. — A ce jeu moururent ou s'amoindrirent les plus belles races bretonnes : les juveigneurs de Vitré, Avangour, descendants de Porhoët, Pouldue, Rieux, Talhoët et tant d'autres.

Alain Guern, marquis de Carhoat, était un esprit faible et entêté, ambitieux sans avoir les qualités qui font de l'ambition une vertu, prodigue, brouillon, brave comme tout gentilhomme breton, mais d'une bravoure irréfléchie et de soldat. — A l'époque où il fut nommé député aux États de Bretagne, il possédait encore le château de Carhoat, entre Morlaix et les montagnes d'Arrez, et vingt mille livres de revenu.

Au bout de deux ans, il avait vendu son château. Les vingt mille livres de revenu s'en allèrent on peut deviner comme...

Il prétendait marcher de pair avec les plus riches. Ses amis de plaisirs étaient le marquis de Coëtquen-Combourg, président des réunions de la noblesse, l'intendant royal de l'impôt, dont la fortune se comptait par millions de livres, le lieutenant de roi qui, en l'absence du gouverneur, était le personnage le plus important de la province, et M. de Presmes, qui possédait six manoirs dans le pays de Rennes.

Quand il eut mangé toute sa fortune, il emprunta, et, comme ses amis, à part l'intendant royal, étaient aussi généreux qu'opulents, cette ressource lui dura fort longtemps. — Elle n'était pas encore épuisée, tant s'en faut, lorsqu'arriva de Quimper un gentilhomme bas-breton, entre deux âges, qui devint aussitôt son plus intime compagnon.

Ce gentilhomme se nommait M. de Kerizat. — C'était bien le plus aimable vivant que l'on pût voir.

Il était fort bel homme, spirituel on ne peut plus, fat autant qu'il faut l'être auprès de certaines femmes, galante lame et ferme sur la hanche, vert diseur, conteur audacieux, heureux, joyeux, précieux, capricieux, et sachant accoupler, comme pas un, les rois et les as au noble jeu de lansquenet.

Ce charmant mortel prenait dans les poches de Carhoat l'argent que lui prêtaient Coëtquen, Presmes et le lieutenant de roi. — Ce qui n'empêchait point le même homme ravissant de puiser directement dans les poches du lieutenant de roi, de Coëtquen et de Presmes.

Martel, presque enfant encore et sans cesse éloigné de sa famille, ne savait rien de toutes ces choses. Il suivait ses études à Brest et réunissait toutes ses affections sur sa sœur Laure qui était une enfant douce et fière, et belle comme un ange.

En sortant, lui de l'académie, elle de son couvent, ils vinrent à Rennes. C'était en un moment où il n'y avait point d'états; M. de Kérizat était à Quimper.

Martel resta un an auprès de son père et ne s'aperçut de rien, parce que, dès les premiers jours, il avait vu Lucienne de Presmes et qu'il était amoureux.

Ce furent des heures bien douces.

Martel avait auprès de Lucienne un avocat adroit et dévoué, la jolie Bleuette de Fontaine-aux-Perles. — Et il n'avait pas besoin d'avocat.

Lucienne et lui se voyaient tous les jours; Lucienne avait seize ans; Martel achevait sa dix-huitième année. — Ils s'aimèrent.

Un beau jour, Martel apprit vaguement quelle était la situation de son père. Il s'était cru riche jusque-là; il se découvrit pauvre.

Pour la première fois, il se rendit compte de la distance énorme qui était entre lui et mademoiselle de Presmes, l'une des plus riches héritières du pays de Rennes. — Ses trois frères aînés, arrivés à l'âge d'homme, se vautraient dans la paresse et menaient, sur des degrés inférieurs de l'échelle sociale, la même vie que leur père.

Martel ne savait rien du monde, qu'il voyait à travers les faux enseignements du collége et les illusions romanesques de l'amour.

Il vint un soir dans le parc de Presmes, où Bleuette et Lucienne l'attendaient.

Il dit à Lucienne :

— Mademoiselle, je viens d'apprendre que je suis pauvre... vous êtes bien riche, et pourtant je vous aime... Je pars ce soir pour Paris... je vais offrir au roi mon épée, comme il convient à un gentilhomme... Attendez-moi quatre ans, Lucienne, je vous en prie... Dans quatre ans, je vous le promets sur l'honneur, je reviendrai riche et grand et digne de vous. — M'attendrez-vous, Lucienne?

Les deux jeunes filles voulurent se récrier, mais Martel se mit à genoux et répéta :

— Lucienne, m'attendrez-vous?

— Je vous attendrai, murmura bien bas mademoiselle de Presmes.

Martel lui baisa la main et s'enfuit.

Jamais tant de joie n'avait été dans son cœur.

Les deux jeunes filles restèrent seules, émues. — Les grands yeux noirs de Bleuette étaient pleins de larmes.

— Comme il m'aime! dit Lucienne; — il reviendra colonel...

— Oh! ce n'est pas assez! s'écria Bleuette; — il reviendra général!...

Lucienne n'avait garde de la contredire.

Elles prolongèrent longtemps leur promenade sous les grands arbres du parc. Avant de se séparer, la nuit venue, elles se jetèrent dans les bras l'une de l'autre en mêlant de douces larmes avec de jeunes sourires.

Et toutes deux répétèrent :

— Il reviendra général!

. . . .

Et Martel revenait sans titre, sans grade, avec un uniforme usé qu'il n'avait même plus le droit de porter! et il trouvait au retour la distance qui le séparait de Lucienne transformée en un profond abîme qu'avait creusé le déshonneur!

Il était parti enfant il revenait homme.

Le monde lui avait dit çà et là ses désespérants secrets.

Son amour n'était plus qu'une souffrance. — Et quand venaient, à la traverse, quelques heures d'espérance passionnée, c'était une fièvre qui, calmée bientôt, le rejetait au plus profond de ses découragements amers.

Au commencement de l'entretien, Bleuette avait fait luire au dedans de lui un de ces fugitifs éclairs de joie. Il était jeune; ses illusions perdues ne demandaient qu'à revenir et savaient encore le chemin de son âme. — Le nom prononcé de Lucienne fit battre doucement son cœur et lui rendit pour un instant quelqu'un de ces rêves aimés où il croyait lire autrefois l'avenir.

Mais que d'amertume après ce bonheur de quelques minutes! Bleuette venait de lui dire une page de l'histoire de sa famille. — Et quelle bouche plus amie pouvait adoucir mieux ce que ces révélations avaient de cruel?...

Bleuette aimait Martel de toute la tendresse dévouée qu'elle portait à mademoiselle de Presmes. — Bleuette aimait Laure comme une sœur, sa bouche qui s'ouvrait pour accuser aurait voulu défendre...

Aussi chacune de ses paroles tombait sur le cœur de Martel comme un poids glacé. — Il n'avait plus ni espoir, ni doute, mais il voulait savoir encore et davantage, savoir tout et faire exact le bilan de son malheur...

Après un silence, pendant lequel Bleuette cherchait un moyen de mettre fin à ce douloureux interrogatoire, Martel reprit :

— On m'a dit autre chose encore... je vous prie de ne me rien cacher, Bleuette.

— Martel, je vous en supplie, répliqua la jeune fille, laissons ce sujet qui nous fait tant souffrir tous les deux... Croyez-moi, Laure avait un noble cœur... Elle doit être bien malheureuse!

Martel avait des larmes plein l'âme; mais son émotion se voilait sous les apparences d'une froideur austère.

— C'est un service que j'impose à votre amitié dévouée, Bleuette, dit-il; je sais que cela vous attriste, car vous êtes bonne et vous aimiez ma sœur...; mais, je vous le répète, ces choses, en passant par toute autre bouche que la vôtre me tueraient.

Il s'arrêta et poursuivit en redoublant de calme :

— Vous en étiez à me dire que M. le marquis de Carhoat et ses trois fils aînés avaient assisté en silence à la honte de leur fille et de leur sœur.

— Oh! s'écria Bleuette vivement, René, le pauvre enfant, n'eût pas fait cela, Martel!... il vous ressemble de cœur comme de visage...; mais il ne sait rien... Qui donc aurait la cruauté de mettre des larmes parmi ses enfantines rêveries? Il aime ses frères qu'il croit bons... Il adore son vieux père, dont la rudesse s'adoucit à ses sourires... Il va seul, — seul toujours, — par les grands bois, rêvant à des choses qui sont trop belles pour être de ce monde... espérant des bonheurs qu'il ne trouvera qu'au ciel, — et priant Dieu sous les hautes voûtes de la forêt, avec les fleurs parfumées et les oiseaux chanteurs, qui envoient vers le ciel leurs chants et leurs parfums.

— Que Dieu protége le cher enfant! murmura Martel. — Parlez-moi de ma sœur, Bleuette.

La jeune fille prit une pose résignée. Elle n'espéra plus donner le change à l'idée fixe de Martel.

— C'est bien vrai, poursuivit-elle; messieurs de Carhoat ne croisèrent point l'épée contre Kérizat... On vit même en ce temps, — plusieurs fois, — le marquis se promener sur la place du Palais avec le séducteur de sa fille... Ce fut au point que chacun espérait voir M. de Kérizat réparer sa faute et donner son nom à Laure. Comment expliquer autrement ces entrevues pacifiques avec le père de sa victime?...

Mais des mois s'écoulèrent. — Kérizat partit de Rennes un jour, laissant Laure dans le bel hôtel qu'il lui avait loué dans la rue Saint-Georges, le centre des nobles demeures... Laure ne fut point triste; on la vit s'entourer de tout ce que Rennes renferme de jeunes seigneurs... Malestroit, Montbourcher, Coëtlogon, Goulaine et Rohan, s'attelèrent à l'envi à son char... Son luxe déborda... Nous pleurions, Lucienne et moi, Martel, et nous nous disions qu'il fallait que Dieu eût mis un voile de démence sur la belle fierté de son âme!...

Bleuette s'interrompit. Sa poitrine se soulevait oppressée. Les fraîches couleurs de sa joue rose avaient pâli.

Martel aussi était pâle. Sa prunelle brûlait sous ses cils baissés à demi.

Son corps avait des frémissements de fièvre.

Il souffrait tout ce qu'on peut souffrir, sans tomber écrasé.

Mais il dit avec une tranquillité froide :

— Bleuette, je vous en prie, ne vous arrêtez plus, et que je boive le calice d'un trait...

— Que voulez-vous que je vous apprenne de plus?... reprit la jeune fille à bout de force elle-même. — Laure était tombée...

Elle fit effort pour parler, mais le cœur lui manqua.

Martel releva sur elle ses yeux où il y avait un feu sombre.

— Tombée, répéta-t-il d'une voix sourde et haletante. — Vous ne voulez pas me dire jusqu'où... Mais je le sais, je le sais! on a vu à Rennes ce qui ne s'était jamais vu peut-être dans notre Bretagne... on a vu une fille noble, affichée, célébrée, tarifée, recevoir un surnom d'orgie comme la dernière des courtisanes!... Elle a de merveilleux cheveux blonds, ajouta-t-il avec un rire amer, — et sa beauté brille comme une pierre précieuse... Ils l'ont appelée *Topaze*... Par le sang de Dieu! messieurs, c'est aux chiens et aux chevaux qu'on donne d'autres noms que ceux du baptême!... Ah! vous avez fait bien profond son lit de fange... Mais vous verrez bien qu'il y a encore une épée dans la maison de Carhoat!

Il s'était levé à ces dernières paroles, et parcourait la chambre à grands pas.

Le gruyer qui, jusqu'à cette heure, semblait être resté complétement étranger à l'entretien, se leva à son tour.

Il vint se placer en face de Martel, et lui serra la main rudement.

— C'est bien, Carhoat! dit-il. — Si les gentilshommes vous font défaut, et qu'il vous plaise accepter un second de roture, me voilà!... J'ai été soldat : je peux croiser le fer contre un prince.

Martel lui rendit son étreinte. Il ouvrit la bouche pour le remercier.

Mais l'enthousiasme de sa colère tomba comme par magie, et sa tête se pencha sur sa poitrine.

Il serra encore la main de Jean Tual en silence, et retourna s'asseoir auprès de Bleuette.

Le gruyer reprit sa besogne sans mot dire; mais il fronça ses gros sourcils, et voici ce qu'il pensa :

— Lion est un bon chien, parce que son père était un bon chien...

Martel demeura pendant quelques minutes comme accablé sous le fardeau de son angoisse.

Puis il se redressa et dit à Bleuette :

— Il me reste encore une chose à savoir de votre bouche... On m'a dit que la sœur de Lucienne, en plein bal, dans les salons du lieutenant de roi, a foulé aux pieds Laure de Carhoat, — la Topaze, ajouta-t-il en baissant la voix avec amertume; — et que la Topaze a porté la main sur la sœur de Lucienne...

La jeune fille fut quelques secondes avant de répondre. Elle sentait que c'était là un obstacle de plus entre Martel et mademoiselle de Presmes.

— C'est vrai, dit-elle enfin. — C'était au printemps dernier. Le lieutenant de roi aimait Laure... Profitant de cette passion, Laure osa braver l'interdit qui pesait sur elle et se montrer dans un bal au milieu de ses anciennes compagnes... La comtesse Anne de Landal parla de la faire chasser, et Laure lui mit son gant sur le visage... Ce fut la comtesse Anne qui sortit.

VI.

LE RETOUR DE LA CHASSE.

En quittant Martel auprès du pont de planches jeté sur la petite rivière de Vanvre, M. le chevalier de Briant avait pris, comme nous l'avons dit, le chemin du château de Presmes.

De même que Martel, le chevalier arrivait de Paris; mais ils n'avaient point fait toute la route ensemble. — Ils s'étaient rencontrés seulement à quelques lieues au-dessus de Saint-Aubin-du-Cormier.

C'était, en vérité, un charmant compagnon que M. le chevalier de Briant. Il mêlait les élégantes façons d'un gentilhomme aux familiarités faciles d'un coureur d'aventures. Son esprit, légèrement railleur, avait des allures franches et de ces brusqueries qu'on aime...... Son parler était vif, grasseyant, un peu emphatique et fanfaron : il allait merveilleusement à sa parole allègre et aux voltes gaillardes de son frivole entretien.

Ceux qui n'avaient jamais vu de Bas-Bret ns auraient pu le prendre pour un Gascon.

Car, parmi les préjugés que nourrissent de père en fils, avec un soin précieux, les bonnes gens de Paris, celui qui donne la lourdeur grossière et la pesante sauvagerie en partage aux enfants de la Basse-Bretagne n'est pas le moins bizarre et le moins éloigné du vrai. — A part le paysan, qui est grave et dont la tristesse se teint de poésie, le Bas-Breton est en général vif, étourdi, rapide à devancer la pensée par la parole. Son accent précipité, qui roule et broie les mots au passage, est comme une révélation de sa nature fanfaronne. — Il ne doute de rien; il se vante; il fait du bruit; il casse les assiettes. — C'est le Gascon, avec cette différence qu'il a bon cœur et bon poignet au service de ses vanteries.

Au bout d'un quart de lieue, M. le chevalier de Briant avait fait connaissance avec le jeune garde française.

La tristesse de celui-ci eût déconcerté un interlocuteur moins intrépide, mais le chevalier ne détestait pas les partners silencieux.

Il fit durant presque toute la route les demandes et les réponses avec un véritable plaisir.

Il questionna, devança les répliques, parla de Paris d'où il venait, du pays de Rennes où il allait, des demoiselles de l'Opéra et des belles filles de la Haute-Bretagne.

Martel ne l'écoutait guère; sa pensée était ailleurs...

Plusieurs fois pourtant son attention fut vivement éveillée, parce que le chevalier, entre vingt autres noms, prononça celui de la Topaze,—la plus ravissante créature de France et de Navarre! disait-il...

En ces moments, une question se pressait sur la lèvre de Martel. Ses yeux se baissaient; une rougeur épaisse lui montait au visage. Mais sa bouche demeurait close, et il semblait qu'une force mystérieuse arrêtait sa parole au passage...

Le chevalier continuait de causer tout seul, de rire et de conter, ma foi, des anecdotes fort réjouissantes.

Il en agissait avec Martel comme un vieil ami. — Mais nous voudrions gager que trois minutes après l'avoir quitté au pont de la Vanvre, il l'avait oublié parfaitement.

L'orage n'était pas encore commencé lorsque M. le chevalier de Briant arriva devant le perron de Presmes.

Presmes était un beau château, d'architecture assez bourgeoise, il faut le dire, dans ses parties modernes, mais vaste et gardant çà et là quelques traits de la physionomie chevaleresque.

Au-dessus de la maîtresse porte, l'écusson de Presmes étalait ses émaux reconnus par la déclaration de 1666 et qui ne remontaient pas néanmoins à une antiquité très-haute.

Presmes était famille de frontière, moitié angevine, moitié bretonne, moitié robe, moitié épée. — Elle commençait on ne sait trop où, mais, depuis sa naissance, elle produisait d'excellents gentilshommes, bien riches, qui avaient de père en fils le noble talent de la vénerie.

Le seigneur actuel, qui se montrait le digne successeur de ses aïeux, tenait la charge de capitaine des chasses de la varenne de Liffré, retenue royale qui avait accédé à la couronne par le double mariage de la duchesse Anne.

De Quimper à Laval, du raz de Gatteville à Paimbœuf, on n'aurait point trouvé de veneur de sa force.

C'était un digne seigneur, qui ne se targuait ni de sa fortune, ni de sa noblesse, mais qui se vantait volontiers de descendre par les femmes du célèbre Jacques du Fouilloux, gentilhomme du pays de Gastine en Poitou, auteur de la Vénerie, dédiée au *très-chrestien roy Charles neufieme* et d'être l'arrière-cousin du non moins célèbre sieur d'Yauville, premier veneur et ancien commandant de la vénerie du roi Louis XIV.

Il y avait dans son salon les portraits authentiques de ces deux illustres chasseurs; et leurs ouvrages, bien souvent relus, annotés respectueusement et habillés de splendides reliures, faisaient le fonds de sa bibliothèque.

Le chevalier franchit la grille, dont les deux piliers principaux supportaient deux bêtes qui ressemblaient un peu à des sangliers. Le poil de ces bêtes était hérissé horriblement et aurait pu faire office de chevaux de frise.

Une partie de la grille paraissait avoir été rétablie depuis peu. La façade elle-même du château portait les traces de réparations récentes.

On eût dit que les plâtriers avaient essayé d'effacer les traces d'une vive fusillade. Les murailles étaient criblées de points blancs sur lesquels avait passé la truelle.

Presque tous les contrevents étaient neufs. Sur les autres la peinture n'avait point encore recouvert les reprises maladroites, faites par la main novice d'un menuisier campagnard.

Ces reprises avaient pour objet de boucher des trous encore : des trous ronds et nettement arrêtés comme ceux que percent les balles.

Lors de la conspiration de Cellamare, peut-être dans les troubles plus récents qui venaient d'agiter la Haute-Bretagne, Presmes avait soutenu un siége.

Au moment où le chevalier de Briant traversait la cour, des fanfares lointaines arrivèrent par-dessus le faîte des collines.

— A la bonne heure! à la bonne heure! dit joyeusement le chevalier. — Yvon, mon gros, tu n'as pas besoin de me répondre que monsieur mon ami est dehors..... J'entends, pardieu! la chasse..... elle doit être.....

Il s'arrêta et prêta l'oreille.

— Elle doit être reprit-il, derrière le grand rocher de Marlet..... Tiens! que disais-je, la voilà qui débouche.

On entendit, en effet, à ce moment même, le son plus vif des fanfares que n'interceptait plus la grande masse du rocher.

Yvon, gros garçon, court et chevelu, avait pris le cheval par la bride, et tenait son bonnet de laine à la main.

— Ma fâ ian !... (ma foi oui) grommela-t-il.

— Et ces dames sont-elles au château? demanda le chevalier.

Yvon répondit négativement.

— Alors, mon gros, gare à leurs fraîches toilettes!... voilà des gouttes de pluie larges comme des petits écus de trois livres..... elles vont être trempées!

— Ma fâ ian!... répliqua Yvon.

Le chevalier avait mis pied à terre.

Yvon tira la bride du cheval, et tourna le dos pour se diriger vers les écuries.

— Ah çà, mon gros, s'écria le chevalier, est-ce que tu ne me reconnais pas?

Yvon s'arrêta et fixa sur lui son regard lourd.

— Si, bien, bien, répliqua-t-il tranquillement; — je vous reconnais tout de même, monsieur de Kérizat... Vous avez fait la cour à ma promise, un temps qui fut.....

— Ah! tu savais cela!...

— Ma fâ ian, répondit Yvon.

— Alors, méchant coquin, c'est toi qui m'as fêlé le crâne d'un coup de bâton, certain soir, derrière l'église de Thorigné!

Une lueur maligne brilla dans les gros yeux d'Yvon qui répondit :

— Ma fâ ian!...

Il entraîna le cheval et passa la porte des écuries.

— Un vertueux coup de bâton! grommela le chevalier en se tâtant le crâne sous son feutre; — j'en porte encore la marque!...

La pluie commençait à tomber avec violence. Le chevalier monta le perron et s'introduisit dans le vestibule.

Au bout de quelques minutes on entendit sur la montée le bruit de la cavalcade que l'on ne voyait point encore.

Puis les piqueurs débouchèrent en haut de l'avenue. La grille s'ouvrit à deux battants. Valets et gentilshommes, trempés par l'averse, se précipitèrent dans la cour.

M. de Presmes, qui arrivait sur son bon cheval avec sa trompe en bandoulière, essaya un instant de mettre de l'ordre dans la retraite, mais, en toute bataille perdue, il arrive un moment où le meilleur général ne peut point arrêter les fuyards. — La déroute était complète. Chacun se débandait, cherchant un abri sous les hangars, dans le vestibule, partout où se trouvait une porte ouverte.

Il ne resta au milieu de la cour, pour attendre les dames, que le vieux Presmes et deux des gentilshommes qui avaient suivi la chasse.

L'un de ces gentilshommes était un gros garçon trapu, membru, crépu, qui portait sur ses épaules une manière de pourpoint gris à grands boutons d'agate sablée. Ce gros garçon avait des sourcils farouches sur de petits yeux bleus débonnaires. Il était gauche en ses mouvements et présentait à peu près au complet en sa personne les diverses séductions du hobereau campagnard.

Il avait nom M. Hugues de Penchou, et il était baron.

L'autre se nommait Corentin Jaunin de La Baguenaudays.

C'était un long chrétien, blanc et rose, droit comme un piquet, avec d'énormes cheveux blonds frisés. Il avait un peu de barbe déteinte et sept poils de moustaches incolores qu'il relevait en croc volontiers.

En Bretagne et à Paris, Corentin Jaunin de La Baguenaudays eût passé pour joli garçon auprès de beaucoup de cuisinières.

Le baron de Penchou et lui présentaient un de ces grotesques contrastes qu'aime à saisir le spirituel et mordant crayon de Bertall. — Rien qu'à les voir, on se sentait en joie, et, s'ils parlaient, la farce était c mplète.

Lorsque la voiture découverte qui contenait les deux filles de M. de Presmes arriva dans la cour, nos deux gentilshommes s'avancèrent pour offrir leurs services. — M. de La Baguenaudays présenta sa main à la jolie Lucienne, dont les cheveux inondés ruisselaient sur ses blanches épaules.

Le baron Hugues de Penchou fit le même office auprès de la comtesse Anne.

Les deux couples traversèrent la cour qui était transformée en lac et se hâtèrent de gagner le vestibule où M. de Briant les accueillit par de gracieux saluts et des compliments de condoléance.

Les deux sœurs parurent également surprises à la vue du chevalier.

Lucienne ne dissimula point un mouvement d'aversion; la comtesse Anne rougit et baissa ses yeux fiers.

Le baron de Penchou et Corentin Jaunin de La Baguenaudays, rouges tous les deux comme des pivoines, saluèrent les deux filles de M. de Presmes, qui coururent se mettre entre les mains de leurs caméristes.

Le baron de Penchou et le jeune Corentin se regardèrent avec orgueil.

— Ça va bien, dit Penchou.

— Ça va bien, répondit Corentin Jaunin de La Baguenandays, qui eut un sourire prodigieusement innocent.

— Ah! voici ce cher hôte! s'écria le chevalier de Briant en s'adressant à M. de Presmes qui entrait le dernier.

En même temps, il s'avança vivement vers le vieux gentilhomme et lui prodigua deux ou trois impétueuses accolades.

M. de Presmes était entré dans le vestibule d'un air de bonne humeur et de joyeuse hospitalité. Cet enthousiaste accueil le prit à l'improviste.

Il fut étonné d'abord; puis, lorsqu'il reconnut le nouvel arrivant, une expression de froideur compassée vint remplacer son joyeux sourire.

— Ah! ah! monsieur de Kérizat! dit-il, je ne m'attendais pas à vous voir de sitôt en Bretagne.

— Cher monsieur, répliqua le chevalier, qui lui prit la main de force et la secoua rondement, — j'étais bien sûr de causer à votre bonne amitié une suprise agréable..... ah! nous avons d'aimables souvenirs à remuer après boire.... C'était un joli temps, monsieur mon ami.....

— Assurément, assurément! balbutia le capitaine des chasses, — et je suis flatté de la visite que vous voulez bien me faire... Mais est-ce que vous comptez rester longtemps en Bretagne, monsieur de Kérizat?

— Hé! hé! répondit le chevalier en affectant de se méprendre, et avec cette fatuité complaisante de l'homme qui se fait prier pour demeurer, — je ne sais pas, monsieur mon ami, je ne sais véritablement pas... je viens ici, comme vous le devinez sans doute, pour payer quelques petites dettes...

— Ah bah!... interrompit M. de Presmes.

— Cela vous étonne que j'aie des dettes? demanda intrépidement le chevalier.

— Non pas, non pas, interrompit le vieux gentilhomme avec une vivacité naïve, — Ce ne sont point vos dettes qui m'étonnent, mais...

— Je le crois bien, interrompit Kérizat à son tour. — Vous êtes vous-même mon créancier, monsieur mon ami... J'ai contracté çà et là quelques obligations... des misères, vous m'entendez bien... vingt ou vingt-cinq mille écus tout au plus... Je vais me débarrasser de cela.

Le vieux Presmes eut un sourire incrédule.

— Ce sera fort bien fait, dit-il. — Mais je vous demande la permission d'aller me préparer pour le souper.

Kérizat passa lestement son bras sous le sien.

— Faites, faites, je vous en prie, monsieur mon ami, dit-il. Je vais vous accompagner jusqu'à votre chambre... Je ne sais pas si vous m'approuverez, ajouta-t-il en baissant la voix, — et je dois vous dire que je tiens par-dessus tout à votre approbation... Vous savez que j'avais mené à Rennes une vie fort dissipée... Ces souvenirs me gênaient... Pour les éloigner tout d'un coup et pour rester à la hauteur de la position que j'occupe à la cour, j'ai laissé là ce nom de Kérizat qui me rappelait par trop nos folies.

— Monsieur le chevalier, interrompit le capitaine des chasses avec une froideur sévère, — ma jeunesse est déjà bien loin de moi... je ne me souviens plus du temps où j'aurais pu faire des folies... mais je me souviens très-bien de n'en avoir jamais fait avec vous.

— Ai-je dit nos folies? s'écria Kérizat, — ma langue aura tourné, monsieur mon ami, et je vous fais mes excuses... pour en revenir, je ne porte plus que mon nom patronymique, et je m'appelle le chevalier de Briant.

Ils avaient monté le grand escalier du château et se trouvaient à la porte de l'appartement de M. de Presmes.

Celui-ci dégagea son bras et mit la main sur le loquet de la porte.

— Ceci vous regarde tout seul, monsieur de Kérizat, répondit-il; veuillez m'excuser si je vous laisse.

Il salua, ouvrit la porte et disparut.

Bien des gens n'eussent point trouvé cet accueil fort encourageant, mais le chevalier n'était pas homme à se déconcerter pour si peu.

Il descendit à l'office et se fit donner une chambre de sa propre autorité, comme s'il avait été reçu à bras ouverts.

Une fois installé dans son appartement, il se mit à l'œuvre aussitôt, brossa lui-même son frac de voyage, sa veste et sa culotte, afin de suppléer aux habits de rechange qui lui faisaient complétement défaut.

Cela fut l'affaire d'un instant. M. le chevalier de Briant semblait parfaitement rompu à tous ces détails domestiques.

Quand il fut rajusté à peu près, il se regarda dans le vieux miroir à quatre morceaux qui ornait la cheminée de sa chambre.

Il se sourit à lui-même, — et réellement la glace répercutait l'image d'un cavalier de belle mine et de galante tournure.

Comme il brossait son feutre, la cloche du souper tinta.

— Il n'y a pas de milieu, murmura-t-il en donnant un dernier regard à la glace. — Les filles de ce vieil hidalgo ont de quoi couvrir d'or mon présent et mon passé... Si je m'endors je m'éveillerai quelque matin la corde au cou... Allons souper. Je vais manger d'abord et boire à ma convenance... Puis, au dessert, je choisirai ma femme...

VII.

LE SOUPER.

La salle à manger du château de Presmes était une énorme piè[ce] carrée, à quatre fenêtres, dont deux donnaient sur la cour et deux s[ur] les jardins.

Du côté de la cour, la vue était bornée par le sommet de la colli[ne] dont le revers descendait à la Vauvre; du côté du jardin, l'horiz[on] s'élargissait, montrant, à perte de vue la chaîne festonnée de ces [mi]croscopiques montagnes qui abondent dans le pays de Rennes.

Tout ce qu'on voyait de cette fenêtre, les immenses jardins, le va[ste] parc, les bois, les prairies, tout appartenait à M. de Presmes.

Le chevalier de Briant, qui était arrivé le premier au salon, s'a[c]couda sur l'appui d'une fenêtre, et se prit à contempler le paysage.

Il eut un sourire content et attendri. On ne pouvait dire pourta[nt] que M. le chevalier de Briant eût un fort poétique amour pour [les] beautés de la nature pittoresque. Ce qui mettait cette émotion do[uce] dans son sourire, c'était l'idée que tant de bois, tant de prés, tant [de] moissons, devaient former un des plus charmants revenus qu'un ge[n]tilhomme, sachant vivre, pût réclamer de son étoile.

Le chevalier avait entre autres qualités, celle de calculer avec pr[é]cision et prestesse. — Il partagea le paysage en deux et fit les comp[tes] de sa moitié.

C'était une occupation agréable et intéressante au degré suprê[me]. — Malheureusement, le son de la cloche avait appelé les convives q[ui] arrivèrent par groupes et garnirent le large vide de la salle.

La comtesse Anne de Landal et mademoiselle Lucienne de Presm[es] avaient réparé le désordre de leur toilette. La comtesse, poudrée [et] parée comme pour une fête, prit place au centre de la table.

C'était encore une très-jeune femme dont la beauté souriante et fi[ère] avait un éblouissant éclat. Ses cheveux abondants se crêpaient [au-]dessus d'un front peu développé, mais harmonieux, que relevaient [les] rayons vifs de deux grands yeux noirs aux longs cils recourbés. E[lle] avait un beau teint de brune, des traits dessinés avec finesse. Quelq[ue] chose de joli et de mutin plaisait parmi la vivacité de ses mouvemen[ts].

Sa taille était riche et cambrée hardiment. La toilette lui allait [à] ravir, — c'était une de ces beautés mondaines qui semblent faites po[ur] la parure et qu'on ne se représente point sans rêver or, diamants et velou[rs].

Lucienne était plus grande que sa sœur; elle lui ressemblait par [la] coupe du visage et le dessin des traits, mais sa beauté avait d'aut[res] séductions.

C'était une grâce pensive et qu'inclinait le mystérieux fardeau de [la] rêverie. — Ses longs cheveux, vierges de poudre et dont la nuan[ce] obscure avait de chauds reflets, semblaient humides encore de plu[ie] et tombaient en boucles affaissées sur ses épaules chastement couvert[es].

Elle avait de grands yeux bleus, tendres et doux, dont la prune[lle] baignée parlait de mélancoliques regrets.

Ses mouvements ondulaient balancés. Tout en elle était charm[e,] bonté, douceur, — et quand le sourire descendait sur ses lèvres pu[res] et qui semblaient ignorer la gaieté vulgaire, tout ce charmant visage [de] vierge, inopinément éclairé, prenait une auréole angélique.

Elle n'avait pas encore vingt ans. — Elle était vêtue d'une simp[le] robe blanche dont les plis, rattachés par une agrafe de perles, ne vo[i]laient qu'à demi les contours délicats de sa gorge.

Parmi le monde brillant de la noblesse bretonne, assemblé dans [la] ville des États, une seule femme avait pu quelquefois l'emporter [en] beauté sur les deux filles de M. de Presmes. C'était Laure de Carho[at].

Laure était une enchanteresse dont la seule approche écrasait s[es] rivales. Les fêtes splendides de M. de Flesselles, l'intendant royal, [les] bals de la présidence et ceux de M. le duc d'Aiguillon, lieutenant g[é]néral, n'avaient point connu d'autre reine durant plusieurs années. Mais maintenant Laure de Carhoat s'appelait *la Topaze*; les salons [de] M. le duc, ceux de l'intendant et ceux du président du parlement fe[r]maient leurs portes devant elle.

Un seul seigneur avait osé la mêler, dans une fête, à la foule super[be] des dames nobles de la province qui n'avaient point failli, — ou dont [la] chute, du moins, s'était discrètement étouffée sur le tapis épais [de] leur boudoir...

Cet homme était le lieutenant de roi, M. le marquis de Coëtlogo[n] dont la famille tenait cette charge de père en fils, par survivance, —

epuis le jour où il avait ouvert son hôtel à la Topaze, qui était sa naîtresse, ses salons étaient restés déserts.

Laure était tombée. — Elle restait l'idole de la jeune noblesse, mais de es idoles qu'on adore le matin et qui n'ont plus d'autel en ces solennités u monde où trônent l'élégante courtoisie et les chevaleresques respects.

A cette époque, les dames de Rennes n'avaient point une réputation e puritanisme absolument farouche ; mais Laure avait audacieusement franchi les limites au delà desquelles est le commun anathème. le n'était plus une rivale.

Les deux filles de M. de Presmes se partageaient en quelque sorte la uccession d'hommages que mademoiselle de Carhoat avait laissée près elle.

Anne était veuve depuis un an de M. le comte de Landal, gentilhomme es frontières de l'Anjou. Son douaire était une fortune. — Lucienne 'avait que les biens paternels, mais son père était l'un des plus riches ropriétaires de Bretagne.

On doit penser que tant d'opulence unie à tant de beauté devait attirer autour des deux sœurs un véritable essaim de prétendants.

Il en était ainsi, mais la comtesse Anne finissait à peine sa première nnée de deuil. Elle ne paraissait point extrêmement pressée de contracter une nouvelle union.

Quant à Lucienne, elle avait refusé jusque-là, sans choix et comme de arti pris, tous ceux qui s'étaient présentés pour obtenir sa main.

Un candidat-époux est ce qu'il y a, dit-on, de plus difficile à décourager au monde. Aussi, dès que Lucienne et sa sœur se rendaient à tennes, elles étaient bientôt assiégées, circonvenues, pressées par un ataillon de jeunes gentilshommes, amoureux ou non, qui les importunaient avec une constance digne d'un meilleur sort.

Mais à Presmes, il en était autrement : les deux sœurs avaient mis es bornes à l'hospitalité prodigue de leur père. A part les officiers e la capitainerie, les vieux amis de M. de Presmes et quelques voiins qu'on ne pouvait exclure, le château avait peu de visiteurs.

Il faut dire que, malgré ces réserves, la table de M. de Presmes 'en gardait pas moins une vingtaine de convives.

Le baron Hugues de Penchou et Corentin Jaunin de La Baguenaudays taient deux voisins qui usaient et abusaient de leurs priviléges.

Ils possédaient tous les deux une campagnarde aisance. Ils avaient eurs noms à l'armorial. — Ils étaient laids, contents d'eux-mêmes, ncroûtés, gauches, absurdes et les meilleures âmes de la terre.

Penchou s'assit auprès de la comtesse Anne, Corentin Jaunin se lissa aux côtés de Lucienne.

M. le chevalier de Briant avait rendu ses devoirs aux deux dames vec une grâce exquise qui mettait bien bas le lourd empressement des auvres hobereaux.

Mais sa grâce n'avait point eu plus de succès que leur pesanteur.

M. de Presmes avait accueilli les compliments du chevalier avec une éserve froide ; et, comme s'il eût voulu éviter de l'avoir pour voisin de able, il s'était hâté d'appeler auprès de lui deux autres convives.

Mais ce n'était pas là, paraîtrait-il, le compte du chevalier qui coupa a route à son compétiteur le plus naturellement du monde et prit lace, sans façon, entre Lucienne et son père.

— Monsieur mon ami, dit-il avec un cordial sourire, — nous allons auser ici plus à notre aise que tout à l'heure.

M. de Presmes, au lieu de répondre, fit signe à un vieux prêtre qui 'asseyait au bas bout de la table, et celui-ci prononça les versets lains du *Benedicite*.

Pendant les quelques minutes qui suivirent, tout le monde attaqua aillamment les mets substantiels étalés sur la table.

C'était un digne repas pour des chasseurs et des voyageurs. Les étables, a bergerie et la basse-cour y étaient copieusement représentées. Le idre moussait dans des bouteilles de grès dépoli, au ventre informe t bosselé ; — çà et là le goulot élancé d'un flacon de bordeaux se dressait u milieu des bouteilles trapues comme un peuplier svelte parmi des hênes rabougris.

On ne méprisait point le vin de la Gironde, mais toutes les préférences, il faut bien le dire, étaient pour le cidre généreux dont le gaz mpatient lançait les bouchons au plafond.

Au bout de dix minutes environ, les deux hobereaux commencèrent soupirer à l'envi l'un de l'autre. Penchou se pencha à l'oreille de la omtesse Anne pour lui parler de l'orage.

Corentin Jaunin de La Baguenaudays poussa la témérité jusqu'à dire Lucienne qu'après une journée de chasse, le potage est quelque hose d'excellent.

Le chevalier de Briant fut plus longtemps avant de prendre la parole. l venait de loin et, de Paris à Rennes, en ce temps, les auberges étaient plus abominables encore qu'aujourd'hui.

Cependant il n'attendit point au dessert. Lorsqu'il eut mangé une tranche de bœuf et deux de mouton, une aile de poulet, une cuisse de canard avec quelques menus accessoires, il but un grand verre de bordeaux et donna trêve à sa fourchette.

— Cousinez-vous avec M. Honoré du Fouilloux, conseiller au nouveau parlement, monsieur mon ami ? demanda-t-il *ex abrupto*.

M. de Presmes tourna vers lui un regard moitié défiant, moitié curieux.

— Je n'ai jamais entendu parler de lui, répondit-il.

— Ah ! fit le chevalier.

Il se versa un verre de vin et reprit :

— Je croyais... mais ce dont je suis bien sûr, c'est d'avoir causé de vous, deux heures durant, avec le colonel d'Yauville..., un charmant cavalier qui se dit votre parent.

— M. d'Yauville ! répéta le bon homme en rougissant de plaisir, — le fils du premier veneur !

— Son propre fils, monsieur mon ami.

— Il se réclame de notre parenté ?

— Comme un diable, monsieur mon ami ! Je crus devoir lui dire que vous ne m'aviez fait part...

— Mais si fait, mais si fait ! s'écria le capitaine des chasses, — D'Yauville est notre parent... Voici, vis-à-vis de vous, le portrait de monsieur son père. Ah ! c'était un homme que ce premier veneur ! Mais pour en revenir à cet Honoré du Fouilloux... Est-ce qu'il descendrait vraiment de l'illustre auteur de la *Vénerie* ?

— En directe ligne, répondit le chevalier.

M. de Presmes avait déjà perdu les trois quarts de sa froideur. Le sujet abordé par Kérizat était pour lui le plus cher entre tous. Pour en parler à son aise, il eût fait volontiers trêve à un ennemi mortel.

Le chevalier emplit son verre et celui du bon homme jusqu'au bord.

— Monsieur mon ami, dit-il, je vous propose la santé du colonel d'Yauville, — votre cousin, — qui a le plus grand désir de faire votre connaissance.

— En vérité ! s'écria M. de Presmes, mais volontiers, Kérizat, mais très-volontiers...

Les deux verres se choquèrent, et le vieux capitaine se frotta les mains après avoir remis le sien sur la table.

— Du reste, monsieur mon ami, reprit Kérizat, d'Yauville n'est pas le seul qui m'ait donné le plaisir d'entendre parler de vous. On connaît vos façons de chasser à la cour.

— Ah bah ! fit le bon homme.

— Pourquoi vous étonner ainsi ? Ne savez-vous pas bien que vous valez pour le moins nos veneurs de Paris ? Avez-vous votre pareil pour détourner le cerf sans jamais le méjuger au pied ni aux fumées ? sait-on mieux que vous décider du laisser-courre, frapper aux brisées, attaquer, garder ferme la voie ? Qui parle aux chiens comme vous, monsieur mon ami ? Vous sonnez comme M. de Dampierre, vous forhuez comme feu Stentor !

Le chevalier s'échauffait. — Il s'interrompit tout à coup pour ajouter froidement :

— Je ne fais que répéter ici, monsieur de Presmes, ce qu'on a dit à chaque laisser-courre des équipages et meutes de Sa Majesté.

Le vieux Presmes était rouge d'orgueil et de plaisir.

C'était une honnête figure de bon homme, ronde, pleine, fortement colorée, où l'intelligence ne débordait point, mais qui avait de la noblesse et une franchise digne. — Vous rencontreriez encore par la Bretagne de ces vieux gentilshommes dont les cheveux blanchis encadrent un sourire d'enfant, et dont le front sait se relever, superbe, dès qu'il s'agit de l'honneur attaqué.

M. de Presmes était fier de sa science en vénerie presque autant que de ses filles. — Il n'y avait guère de cerfs dans sa varenne de Liffré, mais chaque année, il menait un laisser-courre à Paimpont ou au Pertre, et c'est alors qu'il déployait ses hautes qualités de veneur.

Dans la forêt de Rennes, il attaquait le sanglier et le loup, sans dédaigner de temps à autre la chasse du chevreuil, qui est comme la poésie fugitive de la vénerie.

M. de Presmes ne crut pouvoir moins faire que d'emplir lui-même cette fois le verre du chevalier.

— Comment, Kérizat, dit-il d'un air tout amical, on parle de moi là-bas à Versailles !

— Et à Fontainebleau, monsieur mon ami...

— Et à Rambouillet ?

— Et à Saint-Germain, morbleu ! On vous cite... On vous prône. Tenez, Saint-Florentin m'a dit le mois dernier que vous étiez le premier veneur du siècle.

— Saint-Florentin... répéta M. de Presmes ; — un parent de Son Excellence ?

— Son Excellence elle-même, pardieu ! le comte de Saint-Florentin, ministre secrétaire d'État. Nous sommes ensemble dans de très-aimables termes...

Le sourire de M. de Presmes s'effaça pour un instant. Il regarda le chevalier avec un sérieux où il y avait du respect...

— Je bois à votre santé, Kérizat, dit-il ; — vous êtes donc en cour, maintenant !

— Monsieur mon ami, répliqua le chevalier, — je saisis cette occasion de vous rappeler que je m'appelle M. de Briant, tout bonnement.

— Mille pardons... commença le bonhomme.

— Du tout...... Vous ne l'oublierez plus. Quant à être en cour, ma foi oui..... pas mal, mon vieux camarade...... assez bien...... très-bien même, s'il faut le dire.

En achevant ces mots, le chevalier brisant l'entretien avec brusquerie, se tourna vers Lucienne, sa voisine, et lui débita de passables galanteries.

Lucienne de Presmes n'était point une demoiselle de campagne qui rougit, balbutie et s'indigne, non pas contre les compliments, mais contre sa propre sottise. Elle savait le monde, et sa belle pureté se parait de grâces aisées.

Néanmoins, ce fut avec une excessive froideur, mêlée d'embarras, que Lucienne de Presmes répondit aux compliments du chevalier. — Elle avait tant aimé Laure de Carhoat, la sœur de Martel !

Repoussés de ce côté, les empressements du chevalier traversèrent la table, et allèrent s'adresser à la comtesse Anne.

Celle-ci connaissait le chevalier mieux encore que sa sœur. Avant son mariage avec feu le comte de Landal, elle avait été courtisée par Kérizat et attaquée vivement.

Kérizat était, nous le savons, un fort séduisant cavalier : Anne de Presmes avait été tout près de lui donner son amour. — C'était, assurément, une raison de haine.

Mais il y avait un grand fonds de coquetterie dans la nature de la belle veuve. — Elle était légère, étourdie et vaine. — Le bon cœur que l'on peut avoir ne remédie point à ces défauts-là.

Ce fut entre elle et le chevalier une lutte de paroles vives et spirituelles. Le baron de Penchou écoutait, ébahi, le flux de phrases [...]ciles qui tombait des lèvres du chevalier. — Corentin Jaunin de Baguenaudays, qui avait beaucoup de peine à mettre trois mots [...]semble, était positivement renversé.

Le vieux Presmes et les officiers de la capitainerie faisaient siler[...] eux-mêmes et demeuraient subjugués.

Kérizat unissait en effet la vivacité celtique à l'urbanité parisienn[e] il était éloquent et il était piquant ; il était délicat, rapide, spiritu[el].

Lucienne ét[ait] peut-être la seul[e] parmi tous les co[n]vives, qui gar[dât] son esprit con[tre] l'aimable faconde [du] chevalier. — M[ais] l'esprit de Lucien[ne] était ailleurs. [Au] milieu de ce cliqu[e]tis de paroles cr[oi]sées avec les rir[es,] Lucienne restait [sé]rieuse. L'azur fon[cé] de ses grands ye[ux] bleus rêvait tris[te]ment.

Parfois, sa pa[u]pière retombait ; s[on] beau sein soulev[ait] les plis blancs de [sa] robe ; un incarn[at] fugitif montait à [sa] joue.

C'est que bi[en] loin, bien loin, dans ce grand Pa[ris] dont elle se repr[é]sentait vagueme[nt] les splendeurs ign[o]rées, elle voyait pa[s]ser une figure pâ[le] et fière dont le r[e]gard rêvait comm[e] le sien et dont [le] front large se co[u]ronnait de cheveu[x] blonds.

C'était un bea[u] jeune homme à l'[u]niforme brillant [de] dorures, et Lucie[nne] ne se demandait :

— Pense-t-il à mo[i] m'aime-t-il encore Reviendra-t-il ?

Car, depuis tro[is] ans, Lucienne rec[e]vait bien rareme[nt] des nouvelles [de] Martel, et ces no[u]velles qui lui arr[i]vaient indirect[e]ment n'avaient ga[r]de de parler d'[a]mour...

Son dernier so[u]venir datait de cet[te] soirée où Martel s'[é]tait mis à genoux sous les grands arbres du parc de Presmes et l[ui] avait dit : — Je pars.

Le cœur de Lucienne était de ceux qui ne savent point oublier.

L'amour admire sans cesse et s'exagère les qualités de l'objet aim[é]. Lucienne savait l'histoire de la maison de Carhoat ; elle savait [ce] qu'était la sœur de Martel ; elle savait ce qu'étaient son père et ses frère[s]. Mais elle se disait :

— Il est si noble ! il est si brave ! Quand il reviendra, son nom se[ra] trop haut pour que puisse l'atteindre cette infamie qui n'est pas la sienn[e].

Blouette et Martel.

VIII.

LA COMTESSE ANNE.

Le vieux Presmes était joyeux comme un auteur de tragédies qui a été sifflé avec modération.

Le souvenir des paroles du chevalier, l'idée qu'on parlait de lui à Versailles, à Saint-Germain, à Rambouillet, lui mettait au cœur un contentement sans bornes.

Il se complaisait à penser qu'il y avait un M. d'Yauville, propre fils de l'auteur du traité illustre de la Vénerie, qui avouait leur parenté et l'appelait mon cousin. Il espérait entrer en rapport avec le descendant du fameux Jacques du Fouilloux, le Théocrite de la vénerie.

Son honnête visage reflétait bonnement toutes ses joies, tous ses espoirs.

« Quand le roi est de bonne humeur, a dit un grand poëte latin, l'univers éclate de rire. » Les officiers de la capitainerie se sentaient tout guillerets à voir le contentement de leur chef. Ils buvaient tant qu'ils pouvaient du cidre ou du vin à leur choix; ils trinquaient, ils entamaient avec les veneurs d'honorables discussions sur les fumées d'un dague t qui avait été vu aux gagnages dans les chaumes de la Bouëxière, — sur un change mémorable qu'avaient pris les chiens de meute au dernier laisser-courre du Pertre, — sur la rage des loups, sur la gale des chiens, et principalement sur un grand vieux sanglier retors qui avait tué les meilleurs lévriers de la capitainerie, et qui désolait tout le pays depuis Saint-Sulpice-des-Bois jusqu'à Thorigné.

Le baron de Penchou et Corentin Jaunin de La Baguenaudays commençaient à s'échauffer tout doucement; ils levaient le coude comme il faut, et se mettaient une énorme quantité de cidre dans l'estomac.

Ceci, sans préjudice du vin qu'ils entonnaient.

Ces deux bons gentilshommes se sentaient maintenant le courage de placer leur mot dans la conversation. Seulement ils ne trouvaient point de mots. S'ils avaient su ce que dire, nous pensons qu'ils l'auraient dit et très-bien.

Il ne s'agissait donc plus que de chercher, et l'on pouvait prévoir qu'ils allaient bientôt donner cours à leur éloquence.

Le vieux Presmes était désormais tout à fait revenu de sa froideur vis-à-vis de son hôte. Il le traitait avec une considération amicale et buvait à sa santé volontiers.

Cependant, lorsque Kérizat restait longtemps sans lui adresser la parole, le bonhomme réfléchissait et tombait en une sorte de perplexité triste.

Il connaissait mieux que personne le passé du chevalier; il l'avait toujours vu aux expédients et avait appris pendant une dizaine d'années à se défier de ses industries.

Ses anciennes impressions combattaient avec énergie l'impression nouvelle que les paroles du chevalier venaient de faire sur lui.

Il entrait en méfiance. — Les flatteries du chevalier sonnaient quelquefois faux à son oreille.

Et puis que signifiait ce changement de nom?

La raison apportée par Kérizat était bien insuffisante et frivole. N'y avait-il pas apparence qu'un motif secret se cachait sous cette chose avouée?

Insensiblement, le joyeux et débonnaire sourire de M. de Presmes se voilait sous une apparence soucieuse. L'effet naturel de ce changement fut de modérer la joie des officiers de la capitainerie, courtisans nés de cette petite cour.

Veneurs, piqueurs, lieutenants, tourriers, maréchaux et commandants de meute s'attristèrent. Quand on est triste, on aime à parler de choses fastidieuses et lamentables : la politique tomba sur le tapis.

Dieu sait qu'à cette époque, en Bretagne, le sujet était vaste et fécond.

L'ancienne résistance de la province contre le vouloir royal semblait se réveiller plus indomptable et plus vivace que jamais. — A mesure que le ministère s'obstinait à remplacer par un régime de bon plaisir les antiques franchises, garanties par le pacte d'union, les trois ordres se raidissaient davantage. La noblesse et le clergé oubliaient leurs dissensions séculaires pour repousser l'arbitraire impôt, substitué violem-

Lucienne.

ment aux dons gratuits que devaient voter les États. Le tiers, qui comptait alors parmi ses membres une foule de personnages énergiques, dont plusieurs sont restés dans l'histoire, soutenait les deux autres ordres et n'était pas, à l'occasion, le moins ferme des trois.

Les destitutions se succédaient; les dissolutions tombaient de Paris comme grêle, accompagnées de menaces et apportées par des traîneurs de sabre qui, trouvant trop long de biffer les arrêts séditieux, lacéraient les registres du parlement.

On était menacé du régime militaire, et la guerre civile était dans les prévisions de tous.

Le duc de Penthièvre avait remplacé M. le comte de Toulouse, fils de Louis XIV, dans le gouvernement de la province, mais le véritable représentant de la politique du ministère était, en Bretagne, Vignerot-Duplessis-Richelieu, duc d'Aiguillon.

Celui-ci avait le titre de lieutenant général. Il était particulièrement odieux aux trois quarts de la province.

Le duc de Fitz-James et le maréchal comte de Goyon se tenaient prêts à jeter leur épée dans la balance, pour peu que cela parût plaire au ministre Saint-Florentin ou à son délégué.

La conspiration de Cellamare, dont les chefs étaient les fils de Louis XIV, avait laissé dans l'ouest de la France de sourds levains de rébellion; mais il n'est pas besoin d'aller chercher si loin les motifs de l'émotion qui fermentait alors en Bretagne.

La question des jésuites venait d'être jugée. Le parlement breton, sur les réquisitions du procureur général de La Chalotais, avait prononcé la dissolution de la société de Jésus dans le ressort de la cour. — On sait les querelles passionnées qui s'ensuivirent. M. de La Chalotais, captif, puis exilé pour une lutte de hiérarchie, eut la consolation de se poser en victime du clergé.

Il eut l'approbation de Voltaire. — Mais ces choses sont bien loin de nous pour les juger avec les formules de l'enthousiasme ou de l'amertume.

Certes, l'époque où nous vivons est suffisamment bavarde, et la quantité de prose imprimée tous les jours a de quoi défrayer les lecteurs les plus gourmands. Néanmoins, on ne peut calculer sans surprise l'énorme quantité de libelles qui tomba vers ce temps comme une noire avalanche sur la bonne ville de Rennes. Ce fut un débordement inouï. On se railla, on se mordit, on s'injuria; il y eut des pamphlets pour la France, des pamphlets pour les membres du parlement restés en exercice et pour les membres destitués; des pamphlets pour les jésuites, contre les jésuites, des pamphlets sur tout et contre tout!

L'encre coulait à flots; les oies n'avaient pas assez de plumes; — si bien que l'illustre procureur général La Chalotais écrivit un mémoire, fort éloquent du reste, avec un cure-dent (1).

Plus récemment encore, le contre-coup de la protestation des princes du sang contre le parlement Maupeou s'était fait ressentir en Bretagne. Des mécontents avaient pris cette occasion de s'insurger contre l'impôt. Il y avait eu un commencement de révolte dans le pays de Rennes, précisément vers l'époque où Laure de Carhoat fuyait la maison paternelle en compagnie du chevalier de Kérizat.

Le château de M. de Presmes, qui se trouvait sur la route de Paris, et dont l'intendant royal avait fait souvent une étape pour les fonds qu'il envoyait au trésor, avait notamment soutenu un véritable siége, — siége nocturne, dirigé par de mystérieux soldats qui n'avaient pu vaincre, mais dont l'effort avait laissé de nombreuses traces sur les murailles du vieil édifice.

Nous avons fait remarquer au lecteur dans l'un des précédents chapitres, ces blessures à peine cicatrisées que gardait la façade du manoir.

Les soupçons s'étaient portés, dans le temps, sur la famille de Carhoat qui, réduite à un état voisin de la misère, avait aux alentours une détestable renommée. Mais les Carhoat se tirèrent d'affaire. On pendit quelques brigands faméliques, traqués dans le souterrain de la *Fosse aux Loups*, qui avait servi si longtemps de retraite aux réfractaires de la forêt, refusant l'impôt, et associés sous le nom de *Loups* (2).

Du côté de Paris, le vent politique est à l'orage. — Le cœur du royaume n'envoyait rien de stable à ce membre lointain qui se consumait en sa fièvre..... C'étaient des espoirs toujours, et toujours des craintes, jamais rien de réel.

Le roi Louis XV se faisait bien vieux...

On doit penser qu'en présence de ces événements, les causeurs politiques avaient de quoi s'étendre. On s'attendait à chaque instant à quelque changement notable. De deux choses l'une, ou la cour rappellerait ses serviteurs trop fougueux, les ducs d'Aiguillon et de Fitz-James, le maréchal comte de Goyon, l'intendant de Flesselles, etc. ou la province se ferait justice elle-même, et alors la Bretagne, séparée, redeviendrait une puissance indépendante.

Il y avait alors beaucoup de partisans de cette dernière mesure, et tel était, du reste, le but de la récente révolte qui, entamée au pays de Rennes, avait manqué dans les autres diocèses.

De nos jours même, cette opinion n'est point morte complétement, et si quelque Wallace armoricain naissait aux bruyères de la Cornouaille sa voix ferait bien surgir encore quelques champions qui sauraient mourir avec lui.

Au dix-huitième siècle, c'était encore un parti nombreux et constitué qui avait, dans quelques manoirs de la Basse-Bretagne, un prétendant tout prêt, le dernier des Avaugour.

Au souper de M. de Presmes, il y avait sans doute des partisans des jésuites et des partisans de La Chalotais, des fidèles du roi de France et des ennemis de l'impôt. Mais la présence du vieux capitaine des chasses qui tenait sa charge de la cour, et vivait en grande amitié avec les autorités venues de Paris, comprimait jusqu'à un certain point, l'expression franche des opinions contraires.

Les seules paroles hardies furent prononcées par la comtesse Anne, qui était une Bretonne déterminée.

— Si tout le monde était comme moi, dit-elle, on mettrait M. le lieutenant général dans une caisse avec l'intendant, le maréchal, le gouverneur de la ville et aussi monseigneur l'évêque, pour les expédier, sous cachet, à Paris, où Sa Majesté trouverait bien le moyen de les employer pour la plus grande utilité de son service.

Le vieux de Presmes éclata de rire, parce qu'il trouvait toujours charmant tout ce que disaient ses filles. — Les officiers applaudirent autant par sympathie que par instinct diplomatique.

Le baron de Penchou toussa d'une façon qui exprimait énergiquement son enthousiasme.

Caurentin Jaunin de La Baguenaudays, pour ne pas imiter servilement le baron, éternua derrière sa serviette.

Contre toute attente, M. le chevalier de Briant accueillit très-froidement cette saillie. Il prit un air de réserve austère et mit de l'ostentation à détourner son regard de la comtesse.

— Monsieur le chevalier, dit Anne, vous qui venez de Paris, apprenez-moi donc un peu ce qui se passe... Le roi va-t-il bientôt donner congé aux commis de M. Maupeou et remettre les vrais conseillers en leur siége?....

— Madame, répondit le chevalier sèchement, — je crois savoir tout ce que l'on doit aux dames... mais il ne m'est point permis de répondre à de pareilles questions.

— Ne voyez-vous pas qu'elle raille? dit M. de Presmes.

— Monsieur mon ami, répliqua Kérizat en mettant sur sa mine une double couche d'austérité glacée, — la plaisanterie qui s'attache à de semblables sujets change de nom, souffrez que je vous l'apprenne.

— Mais ce n'est pas une plaisanterie! s'écria la pétulante jeune femme. — Nous avons aussi à Rennes notre parlement Maupeou.... tous les gens de cœur le méprisent et le détestent..... foin de ceux qui le soutiennent!

Les officiers de la capitainerie ne savaient pas trop s'ils devaient applaudir ou se taire. Leurs regards allaient du visage riant et hardi de la jolie comtesse à la figure du vieux capitaine des chasses, qui exprimait une certaine inquiétude.

La toux, naguère si éloquente du baron de Penchou, devenait problématique, et Corentin Jaunin de La Baguenaudays n'osa pas éternuer une seconde fois de peur de se compromettre.

— Soutiens-moi, Lucienne, s'écria la comtesse Anne, — les voilà tous contre moi!.. N'y a-t-il en ce pays breton qu'une pauvre femme pour soutenir la Bretagne?

Lucienne leva sur sa sœur ses grands yeux bleus qui disaient l'embarras de sa surprise et cherchaient à deviner le motif de cette interpellation.

— Tu ne me soutiendras pas, reprit la comtesse Anne, qui plaisantait encore, mais dont la voix s'animait au feu de la discussion, — tu es Française, toi, Lucienne... Depuis deux ans que je suis revenue, je t'ai vue refuser la main de vingt gentilshommes bretons, tous loyaux et nobles, et capables de faire le bonheur d'une femme... Mon père, ajouta-t-elle tout à coup, en s'adressant au vieux capitaine des chasses, — il faudra donner Lucienne à quelque soldat de Paris, portant un habit rouge ou bleu, une culotte blanche, et autant d'or sur les coutures qu'il en faudrait pour galonner la chape de M. le prieur de Sainte-Melaine!...

(1) Dans la prison de Saint-Malo. — A part le mérite de l'œuvre, cette circonstance du cure-dent donna un succès de vogue au mémoire.

(2) Dans un autre roman, la *Forêt de Rennes*, l'auteur a fait l'histoire de cette audacieuse et bizarre association.

Anne n'eut pas le temps de lire le reproche timide que lui envoya le regard de sa sœur ; Lucienne, en effet, baissa les yeux en rougissant et cacha sous sa paupière close une larme tôt réprimée, qui vint se perdre dans ses longs cils.

Son cœur battait bien fort. — Sans le savoir sa sœur venait de lui parler de Martel.

Depuis une minute, M. de Presmes regardait avec une inquiétude croissante le visage du chevalier.

Celui-ci, raide, froid, compassé, avait déposé sa fourchette sur la table et tenait la main sous les revers de son habit.

— Allons, comtesse! dit le bon homme, allons, Anne, ma chère fille, ces matières-là ne conviennent point aux dames...

— Et pourquoi cela, monsieur mon père? s'écria la jeune femme que la contradiction échauffait davantage.

— Laissez parler madame la comtesse, monsieur mon ami, dit Kérizat avec un sourire équivoque ; — les dames sont des adversaires dangereux... et dans ces temps de trahisons et de troubles, il est bon de savoir au juste où sont les ennemis du roi et où sont les sujets fidèles.

La comtesse se mordit la lèvre et jeta au chevalier un regard de colère. — Sa jolie bouche s'ouvrit ; d'impétueuses paroles se pressèrent en foule sur sa lèvre, mais un coup d'œil suppliant de son père lui imposa le silence.

Les convives demeuraient muets, et l'embarras, gagnant de proche en proche, faisait le tour de la table.

Au bout de quelques minutes, la comtesse se leva et se retira.

— Allons, Kérizat, s'écria M. de Presmes, voici ce redoutable adversaire en fuite... Célébrons notre victoire et buvons à la santé du roi!

Kérizat laissa remplir son verre, puis son regard parcourut le cercle des convives pour venir se reposer sur le capitaine des chasses, qui baissa les yeux sous sa perçante sévérité.

— Qu'avez-vous donc, chevalier? balbutia M. de Presmes.

— Monsieur mon ami, répliqua celui-ci avec emphase, — je veux croire que cette santé portée par vous est le cri d'un cœur loyal et non point une vaine comédie... mais je ne m'attendais pas, — il prit un accent pénétré, — je ne pouvais pas m'attendre à voir la bouche d'une fille de Presmes s'ouvrir pour prononcer de ces paroles...

— Mais je vous jure qu'elle plaisantait, voulut dire le bon homme.

— Je vous jure, moi, monsieur mon ami, répliqua péremptoirement Kérizat, — que madame la comtesse ne plaisantait pas.

Les officiers de la capitainerie écoutaient curieusement cette discussion, et la plupart d'entre eux commençaient à regarder le chevalier avec défiance.

Quelques mots chuchotés à voix basse firent le tour de la table, et arrivèrent à l'oreille du vieux veneur.

— C'est un agent de la cour! disait-on. C'est un espion du comte de Saint-Florentin! un aide envoyé au duc d'Aiguillon! un suppôt de l'évêque! un maltôtier! un porte-sabre qui a son uniforme dans sa valise!

Le baron de Penchou et Corentin Jaunin de La Baguenaudays, qui saisissaient au vol, çà et là, quelques-unes de ces paroles, regardaient le chevalier avec des yeux ébahis, et s'étonnaient sincèrement qu'un homme pût être tant de choses à la fois.

Cet étonnement devra sembler d'autant plus naturel à ceux qui feront réflexion que Penchou et Corentin Jaunin de La Baguenaudays, additionnés ensemble, voire multipliés l'un par l'autre, ne faisaient absolument rien du tout.

M. de Presmes, cependant, avait entendu lui-même ce qui se disait à ses côtés.

Son inquiétude tournait à l'épouvante; car il tenait à sa charge de capitaine des chasses autant et plus qu'à ses dix manoirs entourés d'innombrables guérets.

Le chevalier, peu de temps après le départ de la comtesse Anne, repoussa son siége à son tour, et se leva.

— Monsieur mon ami, dit-il, ordonnez, je vous prie, à l'un de vos valets, de faire seller mon cheval.

— Quoi! s'écria le vieux de Presmes, vous voulez partir?...

— Je veux partir, répéta Kérizat.

— Mais il me semble que vous m'aviez annoncé?...

— Assurément, assurément, répondit le chevalier, je n'ai pu passer si près de la maison d'un vieux et loyal camarade sans en franchir le seuil... et je comptais...

Kérizat s'interrompit. — Le vieux veneur l'interrogeait d'un regard crédule et soumis.

— Vous me comprenez, reprit Kérizat; après ce qui vient d'avoir lieu...

M. de Presmes frappa ses mains l'une contre l'autre avec une colère de [illegible].

— Mais je vous proteste!... commença-t-il.

— A la bonne heure! monsieur mon ami. — Mais un homme ne peut juger qu'avec ses yeux et avec ses oreilles... Tout ce que je puis faire pour vous, c'est d'oublier de mon mieux ce que je viens d'entendre dans votre maison.

Le bon homme demeurait comme atterré.

— Et c'est une grande preuve de dévouement que je vous donne, monsieur mon ami, poursuivit Kérizat, qui redoubla d'emphase, — car mon devoir est de me souvenir!... Veuillez ordonner, je vous le demande une seconde fois, que l'on selle sur-le-champ mon cheval.

M. de Presmes garda un instant le silence. Il ne prenait point la peine de cacher sa détresse. Les rôles étaient bien changés. Par hasard ou par adresse, M. le chevalier de Briant avait trouvé tout d'un coup la baguette magique qui agissait sur l'esprit simple et borné du vieux veneur.

— Vous ne ferez pas cela, Kérizat! s'écria ce dernier, en passant son bras sous celui du chevalier.

— Je vous ai dit, monsieur mon ami, que je m'appelle de Briant tout court... par intérêt pour le service du roi. — Il appuya sur ces mots avec affectation. — Veuillez ne plus l'oublier.

— Pour le service du roi, répéta M. de Presmes, qui éprouva un sentiment de contrition à la pensée de ses doutes injurieux. — Ah! monsieur le chevalier, ne me faites pas le tort de me quitter ainsi, et passez au moins une nuit sous le toit de votre vieux compagnon!...

— Je le voudrais, prononça lentement Kérizat, qui feignit de s'attendrir.

— Je vous en prie, continua le bon homme, en l'entraînant loin de la table. — Ce n'est pas à vous que j'ai besoin de dire quel est mon dévouement pour Sa Majesté... Au besoin, ma maison criblée de balles et les dangers que j'ai courus dans toutes les révoltes depuis cinquante ans témoigneraient de ma fidélité inébranlable.

— C'est vrai, murmura Kérizat, comme en se parlant à lui-même, — c'est vrai... mais ceux qui vous entourent.

— Je réponds des officiers de ma capitainerie, interrompit le bon homme — autant qu'on peut répondre de quelqu'un dans ces temps malheureux... Quant à mes filles, Lucienne adore Sa Majesté... la comtesse Anne... Mon Dieu! Kérizat, vous savez ce que sont les femmes... inconséquentes, étourdies, faciles à se laisser entraîner par des billevesées!...

— C'est que le fardeau de ma responsabilité est bien lourd, monsieur mon ami! dit Kérizat à voix basse.

Le vieux veneur eût donné son meilleur chien pour savoir quelle était la mission du chevalier.

Cette mission lui apparaissait imposante, considérable, et il se plaisait à penser que cet homme, dont il prenait le bras, avait entre ses mains le destin du royaume.

Kérizat jeta de loin sur les convives qui, à l'exception de Lucienne, étaient restés à table, un regard profond et scrutateur.

Pour mettre le sceau à sa comédie, il eut bien le front de témoigner de la méfiance à l'endroit du petit baron de Penchou et du long Corentin Jaunin de La Baguenaudays.

— Qui sont ces hommes? demanda-t-il.

— Je vous en réponds, s'empressa de répliquer le vieux veneur avec toute l'importance d'un homme d'État novice. — Je vous en réponds sur ma tête!

Kérizat garda un instant le silence, puis il prit la main du bon homme, qu'il serra solennellement.

— Eh bien! dit-il, monsieur mon ami, je consens à me fier à vous... Je vais passer cette nuit à Presmes... cette nuit et peut-être les jours suivants.

— Merci, chevalier, merci! s'écria le bon homme avec attendrissement.

— Mais, de la prudence!... reprit Kérizat, — une discrétion à toute épreuve!... et quoi que je puisse faire, point de questions, monsieur mon ami!... que je sorte, que je rentre, la nuit, le jour, vous ne devez rien voir... sous peine d'entraver dangereusement le service de Sa Majesté!

Le vieux veneur mit sa main sur sa poitrine, et de son autre main il serra celle de Kérizat qui gardait un imperturbable sérieux.

— Merci, chevalier, merci! répéta-t-il. — Vous verrez si je suis digne de votre confiance.

M. de Presmes accompagna Kérizat jusqu'à son appartement.

Puis il redescendit au salon et avec toute l'affectation de mystère désirable, il ordonna aux officiers de la capitainerie de traiter respectueusement son hôte.

Puis encore il se rendit à l'office pour commander aux domestiques de Presmes de tenir les portes du château ouvertes nuit et jour, à la volonté du chevalier; le tout pour le service du roi...

IX.

LA PISTE DE BLEUETTE.

Les officiers de la capitainerie restaient seuls à table avec le baron de Penchou et Corentin Jaunin de La Baguenaudays.

Ces deux derniers n'avaient pas compris grand'chose à tout ce qui venait de se passer, mais ils sentaient autour de leur épaisse cervelle comme un vent de mystère, et ils crurent devoir donner à leur physionomie des expressions de circonstance.

Corentin passa ses longs doigts dans le blond fade de ses énormes cheveux; en même temps il rida son front plat et cligna de l'œil, de manière à faire croire qu'il avait réellement une idée.

Dans le même but, le baron de Penchou frotta son gros nez énergiquement et souffla dans ses joues que rougissait le cidre.

Corentin et lui étaient faits évidemment pour se comprendre.

Ils se levèrent en même temps, se rapprochèrent et se serrèrent vigoureusement la main.

— Ah! monsieur, dit Penchou, — voyez-vous bien... Diable!

—Diable! répliqua le jeune Jaunin de La Baguenaudays, — évidemment... Ah! monsieur!

Ils se regardèrent pendant quelques secondes, puis Penchou reprit en haussant les épaules:

— Après cela, — que voulez-vous, on n'y peut rien!

— Évidemment, répondit Corentin Jaunin de La Baguenaudays, en levant les yeux au plafond, — à la guerre comme à la guerre!...

Ils se serrèrent la main derechef, d'un air fatal, et allèrent se coucher.

Penchou rêva que la comtesse Anne l'appelait imbécile, et Corentin Jaunin de La Baguenaudays songea que la femme de charge de son père avait les cinquante mille écus de rente de Lucienne.

Ce grand jeune homme blond fut transporté de joie, parce que l'amour de la femme de charge de son père était jusqu'à un certain point à sa portée.

Au bas bout de la table les veneurs et les officiers continuaient de boire et de causer.

Il fut question pendant quelques minutes encore de politique et de ce personnage mystérieux qui avait osé exprimer un blâme contre la fille aînée de M. de Presmes; puis, le vin et le cidre aidant, l'entretien glissa vers des sujets plus joyeux.

Ces officiers étaient pour moitié des gens d'un certain âge, rompus aux manœuvres de la chasse, pour moitié des jeunes gens alertes et bien découplés, qui faisaient leur apprentissage au noble art de la vénerie.

Les uns et les autres étaient, ma foi, de bons vivants, et les vieux tout aussi bien que les jeunes parlaient volontiers d'amourettes.

— Eh bien, Hervé, dit le maître piqueux à un jeune veneur de belle mine, qui levait le coude moins souvent que les autres, — tu brises donc toujours dans la voie de Bleuette?

— Ça vous dérange-t-il, maître Proust? répliqua Hervé, susceptible comme tous les amoureux.

— Oh! que non, mon bellot! dit le piqueux; — Bleuette est gentille et sage... m'est avis que tu ne pouvais pas mieux t'adresser.

Il y a des gens qui n'aiment point à entendre parler de leur maîtresse, même lorsqu'on en dit du bien.

— C'est bon, c'est bon! murmura Hervé, — Bleuette est ce qu'elle est, et je sais ce que je fais.

— Tu es assez grand pour cela, mon bonhomme, riposta maître Proust, — mais tu as beau faire semblant de te fâcher... nous savons que tu es un bon diable... Messieurs, il faut que vous m'aidiez à faire un sermon à Hervé... Quand il va au bois le matin, ce n'est pas le sanglier qu'il cherche, et son limier a le diable au corps pour suivre, au lieu des pieds de la bête, de jolis petits pas mignons qui s'en vont toujours du côté de Fontaine-aux-Perles...

— C'est là qu'elle se rembuche... dit un écuyer à demi-voix.

Hervé haussa les épaules et fronça le sourcil.

— Ah! Hervé, mon ami, s'écria maître Proust, — tu as entendu pourtant bien des fois en ta vie le refrain de la complainte:

> Du plus sage et du plus fou
> L'amour vous casse le cou!...

— Mon cou est à moi, dit Hervé, — si je veux le casser...

— Ça te regarde, interrompit le piqueux, — ça c'est vrai, mon garçon... Mais n'est-ce pas, vous autres... notre devoir est de lui faire un bon petit sermon?

Les convives approuvèrent bruyamment.

— Ce n'est pas une conduite, reprit le maître piqueux; — Hervé en perd la tête. Quand on entend sous le couvert la chanson de ce petit lutin de Bleuette, on est bien sûr que maître Hervé est quelque part dans les buissons d'alentour, blotti comme un cerf de meute qui vient de donner du change... Deux ou trois fois cet automme j'ai fait le bois avec lui...

— Ah! maître Proust!... interrompit Hervé avec un accent de reproche.

Mais le maître piqueux était en veine.

— Ces jours-là, poursuivit-il en riant, les sangliers dormaient leur grasse journée... car maître Hervé cherchait Bleuette et moi je m'amusais à chercher Bleuette et maître Hervé.

Le jeune veneur rougit — les autres éclatèrent de rire.

— Il n'y pas besoin de limier pour suivre leur piste, continua maître Proust qui s'égayait de plus en plus; — je vais vous dire comment on s'y prend... On descend l'avenue en mangeant un morceau sur le pouce... on passe le petit pont, et l'on grimpe de l'autre côté de la Vanvre, en choisissant la première coulée venue. Là, au lieu de s'occuper des traces et des boutis, au lieu de chercher les souils, on s'assied tranquillement sur l'herbe et l'on boit une gorgée à sa gourde..... Au bout d'un quart d'heure on entend une trompe sonner doucement et dire: — Là ira, ha! ha!... là ira!... alors vous vous levez, et vous allez par le taillis à la rencontre du cor... la réponse ne se fait pas attendre... une petite voix s'élève sous le couvert et chante bien bellement:

> Ma grand' mère était la femme
> Du métayer de Marlet,
> Qui chantait au flageolet
> La complainte de madame...
> L'amour vous casse le cou
> Du plus sage et du plus fou...

Maître Proust chanta ce couplet d'une voix aiguë et flûtée qui voulait imiter la voix d'une jeune fille.

Tout le monde répéta en chœur, non sans regarder malignement le pauvre Hervé, victime de cette j ie:

> L'amour vous casse le cou
> Du plus sage, du plus fou!

— Voilà qui va bien, reprit le maître piqueux, échauffé par son succès. — Le couplet fini, la trompe reprend son *là ira;* puis la voix rapprochée continue avec une petite émotion qui rajeunit les pauvres gens de mon âge:

> Madeline était la reine
> De la danse aux alentours;
> On eût été jusqu'à Tours,
> Jusqu'à Tours en la Touraine,
> Sans trouver fille, ma foi,
> Qui valût son petit doigt!

Les convives frappèrent leurs couteaux sur la table, et répétèrent encore.

> Sans trouver fille, ma foi,
> Qui valût son petit doigt!

— Oh! mes fils, poursuivit le piqueux, on irait bien jusqu'à Paris sans mieux faire... Ce coquin d'Hervé est le plus heureux gars de la province... Mais ce n'est pas tout: la trompe bavarde encore son *là ira...* Bleuette est maintenant tout près, et il semble qu'on voit son grand œil noir malin et souriant, tandis qu'elle chante:

> Notre maître, le bon homme,
> Voulut être son époux:
> Tous les maîtres qui sont fous
> Ne vont pas le dire à Rome...
> Notre maître, ce printemps,
> Allait avoir soixante ans.

— C'est comme notre monsieur, dit Janet l'écuyer.

— Et le taillis s'agite, poursuivit le maître piqueux — et la petite fermière de Fontaine-aux-Perles bondit comme une chevrette hors des buissons... est-ce vrai ça, Hervé?

Le jeune veneur ne répondit point. — On voyait qu'il faisait efforts pour retenir son impatiente colère.

— Et après? dirent les convives.

— Après? répéta le piqueux. — Ah! dame... chacun a ses petits secrets... Mais ce qu'il y a de drôle, c'est qu'on a vu ce soir, — dit-on, — un beau soldat du roi installé dans la ferme du vieux Jean Tual et causant de bien près avec Bleuette.

Hervé se leva enfin, pâle de colère.

— Vous êtes pour moi un vieux compagnon, maître Proust, dit-il d'une voix tremblante, — je ne voudrais pas l'oublier. Mais souvenez-vous, croyez-moi, que Bleuette est ma fiancée et qu'il faut la respecter comme si elle était ma femme!

— Bien, bien mon garçon! répliqua maître Proust, — je n'ai pas voulu te fâcher...

— Ça n'empêche pas, dit à demi-voix l'écuyer Janet, que le soldat du roi...

Il n'acheva pas, parce que Hervé avait fiché son couteau de chasse dans le chêne épais de la table en le regardant fixement.

. . . .

Il était dix heures du soir environ. Tout était silence au château de Presmes. Les plus intrépides buveurs avaient quitté la table, et un calme profond régnait par les longs corridors du manoir.

Au dehors, l'orage apaisé donnait à l'atmosphère une fraîcheur limpide et découvrait les myriades d'étoiles, suspendues à l'azur foncé du firmament.

Le croissant descendait lentement à l'horizon, et marquait d'une lueur douteuse les dents inégales des collines lointaines.

On entendait les grands arbres du parc frissonner doucement au souffle affaibli de la brise.

Nul autre bruit ne s'élevait, si ce n'est, çà et là, ces murmures voilés, inconnus, mystérieux que les gens de la forêt prennent pour le chant des lutins, et qui courent, et qui glissent le l ng des hauts talus, parmi les genêts solitaires; — si ce n'est encore le cri de la girouette attristée ou l'aboiement confus d'un chien somnambule, courant le chevreuil en songe sur la paille du chenil...

Malgré ce calme et ce silence, il y avait pourtant au château de Presmes plus d'un œil qui ne dormait point.

Trois fenêtres restaient éclairées sur la façade qui regardait les jardins.

Une de ces fenêtres, petite et mansardée, était située au second étage de l'une des tours latérales, affectée, au logement des officiers de la capitainerie. Elle donnait dans la chambre de maître Hervé Gastel, qui portait le titre tout honorifique de sous-lieutenant des chasses, et remplissait à la capitainerie de Liffré l'office de veneur.

C'était un garçon bien fait de corps et beau de visage. D'ordinaire sa figure éveillée et hardie avait de la gaîté; mais en ce moment son air était soucieux. Ses sourcils froncés se joignaient. Il se promenait à grands pas en long et en large dans sa chambre étroite.

C'est qu'on avait parlé de Bleuette, la fille de Jean Tual, à la fin du souper, et que les dernières paroles prononcées tintaient encore aux oreilles d'Hervé Gastel.

On avait dit qu'à Fontaine-aux-Perles, chez le vieux Jean Tual, il y avait un soldat du roi.

Or, Bleuette était si charmante et le jeune veneur l'aimait tant!

La seconde fenêtre éclairée avait des rideaux de mousseline brodée derrière ses carreaux. Elle se trouvait au premier étage de l'aile droite, où les deux filles de M. de Presmes avaient choisi leurs appartements.

Le regard indiscret qui aurait pu se glisser entre les plis rapprochés soigneusement de la mousseline aurait vu ce qui était vierge de tout regard masculin : la retraite de Lucienne de Presmes

C'était un petit sanctuaire, élégant et mignon, où la coquetterie avait comme un parfum exquis de pudeur. — On y sentait en quelque sorte la belle âme de l'enfant, vêtue d'innocence et d'amour. — Marcel s'y fût mis à genoux.

Lucienne était assise sur le pied de son lit, entouré de rideaux blancs. — Elle avait les mains jointes et la tête inclinée.

L'agrafe de sa robe venait de tomber. Sa ceinture était lâchée; ses petits pieds roses s'enfonçaient tout nus dans les poils soyeux du tapis.

La rêverie l'avait surprise au moment où elle allait éteindre sa lumière.

Sa rêverie, c'étaient des souvenirs mêlés d'oraisons pieuses et de vœux bien doucement exhalés vers le ciel...

C'était de l'amour pur et de la dévotion tendre, — parce que, dans l'âme de Lucienne, l'amour humain s'appuyait sur l'amour de Dieu,

Parfois un demi-sourire éclairait son front penché. Sa bouche s'entrouvrait, murmurant un nom qui était une prière, son esprit s'envolait bien loin de Presmes, sur l'aile capricieuse de l'espoir.

Puis une larme tombait sur son sourire....

La troisième fenêtre appartenait à la chambre de M. le chevalier de Briant.

Ce gentilhomme était assis auprès d'un bon feu qu'il s'était fait allumer pour combattre l'humidité des vieilles murailles de Presmes, et causait avec lui-même les pieds sur les chenets.

Il avait à côté de lui, sur une table, un verre et une bouteille débouchée.

Malgré tout ce comfort le chevalier semblait être d'humeur détestable. Son front était soucieux; sa figure avait pris une expression chagrine qui la vieillissait de dix ans.

— C'est dangereux! grommelait-il de temps en temps. — Qui sait où tout cela peut me conduire?

Il se versa un plein verre de bordeaux et l'avala par petites gorgées.

Ce médicament lui rendit quelque liberté d'esprit.

— Ce n'est pas que je sois mécontent de moi, reprit-il. — Je n'avais pas de plan, j'ai dû faire un impromptu.., mais il n'y a pas à dire, c'est dangereux!

Il eut recours à la ressource suprême de tout homme embarrassé auprès d'un bon feu : il tisonna.

— C'est dangereux, reprit-il, parce que désormais il faudra emporter la chose d'un coup!..... Le moindre hasard ne peut-il pas apprendre à monsieur mon ami que je n'ai pas plus mission du roi que du Grand Turc?... C'est égal! continua-t-il en se caressant le menton avec un sourire, — j'ai bien joué!... Sous le rapport de l'exécution artistique, je suis content de moi.

Il se versa une seconde rasade et regarda sa lampe à travers les rubis de son verre.

— Je m'y connais, poursuivit-il, — la petite a les yeux tournés et probablement la tête à l'envers... Elle a au cœur, j'en voudrais faire la gageure, un amour profond, terrible, fatal pour quelque imbécile du voisinage... C'est toujours comme ça... plus elles sont jolies; — et vrai Dieu! celle-là est bien la plus jolie fleur qui ait jamais pris racine sur le fumier d'une gentilhommière! — plus elles sont jolies, plus elles sont folles!... J'ai vu des yeux bleus célestes sourire à des hobereaux barbus, trapus, optus, rouges, grossiers, stupides, laids, mal peignés, mal vêtus, dont je n'aurais pas voulu pour étriller mon cheval!... L'autre, la comtesse de Landal... Ah! ah! cent mille écus de rente, celle-là!.... et charmante aussi!... Je ne pense pas qu'elle soit amoureuse... Non... elle est veuve, et il faut un temps moral aux femmes pour reprendre le courage d'affronter un mari... Quand je pense que sans cette diable de Laure, la comtesse ne serait probablement ni comtesse ni veuve, mais bien madame de Kérizat.., Je lui plaisais beaucoup...

Le chevalier retroussa les crocs de sa moustache et se sourit à lui-même.

— Je lui plaisais énormément, dit-il encore, — en ce temps-là... c'est une raison pour que je lui déplaise aujourd'hui... J'ai vu cela, je la gêne... Cette position ne serait pas mauvaise si on avait le temps de soupirer... Mais le loisir manque pour faire un siége en règle...

Il se leva brusquement et fit quelques pas dans la chambre.

— Allons, s'écria-t-il en mettant son feutre sur sa tête. — Il est évident que j'ai agi pour le mieux... C'est dangereux, mais en jouant comme il faut, ces coups-là se gagnent... Je vais commencer la partie!

Il but un dernier verre de vin, mit son manteau sur son bras et boucla le ceinturon de son épée. Puis il ouvrit la porte de sa chambre et s'engagea sans lumière dans les grands corridors du château.

X.

AVENTURES DE NUIT.

Une obscurité profonde régnait dans les corridors du château de Presmes. A peine M. le chevalier de Briant s'y fut-il engagé, qu'il crut entendre un pas furtif devant le sien, à une distance considérable.

Dans la position où était le chevalier, on aime à tout savoir, parce que le plus mince mystère a sa portée : de même qu'il n'est arme si petite qu'elle ne puisse porter coup à l'occasion, dirigée par une main habile.

Le chevalier s'arrêta pour écouter. Les pas continuaient à retentir sourdement, et il lui sembla qu'ils descendaient l'escalier du second étage.

Il se glissa doucement le long de la muraille, jusqu'au milieu du corridor à peu près.

Ses yeux s'habituaient à l'obscurité. L'escalier du second étage débouchait dans le corridor, juste en face d'une croisée qui laissait passer les rayons amoindris du croissant prêt à se coucher.

Le chevalier vit une forme noire franchir la dernière marche, tourner court et s'engager dans le grand escalier du premier étage.

Il suivit de loin ladite forme noire, — qui n'était point un fantôme, mais bien le pauvre Hervé Gastel en mal de jalousie.

Hervé s'était tant et tant promené dans sa petite chambre qu'il avait gagné la fièvre. Il fallait à tout prix qu'il vît Bleuette pour tirer un peu au clair cette terrible affaire du soldat du roi.

Il sortit de la maison par la porte vitrée du jardin dont il décrocha très-adroitement à tâtons les forts contrevents.

Une fois dans le jardin, il prit sa course en se dirigeant vers la muraille du parc.

Le chevalier le suivit encore.

A ce bruit de pas une des fenêtres de l'aile droite se ferma brusquement, et une lumière qui brillait derrière de blancs rideaux de mousseline s'éteignit tout à coup.

Le chevalier, tournant la tête de ce côté, crut voir, aux derniers rayons de la lune, quelque chose de scintillant parmi les bouquets d'arbustes, immédiatement au-dessous de la fenêtre qui venait de se refermer.

Il hésita un instant entre ce quelque chose de scintillant et la forme noire. — C'étaient deux mystères. — Lequel épier?

Évidemment le plus intéressant de ces deux mystères était celui dont une portion se cachait derrière de gentils rideaux de mousseline; mais le chevalier de Briant ne pouvait pénétrer derrière ces rideaux, et le *quelque c ose de scintillant*, homme ou feu follet, semblait être rentré sous terre. — Il avait complétement disparu.

La forme noire, au contraire, se montrait toujours au bout de l'allée.

Le chevalier dut se déterminer pour la forme noire et lui donna incontinent la chasse.

Il arriva au bout du jardin, juste à temps pour la voir grimper lestement le long de la haute muraille, à l'aide d'un espalier, et disparaître de l'autre côté dans le parc.

— Peste! dit le chevalier; — quel gaillard!...

Il s'avança jusqu'au pied de la muraille comme s'il eût voulu en tenter l'escalade à son tour; mais après que son œil en eut constaté la hauteur, il se ravisa prudemment et revint sur ses pas.

Chemin faisant, il battit les buissons et tourna autour de tous les carrés pour tâcher de découvrir ce *quelque chose de scintillant* qui l'avait tant intrigué. Mais sa recherche fut vaine. Rien ne troublait plus le silence du jardin, qui semblait complétement désert.

Quant à la fenêtre qui s'était refermée, et vers laquelle le chevalier tourna ses regards en désespoir de cause, il ne put même pas la reconnaître. — Il y avait, en effet, trois fenêtres de suite au premier étage de l'aile droite qui, toutes trois, montraient leurs rideaux de mousseline blanche immobiles aux pâles et derniers rayons du croissant qui s'appuyait, agrandi, au sommet des collines lointaines.

Le chevalier haussa les épaules avec dépit et remonta les marches du perron.

S'il eût pris patience une minute de plus, il aurait vu l'un des rideaux s'agiter faiblement, et c'en eût été assez pour qu'un cavalier de son expérience pût deviner, derrière la mousseline, quelque jolie tête aux aguets.

Il ne se serait point trompé. La main qui souleva les légères draperies était la main de Lucienne.

Lucienne était restée bien longtemps dans la position où nous l'avons vue, assise sur le pied de son lit, et rêvant à l'absent. Le sommeil ne vient point avec de telles pensées.

Lucienne avait remis ses petits pieds blancs dans leurs mules de velours. Elle avait ouvert sa fenêtre pour donner son front, qui brûlait, à la brise des nuits, rafraîchie par l'orage.

Le ciel était si beau! l'air si pur! et le silence, si vaste! — Toute vierge possède un trésor de poétiques harm...ies. Son âme vibre au contact de Dieu, qui se révèle incessamment derrière le grand spectacle de la nature.

Lucienne écoutait, regardait, sentait. — Ces murmures, traversant le silence, le firmament splendide et les âpres parfums que le vent apportait, cueillis aux cimes des chênes de la forêt, toutes ces choses l'impressionnaient et mettaient une sérieuse émotion parmi sa rêverie.

Puis c'étaient de mélancoliques pensées qui ramenaient sa contemplation à la terre, et rabaissaient sa paupière, élevée vers le ciel.

Martel voyait ces mêmes étoiles. — Mais ce vent portait-il jusqu'à lui le sauvage parfum des forêts paternelles?

Le fracas de Paris et ses joies nocturnes lui laissaient-ils souvenir de ces doux bruits qui s'entendent la nuit aux bruyères de Bretagne?..

Martel! oh! qu'il était aimé!

Tandis que Lucienne s'appuyait au balcon de fer de sa fenêtre, il s fit un bruit léger sur le sable des allées.

Elle tourna vivement les yeux du côté d'où venait le bruit, et cru voir la silhouette élancée d'un soldat, dont l'uniforme faisait luire fa blement dans l'obscurité ses broderies dorées.

Il semblait que le rêve de Lucienne prît une forme, — car, à ce instant même, elle se représentait justement Martel comme il dev i être à Paris, avec son brillant costume de garde française dont les bande d'or parallèles ressortaient sur l'azur sombre du justaucorps échancré

Elle se le représentait riche, heureux et commandant à ses rivaux

Il est une croyance en Bretagne dont la superstitieuse poésie rest debout de siècle en siècle, et défie la lumière qui se fait de toute part — L'homme qui meurt loin de ceux qu'il aime leur envoie, avant d quitter la terre, un adieu suprême.

Tantôt on entend sa voix connue, tantôt la brise murmure le chan qu'il aimait à répéter. — D'autres fois, son portrait s'agite, append au lambris du salon paternel. D'autres fois encore, une main mysté rieuse dérange les draps de sa couche abandonnée. — D'autres fois enfin, il vient lui-même et vous le voyez glisser silencieux et triste pa les ténèbres muettes.

Une angoisse mortelle serra le cœur de la pauvre Lucienne. L'amou a toutes les superstitions. Elle crut que Martel était mort.

Ses jambes se dérobèrent sous le poids de son corps affaissé : ell chancela et n'eut que la force de se retenir à la barre de fer du balcon

— Martel! Martel! murmura-t-elle d'une voix mourante.

A ce cri, le prétendu fantôme s'élança h rs des massifs et vint tombe à genoux au pied de la fenêtre.

Ses mains jointes s'élevèrent et il prononça le nom de Lucienne.

Un flux de vie revint au cœur de mademoiselle de Presmes. Ell doutait encore, mais ce qui dominait dans son trouble, c'étaient de élans d'espoir et de bonheur.

Ce n'était pas un fantôme. Elle avait entendu ses pas sur le sable d l'allée, et sa voix bien-aimée résonnait encore à son oreille.

Elle se pencha hors du balcon.

Ce fut à ce moment que la porte du château s'ouvrit et que maîtr Hervé Gastel descendit en courant les marches du perron, suivi d près par M. le chevalier de Briant, qui l'épiait.

Lucienne referma précipitamment sa fenêtre, et Martel s'enfuit.

Le chevalier, cependant, pour n'avoir point voulu suivre la mêm route que le jeune veneur, n'avait point renoncé à son idée de sorti du château.

Il traversa le rez-de-chaussée et se rendit à l'office, où dormait u valet.

Il le réveilla sans façon, et lui ordonna d'ouvrir la porte.

Le valet se frotta les yeux et fut quelques minutes avant d'obéir mais le souvenir des ordres de M. de Presmes lui revenant, il se mi sur ses pieds et battit le briquet.

Une résine allumée lui montra les traits du chevalier; il s'inclin aussitôt avec tout plein de respect, et introduisit la grosse clé dans l serrure.

Le chevalier passa la porte sans mot dire.

— Tout beau, Taupin, tout beau! dit le domestique au chien d garde, qui se dressa sur ses pieds, hurlant, et sortit de sa loge en tra nant sa chaîne détachée.

Le chevalier comprit parfaitement à cette heure pourquoi la form noire dont il avait suivi la piste un instant auparavant, avait escaladé pour sortir du château, les hautes murailles du jardin.

Taupin était d'humeur et de taille à rendre fort dangereux le passag de la cour.

C'était une remarque à faire, et le chevalier en prit note en un re coin de sa mémoire.

A la voix du domestique qui n'était autre que le gros Yvon, le chie s'abattit et vint en rampant flairer les bottes du chevalier.

C'était un énorme mâtin qui eût étranglé un homme sans lui don ner le temps de dire amen.

Yvon le caressa de la main et fit tourner une seconde clé dans l serrure de la grille, qui s'ouvrit et donna passage au chevalier.

Celui-ci s'enveloppa dans son manteau et disparut, au bout de quelque secondes, derrière le sommet de la colline, où étaien plantés les arbre de l'avenue.

— Que dis-tu de ça, Taupin, mon vieux garçon? grommela Yvon — Je n'aime pas les gens qui vont courir le guilledou à l'heure où le chrétiens dorment... Et toi?

Le chien hurla.

— Ni toi non plus? reprit Yvon. — Il y a plus d'un chat courtaud (1) dans les taillis, le long de la Vanvre. J'aime mieux que ce soit lui que moi qui passe le pont si près de l'heure de minuit!..... Ma fà ian!..... Mais ces gens qui viennent de là-bas sont aussi diables que les chats courtauds... et les lavandières n'osent pas leur donner à tordre le linge des trépassés... n'est-ce pas, Taupin?

Taupin hurla. — Ses yeux sanglants brillèrent dans les ténèbres comme deux charbons allumés.

Yvon fit le signe de la croix; il avait le frisson, et une sueur froide lui perçait la peau.

— Comme Taupin a de grands yeux ce soir! murmura-t-il. — Si Taupin était le diable!...

Il referma la grille à la hâte, prit sa course et rentra au château demi-mort de frayeur.

Il ne regagna quelque calme que quand il se fut coulé entre ses draps et caché jusqu'au fond de son lit sous sa couverture.

Yvon était un paysan breton; le jour, il se fût battu volontiers contre deux hommes de force ordinaire. — La nuit, le cri d'une chouette ou d'un hibou lui ôtait le cœur.

L'honnête Taupin, innocent de la frayeur qu'il avait causée, retourna vers sa loge en entraînant sa chaîne, bâilla, hurla, et s'endormit.

Le chevalier de Briant descendait la longue avenue de Presmes.

Il ne pensait assurément ni aux courils qui dansent en rond, la nuit, autour des croix des carrefours, ni aux Korniquets, ni aux chats courtauds, ni même aux lavandières (2).

Il allait, perdu dans ses pensées, et poursuivant les réflexions que nous l'avons vu entamer au coin de son feu, après le souper.

Tandis qu'il marchait sur le gazon ras de l'avenue, il crut entendre, dans le taillis qui touchait aux grands arbres, un bruit léger.

Il s'arrêta; le bruit cessa.

— C'est un chevreuil, se dit-il.

Et il continua sa route.

Au bout de quelques pas, le bruit se fit entendre encore. Il semblait que quelqu'un se frayait une route à travers les branches entrelacées.

Le chevalier s'arrêta une seconde fois, et une seconde fois le bruit cessa.

Une vague inquiétude traversa son esprit. Au lieu de poursuivre sa route en ligne droite, il s'approcha du taillis et battit avec son épée les buissons qui bordaient l'avenue.

Il se disait :

— Si c'est un chevreuil, il va bondir, et je l'entendrai percer le fourré.

Mais ce n'était point un chevreuil, paraîtrait-il, car le chevalier eut beau battre les buissons, nul bruit ne se fit entendre.

De guerre lasse, il se reprit à descendre l'avenue; — le taillis cette fois resta silencieux.

— Je me serai trompé, pensa-t-il; le gros Yvon n'avait pas l'air disposé à faire un tour dans la forêt... n'y pensons plus.

C'était fort bien dit, mais le fait est que le chevalier ne s'était point trompé, sinon en attribuant le bruit à un chevreuil.

Si le bruit cessait maintenant, c'est que celui qui le causait prenait mieux ses mesures.

Hervé Gastel, après avoir escaladé les murs du jardin de Presmes, avait fait le tour du château pour gagner l'avenue.

Sa route, comme celle du chevalier, le conduisait au petit pont de planches jeté sur la rivière de Vanvre, à un demi-quart de lieue du rocher de Marlet.

Le grand tour qu'il avait été obligé de faire avait compensé le retard apporté par Yvon à la sortie du chevalier.

De sorte qu'ils étaient arrivés à peu près en même temps au sommet de la colline; — seulement le chevalier suivait l'avenue, et le veneur, qui allait y arriver en coupant le taillis, était encore sous le couvert.

Leurs positions respectives avaient basculé brusquement. Hervé voyait sans être vu. Épié naguère, il se trouvait épier maintenant.

Et il épiait de tout son cœur, parce que son idée fixe de jalousie lui torturait la cervelle, et que, sous le manteau du chevalier, il croyait deviner l'uniforme d'un soldat du roi.

Rien n'était plus facile, du reste, que de savoir où allait cet homme.

Hervé se résolut à le suivre. Seulement, lorsque, par deux fois, le chevalier eut interrompu sa marche et manifesté son inquiétude, Hervé le laissa prudemment prendre une longue avance, et ne le suivit que de loin.

En quelques minutes, le chevalier arriva au petit pont de planches, qu'il traversa d'un pas ferme, malgré l'obscurité.

Hervé Gastel, obligé de quitter en cet endroit les taillis qui couvraient sa marche, redoubla de précaution, et traversa le pont à son tour, en rampant sur ses mains et sur ses genoux.

Son cœur battait bien fort, et la respiration lui manquait presque, parce que l'homme qu'il suivait, au lieu de continuer son chemin en ligne directe à la sortie du pont, et de prendre la route de Saint-Aubin-du-Cormier, avait tourné brusquement à droite.

Il longeait le cours de la Vanvre. — Il allait du côté de Fontaine-aux-Perles.

Plus de doute!... La sueur perçait sous les cheveux du pauvre veneur.

Les deux rampes parallèles encaissaient la vallée et interceptaient la majeure partie des lueurs qui tombent du firmament en l'absence de la lune. Tout était noir, sauf le cours de la Vanvre, qui rayonnait faiblement çà et là, et la masse blanchâtre du rocher de Marlet, dont la forme gigantesque se dessinait au-dessus des taillis.

C'était vers ce rocher que se dirigeait le chevalier, — et derrière était Fontaine-aux-Perles...

La demeure de Bleuette!

Hervé Gastel, aiguillonné par sa fièvre de jalousie qui atteignait son paroxysme, avait raccourci la distance qui le séparait de son prétendu rival, et le suivait maintenant de très-près.

Il avait encore un espoir, un seul. La maison de Marlet où demeurait le vieux marquis de Carhoat avec ses fils, s'adossait au rocher, sur la route de Fontaine-aux-Perles. Le chemin qui menait aux deux fermes était le même, et Gastel ne pouvait savoir au juste si l'étranger se rendait à la maison de Jean Tual, avant de l'avoir vu dépasser Marlet.

Mais une fois Marlet dépassé, tout était dit, puisque la route s'arrêtait à Fontaine-aux-Perles et que derrière se trouvait la Vanvre.

Le chevalier tourna dans le taillis à l'endroit où le sentier quittait les bords de la rivière. — Le pauvre veneur l'imita.

La maison du marquis de Carhoat n'était plus désormais qu'à une cinquantaine de pas. — Hervé se traîna plus mort que vif.

Le chevalier, au contraire, allait gaillardement et fredonnait même quelques ponts-neufs apportés de Paris. — En vérité, il n'y avait pas besoin d'être amoureux et fou, pour voir en lui un galant courant quelque aventure.

Les cinquante pas furent franchis en un clin d'œil, et le chevalier passa franc devant la porte de Marlet.

Hervé s'arrêta; son cœur défaillait; — puis le sang lui monta violemment au visage, et il prit en main sous son manteau la garde de son long couteau de chasse.

Le chevalier cependant gravissait le rocher, sans se douter du péril qui était sur ses talons. — A mi-chemin du sommet, il quitta brusquement la route et disparut aux yeux du veneur dont le regard le dévorait.

— Il se trompe de chemin, pensa celui-ci, — et il va se briser les côtes sans que j'y mette la main...

Et, poussé par un instinct irrésistible, il s'élança au secours de cet homme que son intention bien formelle était de mettre à mort.

Il tourna l'angle du roc, derrière lequel l'étranger avait disparu.

Au delà de cet angle, il y avait une anfractuosité de quelques pieds carrés, puis le vide.

Un pas fait au delà vous précipitait d'une hauteur de deux cents pieds.

Cet endroit était précisément celui où Martel, du haut de son observatoire improvisé, avait aperçu le marquis de Carhoat et Francin Renard en embuscade, au moment où le premier mettait en joue, pendant l'orage, la suite de M. de Presmes.

Ce trou n'avait d'autre issue que la route qu'avaient suivie, pour descendre, le vieux Carhoat et Renard, route par où Hervé Gastel arrivait maintenant.

Et pourtant Hervé Gastel ne trouva rien dans le trou.

Il regarda, il tâta le roc avec son couteau de chasse. — Rien!

Il se coucha sur la petite plate-forme et mit son oreille en dehors, au-dessus du précipice, pour écouter si quelque plainte ne monterait pas jusqu'à lui.

Car il était manifeste que l'étranger avait roulé en bas du rocher.

Il était bien mort sans doute. — Aucune plainte, du moins, ne se fit entendre.

En revanche, par une hallucination bizarre, Hervé crut ouïr, au milieu du silence de la nuit, comme un écho affaibli de clameurs confuses, mêlées aux chants rauques d'une orgie...

(1) Les chats courtauds sont des lutins de la Haute-Bretagne, qui tiennent conseil sur la lande, dans les taillis et principalement auprès des eschaliers. Ils sont de taille gigantesque, et cette épithète de courtaud que leur donnent les paysans de la forêt est une antiphrase. — Quand ils entendent de loin le pas du voyageur attardé, ils se blottissent contre le talus, puis, au moment où le voyageur passe, ils s'élancent sur ses épaules par derrière et lui arrachent les yeux en miaulant le nom de Satan.

(2) Ou laveuses de nuit. Lutins femelles qui tordent le suaire des morts au clair de la lune, et, au besoin, le cou des voyageurs.

XI.

LE SOUTERRAIN.

Tant que Hervé Gastel fut couché sur la petite plate-forme du roc, il crut entendre ces chants désordonnés et ces cris d'orgie dont nous avons parlé au chapitre précédent, mais il eut beau tendre l'oreille, il ne put saisir aucune plainte venant de la base du rocher.

Il se releva et, aussitôt, l'écho lointain des chants de l'orgie cessa de se faire entendre.

Il crut avoir rêvé.

Puis, pour l'acquit de sa conscience, il tourna encore autour de la plate-forme, tâtant partout la pierre avec la pointe de son couteau de chasse.

— Il faut pourtant que je le retrouve! murmura-t-il. — Peut-être n'est-il pas mort sur le coup et a-t-il besoin d'un peu d'aide pour vivre, et d'une prière pour mourir.

Il descendit avec précaution le sentier qu'il venait de gravir l'instant d'auparavant, repassa devant la porte silencieuse de la métairie de Marlet, fit le tour du rocher et s'arrêta entre la Vanvre et la base du roc, juste au-dessous de l'endroit où l'étranger avait disparu.

C'était là que son corps avait dû tomber. — Il n'avait pu tomber que là.

Hervé, penché sur le sol, tâtonnait et cherchait. — Il ne trouvait rien.

Impossible que le corps eût pu rouler jusqu'à la Vanvre, éloignée d'une quinzaine de pas.

Hugues Penchou et Corentin

Qu'était devenu ce cadavre, qu'on ne trouvait ni en bas ni en haut?

Hervé songea involontairement aux superstitions qui avaient bercé son enfance. La fièvre entra dans son cerveau; il crut entendre encore ces lointains chants de fête...

Les démons se réjouissaient-ils de la mort d'un homme?

Les laveuses de nuit, cachées dans les hautes herbes de la rivière, chantaient-elles autour d'un cadavre?

Hervé Gastel eût voulu fuir, et il ne le pouvait pas : des formes bizarres passaient devant ses yeux; chaque buisson lui semblait un fantôme, et le cours de la Vanvre, qui étendait à ses pieds sa nappe blanchâtre, lui apparaissait comme un suaire immense dont les plis s'allongeaient à perte de vue...

Il fut plus d'un quart d'heure avant de reprendre assez de force pour gravir de nouveau le rocher; mais dès qu'il se fut éloigné du théâtre de ses erreurs surnaturelles, son esprit vaillant et jeune secoua brusquement un reste de crainte. Il se signa, dit un *De profundis* pour le mort, et gagna le petit sentier qui, du sommet du roc de Marlet, descendait à Fontaine-aux-Perles.

Et à mesure que sa frayeur partait, sa jalousie revenait; — il se disait maintenant que cet homme qu'il avait rencontré aux environs du château n'était point, suivant toute apparence, le soldat dont on avait parlé à la table de Presmes.

La jalousie est ainsi faite. — Tant que l'homme avait vécu, Hervé l'avait pris pour un rival; maintenant que l'homme était mort, Hervé travaillait à se bien persuader que c'était un autre qui était son rival.

Arrivé auprès de la ferme de Fontaine-aux-Perles, ce ne fut point à la porte principale qu'il s'adressa. Il fit le tour de la maison et frappa doucement aux carreaux d'une petite fenêtre percée dans le pignon de la ferme.

On fut quelque temps avant de répondre, puis la petite fenêtre s'ouvrit, et la douce voix de Bleuette demanda :

— Qui est là?

. . . .

La métairie de Marlet, située de l'autre coté du rocher, était beaucoup plus grande que les fermes du pays de Rennes. — En revanche elle était fort délabrée et ses murs lézardés donnaient passage à tout vent. Sa toiture en ardoises était défoncée en plusieurs endroits, et malgré l'apparence que conservait l'ensemble du bâtiment, il était difficile de penser qu'une telle demeure pût servir à d'autres qu'à de pauvres gens de la forêt.

Ceux-ci, habitués à leurs toits de chaume qui laissent passer le vent comme la pluie, se trouvent bien partout, pourvu que l'eau ne dépasse pas le rebord de leurs sabots, et qu'ils aient un coin de toit assez large pour mettre la paille de leur lit à l'abri d'une averse.

Mais les habitants de la ferme de Marlet, si dégradée et ruinée qu'elle parût, n'étaient point de pauvres gens de la forêt.

Sous le hangar attenant au rocher, il y avait quatre beaux chevaux faits pour être montés par des gentilshommes, et qui n'avaient certes jamais mis leur nerveuse encolure sous le collier de la charrue. — Dans la chambre principale, à l'intérieur de la ferme, il y avait, outre le mobilier en usage chez les paysans, un râtelier contenant quatre belles et bonnes carabines et plusieurs paires de riches pistolets.

Nous entrons dans la ferme vers dix heures du soir à peu près, au moment où M. le chevalier de Briant suivait Hervé Gastel dans les jardins de Presmes.

Il n'y avait personne dans la salle commune, au milieu de laquelle se dressait la vaste table vide, entourée de ses bancs déserts.

Au fond de cette pièce se trouvait une énorme cheminée où fumaient quelques tisons à demi éteints. — Au fond, on voyait deux grands lits, à trois étages chacun; il n'y avait personne dans ces lits.

A droite, une porte s'ouvrait qui donnait entrée dans une petite pièce, où deux grabats étaient placés l'un auprès de l'autre. Le premier de ces grabats était vide. — Dans le second dormait un enfant de quinze ans dont la figure charmante disparaissait presque, inondée par les boucles de ses cheveux blonds. — Cet enfant avait sur le visage la pureté d'un ange, mêlée à de précoces tristesses. En ce moment il souriait à ses rêves.

Nous l'avons vu déjà bondir joyeusement hors des taillis à la rencontre de ses frères, les trois fils aînés de Carhoat.

C'était le petit René, — le pauvre enfant qui courait seul par les grands bois, suivant le chant de Bleuette et se couchant sur l'herbe en pleurant aux endroits où l'herbe foulée gardait l'empreinte du repos de Bleuette. L'autre grabat attendait la vieille Noton Renard, servante des Carhoat, qui veillait encore et s'agitait autour du foyer presque éteint de la salle commune.

Noton Renard était une vieille femme ridée dont l'humidité de la forêt et le brûlant soleil des landes avaient tour à tour noirci et hâlé la peau. Elle était la femme de Francin Renard, ce paysan madré, au chapeau en éteignoir, que nous avons vu en compagnie du vieux Carhoat, dans cette anfractuosité du roc de Marlet, où venait de disparaître si tragiquement le pauvre chevalier de Briant.

Noton avait l'air grondeur et maussade comme toutes les vieilles servantes; mais, sur son laid visage, où les lignes se brisaient, bizarrement croisées par les rides, on n'eût rien pu découvrir qui dénotât la méchanceté. — Noton était une brave vieille qui grognait volontiers, mais qui ne mordait point. — Peut-être eût-elle mordu si on l'eût empêchée de grogner.

Elle était vêtue d'un *déshabillé* de toile rouge, sorte de veste plate sur le dos, dont la taille, ornée d'un gros chignon, se place beaucoup au-dessus des reins et presque entre les deux épaules. — Sa jupe *d'épluche* à larges raies vertes, noires et blanches, se rattachait par derrière au chignon du déshabillé, pour tomber, raide et plate, le long de ses hanches. Elle portait pour coiffure la petite catiole de la forêt en grosse toile à larges ourlets. — Pour chaussure, elle avait des sabots qui contenaient ses pieds d'abord, puis une demi-botte de paille.

Noton Renard venait quelquefois regarder le sommeil de l'enfant, — et quand la bouche de celui-ci s'ouvrait pour murmurer en son rêve comme un écho affaibli de la complainte de la Fontaine-aux-Perles, la vieille haussait les épaules en grommelant, et se signait comme si elle eût voulu chasser le diable.

Mais son occupation principale n'était ni dans la chambre de René, ni dans la salle commune.

Elle ouvrait à chaque instant une petite porte située entre les deux lits à trois étages, et disparaissait pour revenir bientôt avec des pots vides qu'elle allait remplir à la cave.

Chaque fois qu'elle ouvrait cette porte, on entendait comme un écho lointain de chants confus et rauques : ce même écho que Hervé Gastel avait entendu en haut et en bas du rocher dans le silence de la nuit.

René écoutant Bleuette.

On descendait à la cave par deux issues dont l'une, recouverte d'une trappe s'ouvrait à gauche, derrière l'un des grands lits. — L'autre donnait en dehors de la chambre commune. Noton ne prenait point ce dernier chemin pour aller remplir ses pots vides, parce que ses vieilles jambes n'auraient pu franchir, sans trébucher, l'échelle raide et longue qui conduisait de ce côté à la cave.

L'autre ouverture, au contraire, donnait sur un escalier praticable, à la rigueur, que l'on pouvait suivre sans nécessité absolue de se casser le cou.

Noton Renard venait de descendre l'escalier de la cave avec deux pots ou *pichés* vides à la main, lorsqu'elle reparut à la trappe. La pauvre vieille, essoufflée, s'appuya au coin du lit pour respirer.

— Boire, toujours boire! murmura-t-elle, — et blasphémer..... et hurler des refrains qui viennent de l'enfer!.... Ah! s'il n'y avait pas là tout près un enfant du bon Dieu qui protége la maison, le diable nous aurait déjà fait des siennes! Mais on dit que ça suffit d'une bonne prière pour empêcher le démon d'entrer dans un logis... et l'enfant prie tous les soirs... Ah! qu'il est beau quand il prie, et que Jésus doit aimer le son de sa voix!...

Elle se remit sur ses jambes tremblantes et gagna la petite porte qu'elle poussa du pied.

La petite porte retomba derrière elle.

Elle se trouvait dans un couloir étroit et obscur où l'air épais avait des saveurs humides.

Des bruits de voix, indistincts et confus, se mêlaient au loin. — Le sol était glissant sous les pas de la vieille femme.

Malgré les ténèbres complètes, elle marchait droit devant elle sans tâtonner, et comme fait l'aveugle dans une route souvent parcourue.

Au bout d'une vingtaine de pas, elle poussa du pied une seconde porte qui s'ouvrit et laissa pénétrer dans le corridor une lueur assez vive.

On aurait pu voir, à l'aide de cette lueur, que le chemin suivi par Noton Renard était un boyau étroit, taillé tantôt dans le roc vif, tantôt dans la terre, et dont les parois suintaient une sorte de transpiration brillante.

La pièce où elle entra, en sortant de ce couloir, était de forme ronde, d'une étendue considérable, et s'éclairait par une résine soutenue à l'aide d'un bâton fendu et fiché dans le roc.

Cette lumière insuffisante donnait à peine une forme aux objets. — On distinguait néanmoins, çà et là, des armes jetées pêle-mêle, une demi-douzaine de petits barils devant contenir de la poudre, et quelques vêtements de diverses espèces accrochés à des clous. Dans un coin, il y avait un chevreuil à demi écorché.

Au delà, la vue ne pénétrait point, et la résine, trop faible, ne pouvait arriver jusqu'au plafond qui disparaissait dans les ténèbres.

Dans cette pièce, le bruit des voix, considérablement rapproché, s'entendait d'une façon distincte. On reconnaissait une discussion animée, au travers de laquelle couraient des jurons et de longs éclats de rire.

La vieille femme la franchit en se hâtant, et frappa trois coups, à l'aide d'un de ses pichés, sur le bois d'une porte qui, trop éloignée de la résine, disparaissait dans l'obscurité.

— Qui va là? demanda-t-on de l'autre côté de la porte.

— Du vin, répondit Noton Renard.

Le battant massif tourna sur ses gonds rongés de rouille, et Noton se trouva sur le seuil d'une autre pièce qui, par comparaison, semblait brillamment illuminée.

Au milieu de cette pièce, il y avait une table recouverte d'une nappe grossière où se confondaient les débris d'un repas.

Quatre chandeliers de fer étaient aux quatre coins de cette table, autour de laquelle le vieux Carhoat et ses fils s'asseyaient, en compagnie de Francin Renard qui tenait le bas-bout.

De même que le couloir et la première pièce, celle-ci avait pour muraille le roc nu, coupé de veines terreuses.

On n'y voyait point de meubles, sauf quelques escabelles placées sans ordre le long des murs.

A l'extrémité la plus éloignée de la table, la lumière des quatre chandelles de suif, qui brûlaient dans les flambeaux, éclairait vaguement les dernières marches d'un escalier.

On en voyait quatre, cinq, six; la septième disparaissait déjà dans l'ombre. Il y en avait peut-être d'autres. On ne les voyait point.

— Allons, Noton, aimable sorcière, dit le vieux Carhoat, — versenous à boire, et va-t'en.

La vieille obéit sans répondre. Elle fit le tour de la table emplissant jusqu'au bord les verres que lui tendaient Carhoat et ses fils.

Quand ce fut le tour de Francin Renard, son époux, elle fit une grimace de mauvaise humeur et posa le piché sur la table.

— Tu as des mains pour te servir! gronda-t-elle.

Francin haussa les épaules et se versa tranquillement une rasade.

— C'était un époux sensé qui savait ce que vaut la paix du ménage.

— Eh bien, Noton, dit le vieux Carhoat, — petit René, dort-il comme il faut?

— Pauvre chérubin! répliqua la vieille, c'est le bon ange de votre maison, Carhoat! mais tout péché a son châtiment... et Dieu vous le prendra.

— Va-t'en, sorcière, va-t'en! s'écria le vieillard, en frappant du poing la table qui trembla au choc. — Si je te revois ce soir, je te brise un piché sur le crâne!

— Et si tu ne reviens pas dans un quart d'heure avec du vin frais, dit Laurent, l'aîné des Carhoat, — je te fais prendre un bain dans la Vanvre!

Noton, accoutumée à ces menaces, sortit sans se hâter.

Les quatre Carhoat portaient le costume que nous leur avons vu dans le taillis, et Francin Renard n'avait eu garde de changer le sien, attendu que toute sa garde-robe était en ce moment sur son dos.

Il avait seulement remplacé, avec la permission de son maître, son grand chapeau en éteignoir, par un bonnet de laine qui gardait ses longues oreilles contre l'humidité du souterrain.

Les trois fils aînés du marquis se ressemblaient assez de taille et de visage; l'aîné, Laurent de Carhoat, était un beau cavalier aux traits aquilins, au regard intelligent et fier que voilait en ce moment l'ivresse. Ses abondants cheveux châtains tombaient en boucles mêlées jusque sur ses épaules. Il avait une fière moustache noire retroussée, et, n'eût été quelque vague expression, stigmate mystérieux que le vice ou la honte sait imprimer même à la fierté, on l'aurait pu prendre pour un grand seigneur en goguette.

Prégent, le second, avait l'air plus grossier, et sa chute se lisait mieux sur ses traits indolents, dépourvus de caractère.

Philippe, le dernier, ressemblait presque trait pour trait à Martel. Il avait comme lui de longs cheveux blonds sur un front pensif. La seule différence était dans le regard dur de ses yeux et dans l'amertume fatiguée de son sourire.

Tous trois en ce moment avaient la face empourprée par l'ivresse.

Le vieux Carhoat, qui avait bu autant qu'eux, gardait une sorte de sang-froid.

Quant au fermier Renard, il était violet; mais ce digne paysan ne perdait jamais la tête; il pouvait mourir à force de boire, et ne pouvait point s'enivrer.

— C'est le diable! dit Laurent poursuivant la conversation, interrompue par l'arrivée de la vieille Noton. — On ne gagne pas à ce metier-là le vin qu'on boit et le pain qu'on mange... Il y a des jours où je serais tenté de croire que le meilleur metier est celui d'honnete homme!

— Bah! fit Prégent, — il y a comme cela de mauvaises veines... On gagne un jour, on perd le lendemain.

— Voilà longtemps que nous n'avons gagné, dit Philippe.

— Raison de plus pour que la chance tourne, enfants! s'écria Carhoat. — Allons, vive la joie, morbleu! Depuis quand parlons-nous raison, dans notre trou?

— C'est qu'on réfléchit, père, réplique Laurent: — la nuit est longue sur les grands chemins. Quand on se sent de l'argent dans ses poches, cela tient lieu de conscience... On s'étourdit... on a le cœur de rire et de chanter... mais quand on revient les mains vides...

— Eh bien! monsieur le comte, interrompit Carhoat, — quand on a manqué le cerf un jour, on prend sa revanche le lendemain.

— Le père a raison, dit Prégent. — Bois, Laurent; bois, Philippe, — et chantons!

Il entonna un air à boire en langue bretonne; le vieux marquis le soutint vaillamment; Philippe et Laurent, animés par le bruit, firent bientôt chorus, et la voix nasillarde de Francin Renard compléta l'harmonie.

Mais quand la chanson, apportée du bon pays de Morlaix, fut finie, un silence se fit dans le souterrain, et cette gaieté factice tomba lourdement à plat.

Une tristesse vague, et que nul ne pouvait secouer, pesait sur l'orgie.

Y avait-il au fond de ces cœurs déchus un sentiment vengeur de remords ou de regret?

— Plus d'argent, reprit Laurent; — plus de femmes!... Où est le temps où nous choisissions entre les plus belles filles de Rennes, et où cette cave froide devenait la nuit un palais?

Prégent et Philippe poussèrent un douloureux soupir.

— C'était le bon temps! murmurèrent-ils.

— Sans doute, sans doute, réplique le vieux marquis; mais je compte bien que le trou pourra redevenir un palais, et que nous aurons encore du velours et du satin autour de cette table... Allons, enfants! allons, morbleu, du cœur! N'avons-nous pas là, tout près, de l'autre côté de la montée, cent cinquante mille écus de rentes que nous partagerons bien quelque jour!

Les trois jeunes gens secouèrent la tête d'un air incrédule.

— Il ne s'agit que de s'y bien prendre, poursuivit le vieillard; — il y a une manière de garnison au château de Presmes, c'est vrai... mais avec une trentaine de bons lurons et quelques petites intelligences dans la place, on ferait le coup tout doucement.

— Eh bien! dit Philippe, — pourquoi ne pas tenter la chance de suite?

— Ah! mon garçon, répliqua le marquis, — te voilà maintenant qui vas trop vite... il faut de l'argent pour les trente hommes, et il faut de l'argent pour se ménager ces petites intelligences dont je parlais tout à l'heure... or, nous n'avons point d'argent!

— Pas d'argent! répétèrent tristement les trois Carhoat.

— Sauf respect de vous, nos maîtres, dit Francin Renard en se frottant le menton, — il y aurait bien moyen pourtant d'avoir de l'argent, sans se fatiguer comme vous faites.

Le vieillard et les trois jeunes gens interrogèrent à la fois Renard d'un air curieux.

Celui-ci baissa les yeux sous ces regards croisés, et continua d'une voix plus basse:

— Par dié! nos messieurs... il y a là-bas à Rennes, notre demoiselle qui gagne les écus à boisseaux...

Ce mot jeté parmi l'orgie, mit de la pâleur sur tous les visages.

— Tais-toi! dit Carhoat d'une voix altérée.

Les trois jeunes gens baissèrent la tête, — le vieillard regardait Francin d'un air menaçant.

Celui-ci, effrayé de l'effet qu'il avait produit, demeurait bouche béante et cherchait des paroles d'excuse...

XII.

L'ESCALIER.

Le déshonneur appliqué à la femme qui nous touche par le lien du sang ou du mariage a quelque chose de si poignant et de si cruel, que la susceptibilité, à cet égard, survit souvent à la honte acceptée. — On peut dire que l'homme arrivé au stoïcisme sur ce sujet brûlant atteint les limites extrêmes de la dégradation morale, ou s'assied sur la marche la plus haute de l'escalier philosophique.

Les deux branches de ce dilemme sont moins divergentes qu'on ne croit, de nos jours. Car l'escalier de notre philosophie est une échelle roulante, dont les degrés tout neufs et vermoulus déjà conduisent on ne sait où. Lequel vaut mieux de monter ou de descendre ce perron mal hanté où vous coudoyez tant de pédants bouffis qui ont pour religion l'absurde, et qui font danser leurs idées devant la foule comme autant de marionnettes vêtues de haillons pailletés!...

En tout cas, le déshonneur qui suit la chute de la femme était ressenti plus vivement, s'il est possible, dans l'ancienne société française que de nos jours. Notre histoire se passe au XVIIIe siècle, sous ce règne où les mœurs faciles relâchaient tout lien de famille et amollissaient jusqu'à l'orgueil du sang, le plus tenace de tous les orgueils, — mais notre histoire se passe bien loin de la cour, en un pays où l'on ne lisait guère les délicieux petits contes moraux dont la poésie philosophique émaillait les boudoirs parisiens; — notre histoire se passe en Bretagne.

La pensée de Laure, jetée tout à coup au travers de l'orgie, mit de l'inquiétude et de la colère sur le front du vieux Carhoat, et tomba comme un poids glacé sur l'ivresse naissante des trois jeunes gens.

Cela ne veut point dire que le vieux Carhoat fût pur de tout reproche à ce sujet; mais sa conscience n'aimait point à être éveillée par le seul côté qui, en elle, restât sensible et vulnérable.

— Francin Renard, dit-il avec une froideur menaçante, — si jamais tu prononces un seul mot là-dessus, je te tue comme un chien!

— Notre monsieur... murmura le paysan, — il n'y a pas d'offense...

— Tais-toi!

Il se fit dans la salle souterraine un silence qui dura quelques minutes. Carhoat et ses fils vidèrent leurs verres plusieurs fois, comme pour écouer le fardeau d'une pensée importune.

— C'était une noble fille! dit enfin Laurent, qui passa le revers de sa main sur son front pâli. — Il m'est venu parfois la pensée qu'un coup de fusil par derrière, lorsqu'elle court à cheval dans la forêt, serait le plus beau présent qu'on pût lui faire... car elle souffre, messieurs de Carhoat, elle souffre le martyre!

— La dernière fois que je l'ai vue, prononça Philippe à voix basse, — elle pleurait.

— Toutes les femmes pleurent! dit Prégent. — Allons, morbleu! monsieur mon père, si vous n'y mettez ordre, nous allons bientôt pleurer aussi... Ma sœur est plus riche que nous, donc elle est plus heureuse... Si elle est quelquefois d'humeur maussade, c'est l'affaire de M. le lieutenant de roi!...

— Tais-toi, Prégent! murmura le vieux marquis.

Il semblait ne point dire cela pour lui surtout, mais pour les deux autres Carhoat, dont les yeux brillaient déjà de colère.

En ce moment, les trois frères se montraient sous un aspect nouveau. Leur ivresse accrue ne laissait plus en leur personne le moindre reflet de noblesse ou d'élégance. Ils secouaient leurs cheveux incultes autour de leurs visages enflammés. Leur nature sauvage se dévoilait à nu. — Ils étaient beaux encore, mais à la manière de ces têtes diaboliques qui ressortent sur le fond obscur des toiles de l'école espagnole.

Prégent remit bruyamment son verre vide sur la table.

— Que me fait tout cela! reprit-il; — Laure a l'âge d'une femme; elle fait ce qu'elle veut. — J'entends bien qu'il ne soit pas permis à ce vieux drôle, — il montrait Francin Renard qui cachait son nez rouge dans son verre, — de parler sans respect de mademoiselle de Carhoat, mais moi, par exemple, qui pourrait se vanter de me lier la langue?...

— C'est moi!...

— C'est moi! prononcèrent en même temps Laurent et Philippe.

— La paix, morbleu! s'écria le vieux Carhoat d'une voix tonnante; — nous sommes ici pour boire, pour chanter et pour parler de nos affaires!... Tais-toi, Prégent. Faites la paix au nom du diable, et buvons un coup pour nous remettre!

Carhoat emplit les verres à la ronde.

— Trinquons, dit-il.

Les trois jeunes gens hésitèrent.

Le vieux marquis frappa de son gros poing sur la table; ses yeux flambèrent sous ses sourcils blanchis.

Francin Renard tremblait de tous ses membres, — car la colère des jeunes gens n'était rien, mais quand le vieux marquis se fâchait tout de bon, il y avait tempête.

Ce dernier ne répéta point son ordre; il tendit son verre.

Laurent, Prégent et Philippe choquèrent les leurs de mauvaise grâce. Ils burent. Quand ils eurent bu, leurs têtes échauffées perdirent le souvenir de leur querelle, et leurs voix se mêlèrent bientôt à celle du vieillard qui entonnait une chanson burlesque dans le patois du pays de Rennes.

Comme le dernier couplet se perdait sous la voûte, le marquis crut ouïr un léger bruit du côté de l'escalier, dont les marches basses se montraient dans l'ombre.

Il se retourna vivement, mais, au même instant, la vieille Noton Renard entra par la porte opposée, et le marquis crut s'être trompé.

Noton tenait à la main deux bouteilles d'eau-de-vie qu'elle déposa sur la table.

— Il est dix heures passées, dit-elle, — avez-vous besoin d'autre chose, nos messieurs?

Il fut délibéré tout d'une voix que la vieille Noton pouvait aller se coucher.

Autour de la table il n'y avait plus le moindre souffle de discorde. L'eau-de-vie remplaça le vin dans les verres, et chacun mit ses coudes sur la nappe. On était assez ivre pour tenir conseil.

— Enfants, dit le vieux Carhoat, — si vous n'avez rien fait là-bas du côté de Laval, Renard et moi nous n'avons point de meilleure nouvelle à vous donner... Les gens du tiers et les écoliers avaient fait tant de bruit ce temps-ci que l'on pouvait espérer quelque bon remue-ménage par rapport aux jésuites... Cette fois-ci, l'impôt eût sauté, c'est clair... J'avais déjà pris mes mesures pour que l'hôtel de l'intendant de Flesselles fût attaqué comme il faut dès le commencement... Mais on a fait trop de petits livres pour M. de la Chalotais, trop d'écriteaux contre les jésuites et trop de chansons sur les membres du parlement qui n'ont pas su résister aux ordres du roi... Quand on fait tant de petits livres et tant de chansons, on perd le loisir de faire autre chose... le bon moment est passé... Le roi pourrait prendre les tours Saint-Pierre et les emporter à Paris sans que les bourgeois et les gentilshommes de la bonne ville de Rennes osassent tirer leurs épées du fourreau.

— C'est comme à Vitré, dit Prégent.

— C'est comme à Fougères, dit Philippe.

— C'est comme à Château-Bourg, ajouta Laurent: on crie, on se dispute, et puis c'est tout!

— Si ce diable de Kérizat était ici, reprit le vieillard, il nous donnerait bien quelque moyen de nous tirer d'affaire!

— Celui-là fait payer trop cher les conseils qu'il donne, murmura Laurent.

— Bah! fit Prégent. — C'est un joyeux compère, brave comme son épée, et qui se battit comme un démon, il y a trois ans, la nuit où nous voulûmes enlever le château de Presmes...

— Oui, répliqua Philippe. — Mais sans lui, notre sœur Laure.....

— La paix, Philippe! interrompit le vieux Carhoat. — Ce jour-là, voyez-vous, enfants, poursuivit-il, — nous avions une bonne idée... C'est à Presmes qu'est notre salut... Sans compter le plaisir que nous aurons à rabaisser le caquet de ce vieux fou de veneur qui cherche toutes les occasions de m'humilier, moi, son vieux compagnon, qui lui ai gagné tant de pistoles au lansquenet!... qui lui ai servi de second dans tant d'affaires, et qui l'ai débarrassé de tant de maîtresses!

On entendit comme un éclat de rire étouffé du côté de l'escalier.

Nul n'y fit attention, parce qu'un joyeux murmure accueillit les dernières paroles du vieux marquis.

— Vous vous étiez vengé d'avance, père, dit Philippe.

— Et je compte bien me venger après! riposta le vieillard. — M. de Presmes m'a prêté trop d'argent en sa vie pour avoir le droit de me traiter comme il le fait... Pensez donc, enfants! ne voudrait-il pas me faire retirer mon banc à la paroisse de Thorigné, sous prétexte que je n'ai plus de terre?... Voilà-t-il pas la dixième fois qu'il me cite à son tribunal pour rire, parce que, moi ou l'un de vous, nous avons tué, en passant, quelques malheureux chevreuils sur les varennes du roi! N'a-t-il pas eu l'infamie de m'accuser, à bon droit, de cette équipée contre son château de Presmes, dont il ne resterait plus pierre sur pierre si le diable m'écoutait!...

— C'est vrai!... c'est vrai!... répondirent les trois jeunes gens.

— Comment, si c'est vrai, morbleu! s'écria le vieillard en s'échauffant. — Croyez-vous donc que je ne lui aurais pas brisé le crâne déjà d'un coup de carabine si je ne le regardais comme votre beau-père... Et encore nous avons oublié une insulte... Sa fille, la comtesse Anne, a outragé votre sœur en plein bal!

— C'est vrai, murmurèrent Laurent et Philippe dont les sourcils se froncèrent.

— Elle est bien belle! dit Prégent. — Et puis Laure, après tout, lui a rendu injure pour injure.

— Chut! fit le vieillard tout à coup; — écoutez!... il me semble avoir entendu des pas dans l'escalier...

— Ça se pourrait bien, dit Francin Renard qui tendit l'oreille.

Les trois Carhoat éclatèrent de rire.

— Ah! père! s'écria Laurent, — vous avez bu sans doute dans la journée, — ou vous commencez à ne plus porter si bien votre vin !..

Le marquis commanda le silence d'un geste péremptoire, quitta la table et alla mettre son oreille au bas de l'escalier.

Il écouta durant quelques secondes attentivement. — De sa place Francin Renard faisait de même.

Aucun son ne vint rompre le silence.

— Je me serai trompé, dit le vieux Carhoat en reprenant son escabelle, et je crois que vous avez raison, enfants, l'eau-de-vie me porte à la tête... Qui diable pourrait venir par là, sinon le diable ou Kérizat?

— Ce qui est tout un! ajouta Philippe.

— Ce qui est tout un! répéta le vieillard en riant. — Pour en revenir, il est évident que nous n'avons pas deux moyens de sortir d'embarras... Il faut que Carhoat soit encore une pépinière de riches seigneurs... La misère nous avilit; l'argent nous relèvera... Vous êtes assez beaux garçons, enfants, pour faire figure dans le monde... Petit René sera un page comme le roi n'en a pas souvent... Et votre frère Martel.....

— Ah! dit Philippe, celui-là a pris le bon lot... il a gardé son épée de gentilhomme!... Que Dieu le bénisse!

Le vieux marquis, Laurent et Philippe choquèrent leurs verres en répétant : Que Dieu le bénisse!

Quant à Prégent, il haussa les épaules en murmurant son éternel : Bah!

— Oui, oui, reprit le vieillard, — Martel est un bon cœur..... Eh bien! il ne lui manque que quelques louis de plus dans sa bourse pour faire son chemin... car il est Carhoat, morbleu!... et Carhoat de Bretagne vaut Montmorency de France et Howard d'Angleterre!... Nous lui ferons une pension de quelque vingt mille écus, et il deviendra brigadier des armées pour le moins... Le principal, c'est d'enlever les deux filles du vieux fou et de savoir qui d'entre vous les épousera.

— Moi, dit Prégent, je veux la comtesse Anne.

— Un instant, répliqua Laurent, je suis l'aîné, c'est à moi de choisir.

— Il n'y a pas de choix qui tienne! dit Philippe; — la comtesse Anne me plaît; elle ne sera ni à Prégent ni à Laurent... je la veux!

— Allons! allons! s'écria le vieillard moitié riant, moitié irrité. — Attendez pour vous disputer que la comtesse soit entre vos mains!

Mais les trois frères s'étaient levés et se provoquaient du regard.

— Je crois, Dieu me pardonne, qu'ils vont se battre! dit le vieux Carhoat.

— Ça se pourrait bien, grommela Francin Renard.

En ce moment, un objet indistinct vint se poser sur celle des marches de l'escalier qui disparaissait dans l'ombre.

Un second objet de même forme et de même volume s'abaissa lentement et se mit auprès du premier.

Celui-ci reprit alors son mouvement et descendit, sans bruit toujours, sur la marche suivante, éclairée davantage. Le second objet l'y suivit.

Lorsque le premier se posa sur la troisième marche, la lumière arrivant jusqu'à lui, éclaira plus distinctement sa forme et montra une botte molle en cuir de couleur naturelle.

La jambe que chaussait cette botte disparaissait presque dans l'ombre, et le corps s'y cachait complétement.

Le tout s'arrêta sur la troisième marche.

— Je maintiendrai mon droit! reprit Laurent. — Vous êtes cadets; vous venez après moi.

— Je me m que de votre droit et de vous, monsieur mon frère! s'écria Prégent.

— Et moi je vous dis, ajouta Philippe, — que ni vous, Laurent, ni vous, Prégent, vous ne toucherez à un cheveu de la comtesse Anne!

— La paix, enfants, la paix! disait le vieux Carhoat, que le rire empêchait de se fâcher.

— Elle sera à moi! reprenait Laurent.

— A moi! ripostait Prégent.

— A moi! s'écriait Philippe.

Et les démentis se croisaient.

— Tu mens!

— Tu mens!

— Tu mens!...

— Ça se pourrait bien, grommelait Francin Renard par habitude.

Au moment où la dispute s'échauffait et où les mains égarées cherchaient déjà les manches des couteaux de chasse, un joyeux éclat de rire se fit entendre du côté de l'escalier.

Francin Renard, qui en était le plus près, bondit hors de son siége et se réfugia jusque derrière les trois frères en essayant un signe de croix.

Les quatre Carhoat, stupéfaits, tournèrent leurs regards vers l'escalier.

L'éclat de rire continuait.

Enfin les deux bottes molles se mirent en mouvement et descendire les trois dernières marches.

Un torse apparut, puis des épaules, le tout enveloppé d'un larg manteau de couleur sombre.

La figure du nouvel arrivant disparaissait complétement sous u feutre rabattu.

— Pour sûr c'est le diable! pensa Francin Renard.

Et il ajouta entre ses dents par forme de confirmation :

— Ça se pourrait bien!

Le vieux Carhoat avait tiré un grand couteau de chasse caché so sa peau de bique. — Ses trois fils avaient mis également le couteau la main, et semblaient prêts à s'élancer.

Le nouvel arrivant s'avançait tranquillement dans la chambre.

—Un pas de plus, et vous êtes mort! dit le vieux Carhoat.

L'étranger s'arrêta docilement.

—Qui êtes-vous? demanda encore le vieillard,—et que voulez-vous

— Je viens pour mettre d'accord ces trois braves jeunes gens, r pondit l'étranger d'une voix railleuse. — Ils veulent tous les tro épouser la comtesse Anne, et chacun d'eux a dit aux autres : —Vo ne l'aurez point... Vous avez tous raison, mes jeunes maîtres, car futur mari de la comtesse Anne, c'est moi!

A ces mots l'étranger ôta son feutre et salua courtoisement.

—Kérizat! s'écrièrent les quatre Carhoat en apercevant son visag

—Fort à votre service, mon vieux camarade et mes jeunes maître répondit le chevalier de Briant.—J'arrive de Paris comme vous voye tout exprès pour vous empêcher de vous couper la gorge.

XIII.

APRÈS BOIRE.

Les Carhoat demeurèrent un instant étonnés et muets devant l'ar rivée soudaine du chevalier.

Les paroles qu'il avait prononcées en entrant étaient une sorte de dé qui contribuait pour sa part à entretenir le trouble des trois jeunes gen

Deux d'entre eux, Laurent et Philippe, ne prenaient point la pein de cacher ce qu'il y avait d'hostile et de menaçant dans leur surpris

Prégent avait haussé les épaules et s'était assis en disant : Bah!

Le vieux Carhoat avait rejeté en arrière ses longs cheveux blan comme pour montrer sa belle et noble figure qui n'exprimait rien e ce moment, sinon les sentiments d'une hospitalité franche.

— Soyez le bienvenu, dit-il en remettant son couteau sous sa pea de bique; — nous n'attendions personne par le chemin que vous ave pris... mais à cela ne tienne!... prenez place, je vous prie, et faite nous raison...

Le chevalier jeta son manteau à Francin Renard, mit son feutre su la table et s'assit.

Laurent et Philippe l'imitèrent. — Francin Renard n'osa point re prendre sa place.

— Je suis venu un peu tard pour parler d'affaires, dit le chevalie en regardant les trois fils de Carhoat. — Voici de beaux garçons q m'ont l'air ivres comme des mariés du pays de Quimper!...

— Nous avons ce qu'il faut de raison, monsieur de Kérizat, ré pondit Laurent, pour causer avec vous et vous faire changer d'avis su ce mariage dont vous parliez tout à l'heure.

— Oui-da, monsieur le comte? riposta le chevalier avec raillerie — Je viens de bien loin, savez-vous, pour épouser la comtesse Anne!.. et quand il s'agit de cent mille écus de rentes, je ne puis avoir qu'un avis

— La nuit est longue, murmura Philippe; — et vous avez vot épée, Kérizat. Cette affaire-là peut s'arranger.

Le chevalier s'inclina en souriant.

— Je suis bon, vous le savez, mon jeune maître, dit-il, — à tout sortes d'arrangements... J'ai mon épée qui ne tient pas plus au four reau qu'autrefois, je vous jure, et s'il faut se couper la gorge, je n' vois pas d'inconvénient; — mais j'ai soif... Francin Renard, apport moi un verre!

Le paysan obéit aussitôt.

Le chevalier se versa une rasade et tendit son verre à la ronde. L vieux Carhoat et Prégent répondirent seuls à son toast.

Philippe et Laurent retirèrent leurs gobelets, en affectant de le re garder en face d'un air pr voquant.

— A votre aise, mes jeunes messieurs, se contenta de dire le chevalier.

Puis il reprit en s'adressant au marquis :

— Mon vieux compagnon, voici trois ans bientôt que je ne me suis assis à la même table que vous... Depuis ce temps-là je n'ai pas fait fortune... et vous?

Un nuage passa sur le front de Carhoat.

— Chaque jour apporte son pain, répondit-il; — nous sommes plus pauvres que le plus pauvre sabotier de la forêt.

— Diable! diable! murmura le chevalier. — Ceci est fâcheux, monsieur le marquis... J'avais espérance de rentrer dans quelques petits prêts que j'ai eu l'honneur de vous faire autrefois... Mais ne parlons pas de cela puisque votre bourse est à sec. A Paris, d'où je viens, mon vieux camarade, j'ai entendu parler de vous ainsi que de ces beaux jeunes messieurs qui me regardent comme s'ils voulaient me dévorer. On dit là-bas que vous faites ce que vous pouvez, Carhoat, pour élever votre famille... On dit même que vous ne vous cassez point la tête à choisir vos moyens... et que parfois, la nuit, au lieu d'être assis joyeusement comme aujourd'hui autour de cette table, vous grelotez sur les grandes routes, attendant quelque gibier au passage.

— Qui dit cela? murmura rudement Philippe.

— Beaucoup de gens, répliqua le chevalier.

— Ces gens en ont menti... commença le jeune homme.

— La paix, Philippe! interrompit le vieillard. — Ces gens disent vrai, ajouta-t-il en s'adressant à Kérizat. — C'est vous qui m'avez donné la première leçon, mon camarade... Le métier n'est pas bon, et je vous attendais pour que vous m'en montriez un autre...

— Et, en attendant, répliqua le chevalier gaiement, — vous essayiez votre imagination... Je vous ai entendu dans l'escalier, mon vieux compagnon, et je dois dire que vous avez eu, un peu tard il est vrai, une excellente idée... Oui... oui... les filles de ce vieux fou de Presmes, comme vous l'appelez avec raison, possèdent de quoi relever le noble nom de Carhoat... Mais c'est que j'ai à relever, moi aussi, le pauvre nom de Kérizat... et vos jeunes gens n'ont pas l'air de vouloir m'admettre au partage.

— Soyez juste, Kérizat! interrompit le vieillard qui semblait vouloir ménager son hôte et jouer le rôle de conciliateur. — Si mes fils aiment la comtesse...

Le chevalier éclata de rire.

— Vrai Dieu! s'écria-t-il; ces messieurs m'ont tout l'air de ne point soupirer trop langoureusement... J'ai entendu leur dispute et ce qui l'a précédée...

— Vous avez fait là, monsieur, dit Laurent, ce que vous ne deviez point faire.

— Mon jeune maître, répliqua le chevalier, toujours courtois et souriant, — je sais que mon devoir était de frapper à votre porte et non point d'entrer ici à l'improviste comme un espion ou un voleur... Mais, outre que je vous connais bien assez pour n'avoir pas besoin de vous épier, je prétends qu'il faudrait être un larron bien insigne pour s'introduire dans votre cabane avec des idées de rapine... Je ne demande pas mieux, du reste, que de vous fournir sur ce sujet, comme sur tous les autres, de loyales explications... Après le souper que m'a donné M. de Presmes, et durant lequel, soit dit sans vous offenser, j'ai eu le bonheur d'entretenir la comtesse Anne...

Laurent et Philippe dressèrent la tête en fronçant le sourcil.

— Ne vous fâchez pas ainsi par avance, mes jeunes maîtres! interrompit le chevalier; — croyez-moi, je suis homme de bon conseil et de ressource... ma venue fait votre partie plus belle, loin de la gâter... et avant qu'il soit un quart d'heure, nous allons nous entendre parfaitement.

Le vieux Carhoat emplit le verre de son hôte.

— Enfants, dit-il, comme s'il eût cru devoir s'excuser vis-à-vis de ses fils de ne point faire au chevalier un pire accueil, — voilà quinze ans que je connais Kérizat, et jamais je ne l'ai vu échouer en aucune entreprise... je vous préviens que je ne me mettrai pas contre lui... et, quant à vous, le conseil que je vous donne est de le prendre plutôt pour soutien que pour adversaire.

— Qu'il s'explique, repartit Laurent de mauvaise grâce.

— Vous avez bien parlé, mon vieux camarade, dit le chevalier en tendant son verre. — Je vous disais, mes jeunes messieurs, ajouta-t-il en s'adressant aux trois frères, que monsieur mon ami de Presmes m'a accordé l'hospitalité et que j'ai pu entretenir ce soir sa charmante fille... Je suis pauvre, ma réputation à cet égard est presque aussi bien assise que la vôtre... Malgré la bonne amitié que me témoigne M. de Presmes, je me rends justice et je sais que demander la main de sa fille serait une inutile folie... En conséquence, j'avais pris le parti de l'enlever, et j'avoue franchement que je comptais sur vous, pensant que vous ne refuseriez point de me donner un coup d'épaule...

— Vous voyez que vous vous êtes trompé, interrompit Philippe.

— Du tout, mon jeune monsieur!..... je vois seulement qu'il me faudra payer votre aide et rendre service pour service... Mais laissez-moi poursuivre.... En quittant Presmes, j'ai vu des choses qui me donnent à penser que nous ne sommes pas les seuls à prendre des voies expéditives pour en arriver à nos fins... Il y avait, Dieu me pardonne, des galants nocturnes sous le balcon de ces dames... j'ai vu deux hommes s'enfuir et une fenêtre se refermer.

Les figures des trois jeunes gens s'allongèrent.

— Il faut se hâter, murmura le vieux Carhoat, — sinon, nous arriverons trop tard!...

— Ça se pourrait bien, grommela Francin Renard qui dormait à demi dans un coin.

— Vous avez raison, mon vieux camarade, reprit Kérizat. — Il faut se hâter. Telle était déjà mon idée en enfilant l'avenue de Presmes pour me rendre auprès de vous... Je marchais vite, enveloppé dans mon manteau, et combinant un peu le plan de nos opérations ultérieures, lorsque j'ai entendu un pas très-distinctement derrière moi, dans le taillis... Quand je m'arrêtais, ce diable de pas s'arrêtait aussi... Quand je reprenais ma route, il faisait de même... Ce n'était point un écho, soyez sûrs... Si j'avais pu le voir, et lui mettre mon épée dans le ventre, ç'aurait été assurément le plus simple; mais joignez donc un homme qui se cache, la nuit, dans un taillis!.. Vers le milieu de l'avenue, j'ai cessé tout à coup de l'entendre; néanmoins, ma conviction, en arrivant au rocher de Marlet, était qu'il me suivait encore. Dans cette circonstance, entrer chez vous tout bonnement, par la porte, c'était trahir une visite que nous avons, vous et moi, un intérêt égal à cacher...

— Pourquoi nous? demanda Laurent d'un air incrédule.

— Parce que, mon jeune maître, répondit Kérizat, — si vous jouissez jamais d'une part du revenu de Presmes, ce sera par mon entremise... Au lieu donc de frapper à votre porte, j'ai monté le sentier du rocher; j'ai gagné la plate-forme et je suis entré par le trou...

— S'il vous avait vu!... dit le vieux Carhoat.

— Attendez donc!... je ne m'étais point trompé; il me suivait de près... A peine avais-je remis en place la bascule, que j'ai entendu des pas sur la plate-forme... C'était très-divertissant!... il tournait, il tâtait le roc avec son épée, et il disait : « Le malheureux sera tombé en bas du rocher! » Je crois même qu'il a marmoté un *De Profundis* à mon intention... Pendant cela, mes camarades, vous chantiez à tue-tête un *Ann hini goz* (1), comme de joyeux vivants que vous êtes... Et maintenant, messieurs, ajouta-t-il, en s'adressant plus particulièrement aux jeunes gens, — mettons de côté toute discussion et occupons-nous des moyens d'arriver à notre but... Quand nous serons convenus de nos faits, il sera temps de régler la question de savoir qui d'entre nous épousera la comtesse Anne.

Il y avait dans la manière de dire du chevalier un accent de franchise irrésistible et un entrain qui ressemblait à de l'éloquence.

Laurent et Philippe gardaient encore une apparence hostile, mais le vieux Carhoat était convaincu, ainsi que Prégent, son second fils.

— A votre santé, Kérizat! dit ce dernier. — J'ai toujours soutenu que vous étiez un bon compagnon... Quant à vous céder la comtesse Anne, sans ferrailler un peu, je ne le promets point... Mais si messieurs de Carhoat se mettent contre vous, je vous promets de ne les point soutenir.

Le chevalier s'inclina gracieusement.

— J'espère, répliqua-t-il, que messieurs de Carhoat comprendront mieux leur intérêt véritable... En tout cas, messieurs de Carhoat sont les maîtres... J'ai vu en ma vie bien des rapières voltiger devant ma poitrine, — et me voilà.

Le chevalier rapprocha son escabelle de la table et prit un air sérieux.

— D'après ce que j'ai entendu de votre entretien, poursuivit-il, vous avez l'intention de faire une seconde fois le siége de Presmes... L'idée n'est pas absolument mauvaise... mais il y a toute une garnison dans ce diable de château... et je parierais dix contre un pour le vieux veneur dans le cas d'une attaque de vive force.

(1) Le plus populaire de tous les chants bretons. C'est une naïve satire qui prouve que l'amour de l'or est aussi développé chez les gars en sabots du Finistère que chez nos dandys calculateurs du boulevard de Gand. Un seul couplet, traduit mot à mot, résumera ce chant. Le don Juan armoricain veut *faire une fin* et dit :

La jeune est bien jolie;
La vieille a de l'argent:
La vieille est mon amie,
Ah! oui vraiment!...

— Vous perdriez, monsieur de Kérizat, interrompit Laurent. — Avec une trentaine de ces bons garçons qui boivent et qui chantent, tout le jour durant, au cabaret de la *Mère-Noire*, dans la rue du Champ-Dolent, je vous promets, moi, d'enlever les deux filles de Presmes, de casser le cou à toute sa valetaille de vénerie, et de mettre le feu au château par-dessus le marché!

— C'est trop de trente, ajouta Philippe, moi, je n'en demande que vingt.

Le chevalier et le vieux Carhoat échangèrent un regard.

Celui du chevalier voulait dire :

— Ah! monsieur le marquis, que vous avez mal élevé votre famille!

Dans celui du marquis il y avait à la fois du dépit et de l'orgueil.

— Ah! Kérizat, grommela-t-il, c'est que les enfants le feraient comme ils le disent, voyez-vous!...

— Le château de Presmes, reprit le chevalier, — vaut six cent mille livres tournois... A vous parler franchement, mes jeunes messieurs, je ne vois point la nécessité de le brûler, puisqu'il fait partie de l'héritage de la comtesse... D'un autre côté, je veux bien admettre que vous êtes très-forts, très-braves et très-invincibles... mais il y a trois ans, nous étions une centaine de bons diables autour de Presmes, et vous savez si nous nous sommes brisé les dents sur ces vieilles pierres!

— Philippe et Laurent sont des fanfarons, dit Prégent. — A votre santé, chevalier!... Avez-vous un moyen de prendre le château, sans trop de fatigue et du premier coup?

— C'est justement ce dont nous allons causer, répliqua le chevalier.

Laurent et Philippe devenaient involontairement plus attentifs.

— Messieurs de Carhoat, reprit Kérizat en s'adressant justement à eux, avec vos vingt gaillards du Champ-Dolent, vous aurez ville gagnée, si vous pouvez surprendre Presmes... Mais si vous perdez votre temps à forcer la grille et à briser les portes, fussiez-vous deux cents au lieu de vingt, vous serez culbutés... Je vous propose, moi, de vous introduire, sans encombre, et avant qu'il y ait un coup de donné, jusque dans le vestibule de Presmes.

— Bravo! s'écria le vieux marquis, — voilà qui est d'un digne camarade, Kérizat.

— Bravo! répéta Prégent; — du diable si vous ne devez pas boire à la santé du chevalier, messieurs de Carhoat!

— Un instant, dit Philippe, — nous ne refusons pas de nous entendre avec M. de Kérizat... mais s'il ne nous introduit que pour retirer les marrons du feu et prendre la comtesse à notre barbe...

— Alors comme maintenant, messieurs, répliqua le chevalier, vous avez vos épées.

— Sans doute, sans doute, dit le vieux Carhoat; — mais au diable les épées; saint-Dieu!.... Buvons ferme et causons... Nous nous disputerons, quand nous serons riches!

Il cligna de l'œil imperceptiblement en regardant Laurent et Philippe, comme s'il eût voulu leur faire entendre qu'il avait, lui aussi, son arrière-pensée.

Les deux jeunes gens, depuis quelques minutes, hésitaient entre leur rancune et leur intérêt. Ce regard sembla les décider.

— Eh bien! monsieur, dit Laurent, — il se peut que nous nous soyons trop avancés... Je conviens que votre aide peut nous être fort utile... mais ne pourrions-nous, avant d'entrer en campagne, régler ce conflit qui s'est élevé entre nous et savoir d'avance à quoi nous en tenir.

— Monsieur le comte, répondit Kérizat, je suis heureux de vous voir en ces dispositions pacifiques... Nous allons revenir à ce sujet tout à l'heure. En attendant, achevons ce qui regarde l'expédition et prenons nos mesures... Je vous dirai tout d'abord que le temps presse. Ces braves garçons du Champ-Dolent, pouvez-vous les enrôler tout de suite?

— Monsieur mon camarade, répondit le vieux Carhoat, ceci est la chose du monde la plus facile... Tout à l'heure, nous étions fort en peine, mais dans la position où nous vous retrouvons, cinquante ou cent écus doivent être pour vous une véritable bagatelle.

Le chevalier, pour toute réponse, frappa sur les poches de sa veste qui sonnèrent le creux.

— Ceci importe peu, reprit le vieux marquis en insistant; — si votre bourse est vide, vous avez celle de M. de Presmes, et Dieu sait que celle-là est ronde.

Le chevalier secoua la tête.

— Il ne faut point compter là-dessus, répondit-il. — J'ai pris là-bas une position qui me fait le maître du château, mais qui me défend de laisser percer le bout de l'oreille... M. de Presmes me croit venu en Bretagne avec une mission de Sa Majesté pour apaiser les troubles du pays de Rennes.

Carhoat et Prégent éclatèrent de rire; Laurent et Philippe ne purent eux-mêmes retenir un mouvement d'hilarité.

— Ce diable de Kérizat! murmura le vieux marquis; — quel pacificateur!

— Vous sentez très-bien, messieurs, reprit le chevalier, que cette qualité d'agent du roi m'impose une certaine réserve... En bonne conscience, Sa Majesté ne peut pas m'avoir envoyé en Bretagne sans me donner de quoi faire le voyage.

— C'est juste, dit Laurent qui se reprenait sans le savoir à être de bonne humeur, — mais comment faire?... Un expédient, monsieur le chevalier?

Kérizat réfléchit durant quelques instants.

— Si je pouvais aller à Rennes, reprit-il, un tour de lansquenet ferait l'affaire... mais ce serait dangereux... et, à l'occasion, je dois vous dire, messieurs, que, par respect pour le service du roi, mon patron actuel, j'ai mis de côté le nom de Kérizat, pour m'appeler tout simplement le chevalier de Briant.

— On s'en souviendra, dit le marquis.

Le chevalier réfléchit encore et poursuivit tout à coup :

— C'est misérable d'attaquer un ami pour cent écus, sans cela je vous indiquerais bien une aubaine...

— Indiquez! indiquez! s'écrièrent à la fois les quatre Carhoat.

Et Philippe ajouta :

— On n'est pas forcé de ne prendre que cent écus, s'il y en a davantage.

Le chevalier parut hésiter durant quelques instants.

— Bah! s'écria-t-il enfin, nous n'avons pas le choix!... Et puis, en définitive, c'est agir en bons citoyens... Notre équipée va peut-être épargner à la Bretagne les horreurs de la guerre civile... Voici ce dont il s'agit... M. le chevalier de Talhoët a dû quitter Paris deux jours après moi, porteur de certaine correspondance que les princes entretiennent encore avec les mécontents du pays... Sa valise, je vous le certifie, contient bon nombre de pièces d'or... Il n'a qu'un seul valet à cheval... et, si je ne me trompe, il devra traverser la forêt demain dans la soirée.

— Eh bien! s'écria le vieux Carhoat, j'aimerais mieux mettre à contribution tout autre qu'un Breton de la vieille roche... mais, après tout, nous ne sommes plus, nous autres, ni pour le roi ni pour le parlement... Le chevalier de Talhoët paiera les bons garçons du Champ-Dolent...

Il y avait bien longtemps que la porte conduisant à la ferme de Marlet et par où la vieille Noton Renard avait passé tant de fois cette nuit, restait immobile.

Noton était couchée, et son mari, Francin, sommeillait dans un coin sur son escabelle.

Au moment où le chevalier avait prononcé le nom de M. de Talhoët, la porte remua doucement comme si le vent l'eût poussée.

Mais ce n'était point le vent, puisque la porte entrebâillée, au lieu de retomber, continua de tourner imperceptiblement sur ses gonds.

Au bout de quelques secondes, derrière le battant entr'ouvert, et dans le demi-jour qui éclairait cette partie reculée de la pièce souterraine, apparut un gracieux visage d'enfant, aux traits angéliques et souriants, autour desquels jouaient les anneaux mêlés d'une blonde chevelure.

L'enfant avança doucement la tête. Son regard était sans défiance et n'exprimait que l'innocente curiosité de son âge.

A la vue des figures empourprées des convives, il fit un geste comme pour s'enfuir; mais, en ce moment, il reconnut son père et ses frères, et dans ses grands yeux vint se peindre un étonnement naïf. — Il resta.

XIV.

ANGE ET DIABLE.

A part l'étrangeté du lieu, l'assemblée à laquelle nous assistons dans les flancs du rocher de Marlet, n'avait rien en elle-même d'effrayant ou de suspect. Carhoat était un beau vieillard, à la figure noble et patriarcale; ses cheveux blancs lui étaient une parure. Les trois jeunes gens, malgré leur ivresse avancée, n'avaient point pris l'aspect débraillé de l'orgie. Ils étaient forts, et le vin ne les avait point encore vaincus complétement.

Leur mine était un mélange de joyeuseté rustique et d'orgueilleuse sauvagerie.

On eût pu prendre le vieillard avec sa peau de bique et les trois frères avec leurs costumes démodés, mais portés fièrement, pour de gentilshommes campagnards d'un autre siècle, attablés autour de la petite débauche de famille.

En Bretagne, le temps ne marche point si vite qu'ailleurs; il semble s'attarder en chemin et regarde volontiers en arrière. — Ces tableaux qui reculent le présent et apparaissent tout à coup comme des souvenirs de cinquante ans, n'y sont point rares.

On s'y résigne de bonne grâce à voir les heures boiter. Les modes y passent comme ailleurs, et aussi vite peut-être, mais pas au même moment. — Sous Louis XV, on y portait la barbe pointue des beaux jours de Mazarin, et, du temps de l'Empire, un œil de poudre y était de fort bon goût.

Maintenant, vous y trouverez encore de respectables et entêtés cadogans qui ont séché sur tige et se sont conservés parfaitement depuis les premiers jours de la Constituante.

Les étudiants seuls, dans les grandes villes, suivent le mouvement de très-près. Ils ont des barbes aussi puissantes, et des cheveux aussi mal peignés que les plus fauves étudiants de Paris.

Tant il est vrai que les belles-lettres et les sciences civilisent les contrées les plus ténébreuses!...

Le costume du chevalier de Briant était moins simple et plus moderne que celui de ses hôtes, mais les gens qui portent encore des cadogans, de nos jours, reçoivent des Français à moustaches, et ne ferment point leur porte aux lionceaux indigènes qui poussent la prétention fashionable jusqu'à laisser croître des ongles énormes au bout de leurs doigts rouges.

Les bonnes gens qui ont des petites queues sur la nuque appellent les dandys à longs cheveux des *Jeunes France*. — A ce terme de souverain mépris, les dandys répondent *in petto* par le nom de *perruque*; — à l'aide de ceci, ils vivent en paix.

Quant à la physionomie et à la tournure, nous savons que M. le chevalier de Briant ne pouvait être déplacé nulle part. Il avait tenu son rang comme il faut dans le riche salon de Precmeo. Ici, entre ces murailles nues et vis-à-vis de ces hôtes rustiques, il avait l'air d'un visiteur bienveillant qui sait s'accommoder du sans-façon de l'indigence.

Un regard indiscret, pénétrant dans la salle souterraine de Marlet, n'eût donc point pu deviner, au premier abord, quel complot s'agitait entre les convives.

C'étaient des buveurs un peu trop intrépides, attardés à un dessert qui se prolongeait trop, voilà tout.

René de Carhoat, le plus jeune des fils du marquis, en se trouvant inopinément en face de ce spectacle, n'éprouva d'autre sentiment que la curiosité.

Il avança doucement sa tête blonde par l'ouverture de la porte, et regarda de tous ses yeux.

C'était la première fois que l'enfant pénétrait dans ces dépendances souterraines de la ferme de Marlet. Jusqu'alors on lui en avait soigneusement caché l'existence.

Il était l'amour le plus cher de toute la famille. Par une sorte de pudeur qui survivait au cynisme de leur chute, le vieux Carhoat et ses fils avaient tâché de mettre un voile épais entre leurs débauches et les yeux purs de ce pauvre enfant, qui grandissait, innocent de tout mal, dans cette demeure souillée.

Bien souvent l'orgie se faisait plus bruyante et plus folle dans le souterrain. Des femmes venues de Rennes étaient secrètement introduites, et alors c'étaient des chants sans fin, une ivresse frénétique et de brutales amours...

Mais il y avait plusieurs portes entre ces saturnales et le candide sommeil de l'enfant.

Il ne voyait rien; — si près de la honte son rêve s'embaumait d'adorations saintes et de virginale poésie.

Le vieux Carhoat avait été autrefois un bon chrétien, et le vice, transformant sa croyance en superstitions obscures, lui laissait le vague désir d'apaiser Dieu sans réformer sa vie.

Il se disait;

— Petit René sera prêtre; il fera de bonnes œuvres, et priera Dieu pour nous.

Et les trois frères, tournant cet espoir en raillerie, répétaient souvent;

— Quoique nous fassions, nous sommes sûrs de notre affaire... Nous aurons beau être plus noirs que le diable, petit René nous gardera une place à chacun dans le paradis...

Et, en vérité, si un ange avait le pouvoir de mettre sa sainte pureté comme un manteau de protection sur la faute d'autrui, René de Carhoat eût racheté les crimes de sa famille.

C'était un enfant naïf et bon comme Dieu les aime. Il n'y avait en son cœur que de l'amour. Sa vie était une prière et un chant.

La solitude avait mis de la tristesse dans son sourire, mais c'était la tristesse suave, qui n'a derrière soi ni l'envie ni le remords.

Il était seul toujours. — Les grands bois lui enseignaient leur austère poésie. — Il savait parler à Dieu le beau langage de l'enfant qui aime.

Car il aimait. Une céleste image était toujours parmi ses songes. Un chant adoré berçait son sommeil.

Où avait-il commencé d'aimer Bleuette! Il ne savait. — Savait-il qu'il l'aimait?...

C'était un culte ignorant et pur, — de muettes extases; une adoration qui s'exhalait en prières émues et qui, avec elles, s'en allait vers Dieu.

Bleuette était bien belle! son doux sourire restait tout au fond de l'âme de l'enfant, qui savait le retrouver, aux heures où l'on cherche au dedans de soi-même.

Ce sourire rayonnait quand l'enfant était heureux. Lorsqu'il se sentait triste, le sourire se voilait de tristesse.

Le matin, il allait, cherchant dans le bois les fleurs cachées, ou cueillant les sveltes bleuets des blés. — Il en tressait de belles couronnes pour les donner à Bleuette.

Mais quand les couronnes étaient tressées et que les fleurs se mariaient brillantes, René n'osait plus...

Il descendait au bord de la Vanvre et se couchait sur la rive entre les hautes herbes.

Son cœur se serrait. — Sans savoir, il effeuillait la couronne; les pauvres fleurs détachées tombaient une à une dans le courant qui les emportait avec lenteur.

Et quand la dernière tombait, pour disparaître à son tour derrière le grand rocher de Marlet, l'œil de René, qui l'avait suivie, se mouillait d'une larme...

Puis, tout à coup, sa joue pâlie devenait rose, il se levait, prêtait l'oreille et s'élançait dans le taillis.

Que de joie! que d'espoir sur son jeune visage, tout à coup épanoui!

C'est que le vent avait apporté à son oreille un son lointain, — une note de la chanson de Bleuette...

Note perdue, que lui seul eût pu saisir dans l'espace, et qui suffisait à inonder son cœur d'un flux de délices...

Il courait. La voix le guidait le long des coulées, et il s'arrêtait haletant, lorsqu'il n'y avait plus qu'un buisson à le séparer de la fille de Jean Tual.

Il la regardait. Ses grands yeux bleus reflétaient son cœur tout entier.

Il était à genoux sur le gazon, derrière les branches croisées..... Il eût voulu voir ces instants croître et s'allonger à la durée d'une vie.

Pauvre enfant! Ce chant qui l'appelait n'était point pour lui. Bleuette l'aimait, mais comme une sœur.

La complainte de Fontaine-aux-Perles, qui retentissait si souvent dans le taillis, était un signal. — Et René le savait.

Au loin, sous le couvert, la trompe de Hervé Gastel, le jeune sous-lieutenant de vénerie, disait quelques mots vifs et sonores...

Bleuette se levait à cet appel, et bondissait comme René avait bondi tout à l'heure dans les herbes.

Bleuette aimait le jeune veneur comme le pauvre René aimait Bleuette...

Il ne la suivait point cette fois. — Il écoutait son chant s'éloigner et répondre aux appels plus rapprochés du cor. — Son souffle s'étouffait dans sa poitrine.

Quand le chant cessait et que la trompe se taisait, René sentait au cœur une angoisse cuisante. — Il savait qu'en ce moment Hervé et Bleuette venaient de se rejoindre...

Il se couchait sur la mousse et il pleurait.

Mais il ne détestait point Hervé, le veneur. Il souffrait et n'était point jaloux.

Les nuits lui rendaient souvent les émotions de ses journées, et ce chant de Bleuette, dont son cœur gardait un écho, venait l'appeler dans son sommeil.

Alors, il se levait endormi et parcourait les deux chambres de la ferme.

Lorsque la vieille Noton ou un de ses frères ne l'éveillaient pas assez vite pour le retenir, il ouvrait la porte de la ferme avec cette adresse particulière aux somnambules, et courait dans la campagne.

C'est pour cela que nous avons vu le vieux Carhoat interroger Noton Renard, chaque fois que celle-ci entrait dans la chambre souterraine, et lui demander des nouvelles du sommeil de l'enfant.

Mais Noton Renard était depuis longtemps couchée. Pendant qu'elle sommeillait sur son grabat, qui touchait au lit de René, celui-ci, entraîné par son rêve, s'était jeté hors de sa couche.

Le hasard avait dirigé son pas aveugle vers la petite porte située entre les deux lits à trois étages, et qui donnait entrée dans le souterrain.

Le jour, cette porte était continuellement close, et sa forte serrure défiait toute tentative. Mais cette nuit, l'orgie se prolongeant, la porte demeurait ouverte.

René la poussa et pénétra, toujours endormi, dans le couloir étroit et humide qui communiquait avec les salles souterraines.

Le froid vif et pénétrant de cette atmosphère nouvelle le saisit. Il s'éveilla au moment où il mettait le pied dans la salle de forme ronde où donnait le couloir.

Il jeta autour de lui ses regards stupéfaits.

Là, tout était nouveau, inconnu, inexplicable. — Il ne savait pas où il était...

La résine achevait de se consumer contre la muraille, et sa flamme crépitante jetait sur les objets une lueur inégale et douteuse.

René distingua vaguement les tonneaux, les armes, les habits, — mais son attention fut tout de suite éveillée par les voix qui partaient de la chambre voisine.

Il s'approcha doucement de la porte et l'entr'ouvrit. — Il reconnut son père, ses trois frères; il reconnut Francin Renard qui sommeillait contre la muraille.

Ce spectacle était pour lui d'autant plus extraordinaire, qu'il ne savait pas comment il avait quitté son lit, quel chemin il avait fait et quelle distance le séparait de sa chambre.

Une irrésistible curiosité s'empara de lui. — Il écouta.

Le chevalier prononçait le nom inconnu de M. de Talhoët.

René, en ce premier moment, n'avait point entendu les paroles qui accompagnaient ce nom.

Carhoat et ses deux fils avaient l'air maintenant d'être tous, sans exception, parfaitement d'accord avec leur hôte. Laurent et Philippe s'étaient remis à boire.

Le chevalier reprit la parole :

— Je vous préviens, dit-il, pour votre gouverne, que Talhoët est un des plus rudes compagnons du pays de Vannes... Il n'ignore pas que le passage de la forêt présente bien quelques petits dangers, et que les loups à deux pattes s'y montrent encore parfois... Il sera armé jusqu'aux dents.

— Si ses armes sont bonnes, répliqua Philippe, nous les lui prendrons.

Les yeux de René s'ouvraient, tendus démesurément; sa joue rose se couvrait de pâleur. Il y avait sur son visage une mortelle épouvante.

Noton Renard et René endormi.

— Soyez tranquille, Kérizat, reprit le vieux Carhoat. Armé ou non, Talhoët aura du fil à retordre si les enfants mettent la main sur lui... le tout est de ne pas le manquer.

— M. le chevalier, dit Laurent avec un reste de rancune, — voudra bien être des nôtres, j'en suis sûr, et faire le bois avec nous...

— Mon jeune monsieur, répondit Kérizat, je n'ai jamais compris qu'on pût rougir d'une pauvreté honorable.... Je n'ai donc nulle peine à vous avouer que mon costume actuel est toute ma garde-robe... En cas de fâcheuse rencontre, je serais infailliblement reconnu.

—A cela ne tienne! dit Philippe, nous vous donnerons un habit pareil aux nôtres, et un masque de loup.

Le chevalier ne crut point devoir hésiter.

— Eh bien! mes chers compagnons, répliqua-t-il gaiement, — j'accepte la partie avec un vrai plaisir!.... Il y a longtemps déjà que je ne me suis livré à ce genre d'espièglerie.... Je suis bien aise de rajeunir mes impressions, et de me donner à la fois toutes les joies de la vie de campagne....... Voyons, prenons nos mesures. Pour cette fois, monsieur le marquis, vous mènerez la chasse en personne.

— C'est cela! dit Carhoat.

—C'est cela! c'est cela! répétèrent les trois frères complétement remis en belle humeur.

Les verres s'emplirent; on trinqua cordialement, comme de vieux amis qu'on était, en définitive...

Une lueur d'espérance naïve était dans les yeux bleus du petit René. Ces mots de chasse et cette bonne joie des convives le rassuraient.

Il se disait : Mon père et mes frères sont si bons!...

Mais sa pâleur revint bientôt plus mate, et, dans ses grands yeux baissés, deux larmes roulèrent.

— Ce qu'il faut savoir au juste, reprenait en ce moment le vieux Carhoat, c'est la route qu'il suivra... Vient-il par Vitré ou par Fougères?

— Par Fougères, répondit le chevalier. — M. de Talhoët a des parents en Normandie qu'il aura voulu saluer au passage... Comptez qu'il passera par Saint-Aubin-du-Cormier.

— Alors, dit le vieillard, il faudra nous séparer en deux camps... Philippe, Laurent et Francin Renard se posteront devant la Fosse-aux-Loups... Le chevalier, Prégent et moi, nous nous cacherons aux environs de la croix de Mi-Forêt.

— M. de Talhoët nous passera les premiers, dit Philippe. — Faudra-t-il l'abattre de loin, ou l'aborder et lui laisser la chance de s'exécuter de bonne grâce?

Le pauvre petit René tremblait derrière la porte, et se sentait défaillir.

Laure de Carhoat dans son boudoir.

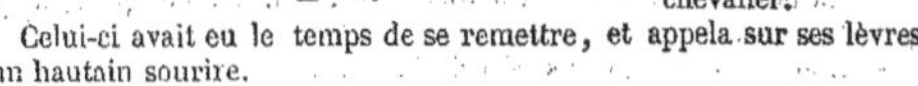

— Ni l'un ni l'autre, répondit le vieux Carhoat. C'est le dernier rejeton d'une bonne souche et c'est un vrai Breton..... Nous nous sommes battus ensemble comme il faut lors de la conspiration des princes.... Si c'était un Français, je n'y verrais point d'inconvénient, mais les Bretons se font rares... Ne lui prenons que sa bourse!

Kérizat approuva du geste. — Le vieux marquis poursuivit:

— Quand M. de Talhoët aura passé la Fosse-aux-Loups, vous nous enverrez Renard par la traverse, enfants, là-bas, à la croix de la Mi-Forêt.... en même temps vous le suivrez par derrière à distance convenable... Par ce moyen, le pauvre Talhoët, en arrivant à Mi-Forêt, sera pris entre deux feux et n'aura même pas l'idée de se défendre.

— Bravo! s'écria Kérizat. — Ah! diable, mon vieux camarade, je serais mal venu maintenant à vouloir vous donner des leçons!.. mais votre raisonnement pèche par un point... nous aurons beau être six contre un, Talhoët se défendra, je vous en avertis...... nous serions dix qu'il se défendrait encore... nous serions vingt qu'il ne s'en défendrait que mieux.... Vous l'avez dit : c'est un Breton.

— Dame! fit Laurent, s'il veut absolument se faire tuer...

— Ça le regarde, ajouta Philippe.

Prégent haussa les épaules et dit : Bah!

Kérizat et le vieux Carhoat firent le geste de Ponce-Pilate se lavant les mains de la mort de Jésus...

Petit René, immobile d'horreur, n'avait même plus la force de s'enfuir.

— Voici donc une affaire arrangée! dit le chevalier. — Buvons à notre succès et parlons d'autre chose!

On trinqua cordialement.

— A nous quatre, maintenant, mes jeunes messieurs! reprit le chevalier en s'adressant aux trois frères. — Nous sommes rivaux; à présent que nous savons comment conquérir la belle comtesse, il convient de nous expliquer loyalement... Moi, d'abord, j'ai des droits acquis... Ne froncez pas le sourcil, messieurs de Carhoat; votre père pourra vous dire que j'étais sur les rangs avec M. le comte de Landal et que ma partie, dès ce temps, n'était point trop désespérée.

— Qu'importe cela! demanda Laurent brusquement.

— Vieille histoire! dit Philippe.

Tous deux avaient perdu en même temps leur gaieté revenue et rouvraient leur esprit à des pensées hostiles.

Prégent seul gardait sa belle indifférence. — De temps à autre il haussait les épaules par manière d'acquit et disait : Bah! pour fournir son contingent à la conversation.

— Vieille histoire tant que vous voudrez, reprit le chevalier; — mais qui prouve à tout le moins que mes prétentions sont antérieures aux vôtres, et que ce n'est pas moi qui marche sur vos brisées.

Philippe but un grand verre d'eau-de-vie.

— Écoutez! s'écria-t-il, Kérizat est un bon diable, mais un jour ou l'autre, il faudra bien que Carhoat le tue!

Le chevalier tressaillit involontairement.

— C'est clair comme le jour, reprit Philippe avec une onction d'homme ivre. — Nous vous devons cela, chevalier, et nous vous le paierons..... Voici ce que je propose, moi... enlevons d'abord la comtesse Anne, et puis nous tirerons au sort, Prégent, Laurent et moi, à qui tuera le chevalier.

Celui-ci avait eu le temps de se remettre, et appela sur ses lèvres un hautain sourire.

— Mon jeune monsieur, répondit-il, le jeu que vous proposez là est par trop à mon avantage... car je pense qu'il s'agit d'un duel et non point d'un assassinat.

— Assurément, assurément, répliquèrent à la fois Philippe et Laurent.

Prégent crut devoir entonner une chanson à boire.

Le vieux Carhoat essayait des paroles de conciliation, et sa honteuse faiblesse donnait un démenti frappant à l'énergie de son visage.

Ç'avait été un fier soldat autrefois, et son cœur vaillant répondait en ce temps à la loyauté de son visage.

LAGNY. — Imprimerie de VIALAT et Cie.

Mais ses traits seuls étaient restés nobles et beaux. — Ils mentaient, puisque, derrière eux, il n'y avait plus de cœur.

— Vrai Dieu ! mes jeunes messieurs, reprit Kérizat, avec vous comme avec d'autres, je serai toujours prêt à mettre au vent ma rapière... mais en considération de mon vieux compagnon que voici, je vous le répète, vis-à-vis de moi, c'est là un jeu de dupe.

— C'est ce qu'il faudra bien voir! dirent Philippe et Laurent.

— Je vous propose un autre jeu, reprit le chevalier, — et comme j'y suis encore trop fort pour vous, ce sera mon vieux camarade qui tiendra ma partie... Jouons la comtesse aux dés!...

XV.

COUP DE DÉS.

Les trois Carhoat étaient des voleurs de grand chemin, comme leur père, et on ne saurait point se figurer une chute plus complète que la leur. Mais ils faisaient le mal tout bonnement et sans raffiner. — Ils ignoraient les délicatesses de la honte, les finesses du crime, les gentillesses de l'infamie.

C'étaient de purs et simples bandits, un peu sauvages et capables d'égarer par hasard leur âme fourvoyée jusqu'à un sentiment d'honneur.

Ils détestaient Kérizat, parce qu'ils le regardaient comme l'auteur de la chute de Laure.

Sans leur père, qui les avait constamment retenus, ils eussent essayé, depuis bien longtemps une vengeance qui, malgré leur abaissement actuel, leur semblait un impérieux devoir.

Nous parlons seulement de Philippe et de Laurent, car Prégent ne se cassait pas la tête pour si peu.

La dernière proposition du chevalier les étonna. Elle ne tombait point sous leurs sens. Ils avaient leur genre d'impudeur, mais ce n'était point celui-là. — Ils n'étaient pas assez civilisés pour comprendre tout d'un coup cette charmante infamie.

Prégent saisit l'idée le premier.

Il haussa les épaules avec admiration et partit d'un éclat de rire.

— Est-il bête, ce chevalier! murmura-t-il.

Nous n'avons pas besoin de rappeler au lecteur que ce mot bête est, chez certaines personnes, l'expression la plus exagérée de l'enthousiasme.

Les deux autres frères gardèrent le silence.

— Messieurs, reprit le chevalier, — mettez, si cela vous effarouche, que nous ne jouons point la femme, mais sa dot... C'est un enjeu tout à fait royal... Cent mille écus de rentes!

— C'est trop cher! répondit Laurent.

— Et vous jouez trop bien, ajouta Philippe.

— Je fais tout bien, mes jeunes messieurs, répliqua le chevalier; mais j'ai répondu d'avance à cette objection en vous offrant de faire tenir mon jeu par votre respectable père... Pardieu! vous avez mauvaise grâce à faire ainsi les petites bouches... A la cour, ces parties-là sont de mise... J'ai vu jouer des filles de princes comme des danseuses de l'Opéra; j'ai vu jouer des petites bourgeoises et des duchesses..... c'est la mode.

— Nous ne suivons pas la mode, dit Philippe.

— C'est le tort que vous avez, mon jeune maître, répliqua le chevalier. — Si vous portiez un frac comme il faut, au lieu d'un pourpoint de cent ans... je parle pour vous et aussi pour vos frères... vous seriez assurément trois des plus beaux cavaliers que l'on puisse voir.

Les Carhoat n'étaient point gâtés par la louange. Leurs rudes visages s'épanouirent, et Philippe, le plus jeune, rougit de fierté.

— Au fait, murmura-t-il, les dés peuvent nous être favorables.....

— Et puis, ajouta Laurent à voix basse, — des dés on peut en appeler à l'épée.

— Allons, voyons, jouons! s'écria Prégent.

— Soit, jouons! répétèrent les deux autres frères.

Et l'on appela Francin Renard à grands cris.

Le pauvre diable, éveillé en sursaut, se frotta les yeux et s'approcha de la table en chancelant.

— De l'eau-de-vie et des dés? lui dit le vieux Carhoat, dont les yeux brillaient sous ses sourcils blanchis.

C'était le jeu qui lui avait pris sa fortune.

Francin Renard se hâta vers la porte, et René n'eut que le temps de s'esquiver et de se cacher dans un coin de la première salle.

Francin Renard revint bientôt avec des dés et de l'eau-de-vie.

L'enfant, sans réfléchir et poussé par un irrésistible instinct, se remit à son poste d'observation.

Il était à demi nu; le froid du souterrain lui perçait les os.

Il souffrait; sa poitrine était oppressée et une angoisse inconnue lu serrait le cœur. — Mais il voulait savoir.

Francin Renard mit les dés et l'eau-de-vie sur la table. On but d'abord, puis le vieux Carhoat jeta une paire de dés dans son cornet.

Sa main frissonna en touchant le cuir bouilli du cornet; — un sourire vint à sa lèvre.

— Je vais jouer pour les deux, dit-il. — A vous les honneurs, Kérizat... J'amène pour vous.

— Un instant! interrompit le chevalier, sachons bien ce que nou[s] jouons.

— La comtesse Anne, pardieu! répliqua Prégent.

— Nous jouons cent mille écus de revenus, poursuivit Kérizat, e[n] trois parties, dont les deux meilleures gagneront.

Le vieux Carhoat secoua les dés.

— C'est entendu, dit-il.

Le chevalier lui arrêta le bras, au moment où il allait amener.

— Permettez! interrompit-il... il y a cent mille écus pour le gagnant, mais il en reste cinquante mille pour le perdant... car je propos[e] de stipuler que mademoiselle de Presmes sera la consolation du vaincu[.]

Le calcul de Kérizat n'était certes point difficile à démêler. Se[ul] contre trois, et réservant ce pis-aller magnifique aux éventualités de s[a] défaite, il ne pouvait manquer de gagner, quoi qu'il advînt, tandis qu[e] deux des fils de Carhoat devaient être frustrés et n'avoir point de par[t] dans la riche aubaine.

Mais la vue des dés et l'eau-de-vie qui coulait à flots dans les verre[s] échauffaient de plus en plus les jeunes gens.

Ils étaient pris maintenant d'une folle envie de voir ce gigantesqu[e] coup de dés qui allait décider de leur fortune.

Le vieillard agitait le cornet avec une sorte de frémissement convulsif. Le roulement sec des petits cubes d'ivoire irritait l'ouïe des troi[s] frères et piquait leur impatience.

— Accordé! accordé! s'écrièrent-ils tumultueusement; — le vainc[u] aura mademoiselle de Presmes!...

— Lucienne! murmura l'enfant qui écoutait toujours; — Lucienn[e] que mon frère Martel aime tant, et qui aime tant mon frère!...

C'était à lui que Bleuette, dépêchée par mademoiselle de Presmes demandait presque tous les jours des nouvelles du jeune garde française. Bien rarement, petit René y pouvait répondre, car les lettre[s] de Paris étaient lentes à venir; mais quand il y avait une bonne nouvelle, René allait tout joyeux vers Bleuette : c'était une occasion de l[a] voir, un prétexte de lui parler.

Mais Bleuette s'esquivait bien vite et courait au château vers mademoiselle de Presmes.

C'était comme cela que petit René avait appris l'amour mutuel de so[n] frère Martel et de Lucienne.

— C'est convenu! poursuivit le chevalier; — toutes les bases son[t] posées... et nous allons faire serment sur notre honneur de gentilshommes de remettre le jugement de notre querelle au sort de cett[e] partie?

Les trois Carhoat hésitèrent.

— Jurez, enfants! s'écria le vieillard en secouant sa longue chevelure blanche. — Jurez; vous gagnerez!

Ses yeux brûlaient et son visage, animé soudainement, respirait l[a] passion enthousiaste du joueur.

Prégent se décida le premier.

— Bah! dit-il, — je le jure.

A quelques secondes d'intervalle, Philippe et Laurent répétèrent

— Je le jure!

— Allez, dit Kérizat en lâchant le bras du marquis.

Celui-ci imprima au cornet une dernière secousse et les dés roulèrent sur la nappe.

— Pour vous, Kérizat, répéta le vieillard.

Toutes les têtes se penchèrent à la fois. Celle de Francin Renard timidement avancée, apparaissait derrière les autres, encadrée par se[s] grands cheveux incultes, et montrant ses petits yeux écarquillés, qu[i] luisaient comme des charbons ardents.

— Trois et six! dit Kérizat.

— Neuf! ajouta Prégent; — bon point!

Les deux autres Carhoat s'écrièrent avec impatience:

— A nous, monsieur, à nous!

Les dés rentrèrent dans le cornet, qui reprit son roulement sec e[t] strident.

— Pour vous, messieurs de Carhoat, dit le vieillard en lâchant le coup.

— Huit! s'écria Kérizat.

— Six et deux! murmurèrent les trois frères désappointés.

— Allons-nous perdre!... s'écria Philippe avec colère.

— Ça se pourrait bien, grommela Francin Renard.

Philippe se retourna, et d'un coup de poing, l'envoya tomber contre la muraille.

Le paysan demeura quelques secondes terrassé, puis il se releva bien doucement, et vint reprendre sa place assez à temps pour voir le marquis remettre les dés dans le cornet.

Il était de nouveau à portée du terrible poing du cadet de Carhoat, mais il était aussi à portée de voir.

— Je marque un point, dit Kérizat froidement. — Voyons la seconde partie.

— Pour vous, Kérizat, prononça encore le vieillard dont la voix, involontairement, se faisait plus grave.

Les dés sautèrent hors du cornet.

— Encore six et trois!... s'écria Philippe.

— Vous pouvez amener plus haut, répliqua le chevalier avec calme, j'ai neuf, c'est un joli point; mais il y a mieux... à votre tour!

Les trois têtes des fils de Carhoat se touchaient presque, inclinées et dévorant l'endroit de la nappe où allait tomber le sort. Les veines de leurs fronts se dessinaient, gonflées; leurs tempes battaient et la sueur mouillait les mèches éparses de leurs longs cheveux.

Derrière eux, la figure de Francin Renard exprimait une curiosité avide. — Derrière encore, à l'ouverture de la porte, on eût pu apercevoir, dans le demi-jour, le visage candide et doux de l'enfant qui regardait, qui écoutait, mais qui ne comprenait plus.

Le coup pouvait décider de la partie entière, puisque les Carhoat n'avaient plus qu'une chance.

— Pour vous, messieurs mes fils, dit encore le vieillard, d'une voix altérée...

L'ivoire toucha la nappe, et un cri de joie s'échappa de la poitrine des jeunes gens.

— Cinq et cinq! s'écria Philippe, — dix!...

— Un point de plus que M. de Kérizat, ajouta Laurent.

— Je parierais une pistole maintenant, que nous allons gagner! dit Prégent.

— Tout de même, grommela Francin Renard, — ça se pourrait bien...

Mais cette fois le poing de Philippe ne s'appesantit pas sur son échine courbée, parce que la parole était de bon augure.

Le chevalier était beau joueur.

— Manche à manche, dit-il tranquillement. — Le dernier coup va décider.

Le vieux Carhoat mettait dans ses mouvements une activité fiévreuse. Le démon du jeu le tenait.

Il amena pour Kérizat, et ce fut encore le nombre neuf qui sortit.

— Le diable s'en mêle... murmura Laurent.

Avant que les autres eussent eu le temps d'exprimer leur inquiétude, les dés se mêlèrent dans le cornet et tombèrent une sixième fois sur la nappe...

On les entendit rouler sourdement, car chacun retenait son souffle...

Quand ils s'arrêtèrent, les trois frères se levèrent à la fois, et un long cri de triomphe retentit sous la voûte.

— Douze! clamèrent-ils à la fois. — Douze! douze! douze!... Gagné! gagné! gagné!

Ils se tenaient tous trois par la main et sautaient de joie.

Le vieux Carhoat applaudissait.

On eût dit qu'ils tenaient déjà les cent mille écus de rentes de la comtesse Anne.

— Quand je vous disais, s'écria le vieillard, — que Carhoat emporterait cette partie-là!

— Bien joué, père, répondirent les trois jeunes gens.

— Allons, messieurs, dit le chevalier gaîment, — j'ai perdu... à vous la comtesse Anne... à moi mademoiselle Lucienne de Presmes!

René n'avait pu suivre les phases de la partie, mais ces paroles résumaient trop bien la situation pour qu'il tardât davantage à comprendre...

— Toutes deux! pensa-t-il, madame Anne et mademoiselle Lucienne... toutes deux, si belles et si près du malheur!...

Sa blonde tête se pencha mélancoliquement sur son épaule. — Il se prit à rêver...

Puis son visage se recula doucement et disparut. — La porte se referma.

— A boire, Francin, à boire! — crièrent les Carhoat, — demain nous ferons la chasse... passons une bonne nuit!

Les verres s'emplirent encore, et Laurent leva le sien en disant:

— A la santé du chevalier de Talhoët!... Et fasse Dieu que sa valise soit bien garnie!

Tout le monde répéta, au bruit du choc des verres:

— A la santé du chevalier de Talhoët!

Au château de Presmes les deux soupirants des filles du vieux veneur, M. le baron de Penchou et Corentin Jaunin de La Baguenaudays, ronflaient avec zèle et ne se doutaient guère du complot qui se tramait contre leur bonheur.

La comtesse Anne dormait aussi, et rêvait sans doute aux belles fêtes des autorités de Rennes, aux bals brillants de l'hiver qui venait, et à ces fiers gentilshommes des États, parmi lesquels il lui faudrait choisir bientôt un nouvel époux.

Ce n'était, autour de son chevet, que parures ruisselantes sur des robes de velours, que fronts souriants et inclinés, que moustaches noires orgueilleusement relevées, et que longues plumes balayant le sol en cadence, aux gracieux saluts des menuets...

La comtesse Anne aimait tout cela. C'était une femme charmante, qui avait l'esprit du monde, et qui était faite pour être adorée.

Elle était frivole, hautaine, coquette, juste autant qu'on peut l'être en gardant un noble cœur.

Elle rendait poëtes messieurs des États, et nous étonnerions le lecteur si nous lui faisions le compte des madrigaux parlementaires où la verve des représentants de la noblesse bretonne la comparait à une rose à peine éclose.

Lucienne, dont la beauté plus élevée recouvrait une âme supérieure, n'excitait point à beaucoup près une admiration pareille. Elle passait presque inaperçue à l'ombre de sa sœur.

Elle n'était pas assez gaie; sa parole ne coulait pas assez babillarde. Ses éclats de rire étaient trop rares.

Vis-à-vis de certaines natures, le rire est un philtre irrésistible; une femme qui rit est à coup sûr aimée. — Il y a chance que beaucoup ne regarderont point une femme qui pense.

Pour attirer l'attention de la foule, il faut le bruit ou la lumière.

— Et la gaieté rayonne, et le rire retentit...

Lucienne ne dormait point. Sa fenêtre était maintenant seule éclairée dans toute la façade du château.

Elle s'était jetée sur son lit. Elle avait cherché le sommeil; mais le sommeil n'était point venu.

L'image de Martel restait là près d'elle, obsédante, impossible à chasser.

Était-il revenu? était-ce bien lui qu'elle avait vu sous sa fenêtre? ou bien cette vision aperçue était-elle le mystique adieu que l'âme du mourant envoie à ceux qu'il aime?...

Aux heures de la nuit, la superstition a plus d'empire, et ceux qui rêvent souvent croient volontiers aux choses surnaturelles.

Le cœur de Lucienne se serrait et des larmes brûlaient sous sa paupière.

Il y avait bien longtemps qu'elle poursuivait ainsi cette veille douloureuse. — Elle se leva, fatiguée, et rouvrit sa fenêtre.

Vis-à-vis de sa fenêtre, elle aperçut encore cette même forme indistincte qu'elle y avait vue déjà.

La nuit était bien noire; mais, quand ses yeux se furent habitués à l'obscurité, elle crut reconnaître le costume militaire avec ses larges bandes d'or, tranchant sur le drap sombre.

Son âme était dans ses yeux. Elle regardait, émue jusqu'à l'angoisse, et son cœur agité soulevait son sein.

Incapable de se contenir davantage, elle murmura bien bas:

— Martel!... est-ce vous?

Le fantôme éleva vers elle ses bras qui étaient croisés sur sa poitrine.....

Il se mit à genoux.

— C'est moi, répondit-il, — c'est moi qui revenais pour vous aimer, Lucienne... car tous mes jours, toutes mes heures ont été à votre souvenir.

La jeune fille joignit ses mains et demeura muette sous l'émotion qui l'oppressait.

— J'ai voulu me rapprocher de vous, Lucienne, reprit Martel dont la voix tremblait. — J'ai voulu vous voir, et c'est presque un crime, car je dois renoncer à vous... Mais, avant de me séparer de cet espoir qui faisait toute ma force dans la vie, il fallait bien que je vous disse adieu, — ne fût-ce que pour vous rendre votre parole, mademoiselle...

— Vous ne m'aimez donc plus! murmura la jeune fille.

Un gémissement étouffé fut la seule réponse de Martel.

Puis sa bouche s'ouvrit pour donner passage à l'amour qui remplissait son cœur.

Mais il se retint, et ses deux mains pressèrent convulsivement son front en feu.

— Ce serait une lâcheté ! murmura-t-il.

Lucienne écoutait, attendant quelque bonne parole de tendresse.

Elle vit Martel se lever brusquement, s'éloigner et disparaître derrière les massifs du jardin.

Un lointain adieu arriva jusqu'à son oreille.

Elle appela :

— Martel ! Martel !...

Point de réponse. — Elle attendit, et les premiers rayons du jour qui naissait la trouvèrent accoudée au balcon de la fenêtre.

L'aube lui montra le jardin désert.

Lorsque le soleil rougit les nuages au-dessus de la forêt, elle quitta le château pour aller réfugier sa peine auprès de Bleuette, sa seule amie, et se dirigea vers la Fontaine-aux-Perles.

Ses yeux étaient rouges de larmes, parce que le dernier mot de Martel retentissait encore au-dedans de son âme. — Il avait dit : Adieu !...

XVI.

LA TOPAZE.

La rue Saint-Georges était alors, en concurrence avec la rue des Dames, le quartier fashionnable de Rennes. En sortant de cette voie centrale, messieurs des États n'avaient que la place du Palais à traverser pour s'asseoir sur leurs siéges parlementaires. Pour gagner l'allée circulaire de la Motte ou la longue promenade des remparts, mesdames n'avaient qu'un pas à faire et ne risquaient point de mouiller leurs pieds mignons dans la boue historique de la capitale bretonne.

De nos jours le fashion rennais a quitté la rue Saint-Georges déshonorée, pour remonter la colline et s'asseoir autour de la Motte, dont une lubie municipale assassina récemment les ormes séculaires.

On se dispute une place sur ce terrain privilégié. Les blanches maisons construites par les autorités y regardent d'un œil méprisant et jaloux le granit grisâtre de ces vieux hôtels, où il y a de grands souvenirs.

La demeure de Caradeuc, ce terrible ennemi des jésuites, coudoie la préfecture; l'évêché touche au comptoir opulent du receveur général. — Ce ne sont partout que demeures nobles ou petits palais pimpants qui n'ont point d'écussons, mais qui ont de la fonte dorée.

Que l'on soit général, avocat en renom, Abeilard de la faculté des lettres, lion du comice agricole, ou la femme à la mode, il n'est point permis d'habiter ailleurs...

La rue Saint-Georges, abandonnée, vieillit sans gloire, tout près de ces jeunes honneurs. — C'est l'égoût de la ville entière. A part les cabarets soldatesques, vous n'y trouveriez que de pauvres chambres d'étudiants, des asiles sans nom, et, à l'angle de la place du Palais, cette maison de mauvais souvenir, où un médecin du siècle dernier, qui n'avait pas assez de malades, épousa une pauvre vieille dame pour la soigner trop vite et en hériter trop tôt...

Il était dix heures du matin, à peu près, et c'était le lendemain de cette scène nocturne à laquelle nous avons assisté, dans une salle souterraine de la ferme de Marlet.

Nous franchissons une porte cochère, située au milieu de la rue Saint-Georges au fronton de laquelle on voyait encore, à demi effacé, l'écusson ducal de Bretagne.

C'était l'ancien hôtel de M. d'Avaugour, cadet de la famille autrefois souveraine.

L'architecture extérieure, comme celle de presque de tous les vieux hôtels de Rennes, avait un médiocre caractère; mais à l'intérieur les salles y étaient vastes et belles.

Quelqu'un de ces habiles peintres de Bretagne, auxquels l'indifférence apathique de nos aïeux n'a point laissé de nom, avait mis des scènes chevaleresques aux caissons sculptés des plafonds.

Il n'y avait point de dorures aux boiseries, mais un ciseau hardi avait découpé les panneaux, et quelques portraits, oubliés dans leurs cadres sévères, donnaient à ces salles l'ornement qu'il leur fallait.

Elles semblaient inhabitées.

Pour trouver le mouvement et la vie, il fallait pénétrer dans l'aile droite de l'hôtel qui donnait sur de grands jardins rejoignant la rue Corbin, et d'où la vue s'échappait le long de la riante vallée de la Vilaine, jusqu'à la ceinture de collines microscopiques qui est comme le rebord du bassin où la ville est assise.

Ici la scène changeait complètement. Plus de souvenirs des vieux âges, plus de poussière antique. — Tout était jeune, brillant et luxueux. Vous vous seriez cru à Paris, dans la coquette demeure d'une duchesse à la mode.

En ce temps-là, Rennes ne suivait point Paris de très-près. Ce petit palais était réellement en avance de quelque cinquante ans sur le reste de la ville.

C'était le luxe charmant et un peu cherché de la dernière moitié du dix-huitième siècle. On y eût trouvé de ces meubles gracieux bizarrement, et fantastiques sans hardiesse, que la vogue nous a imposés de nouveau depuis quelques années.

Tout l'âge de Pompadour était dans ce réduit mignon. Les tableaux étaient signés Wateau, Vanloo, Boucher. On enfonçait dans l'élastique duvet des causeuses; c'étaient les bergers qui soutenaient des bougies; c'étaient des Amours qui portaient le cadran des pendules.

La dernière pièce de l'hôtel était disposée en boudoir et s'ouvrait sur une terrasse qui dominait les grands jardins, la vallée et le rempart, jusqu'à l'hôtel des Gentilshommes, que venait de fonder M. l'abbé de Kergus.

Il y avait sur le sopha, en face des fenêtres, une femme demi couchée qui jouait avec un médaillon et qui songeait.

Cette femme était vêtue d'une robe d'étoffe moëlleuse qui n'était point ajustée, mais dont le poids dessinait ses formes magnifiques.

Elle était grande; sa pose abandonnée avait de gracieuses paresses.

L'agrafe de sa robe, détachée, laissait voir des épaules admirables où ruisselaient abondamment les spirales lourdes d'une opulente chevelure blonde.

Il y avait une douceur infinie et un charme sans rival dans le jeu de sa belle bouche où venaient errer de pensifs sourires. — Son teint éblouissait; l'ovale pur de son visage s'élargissait au-dessus des tempes et donnait à son front une majestueuse ampleur.

Cette femme eût été belle à la manière de ces types effacés et divins qui se perdent au-dessus des nuages et que nous adorons de trop bas. — Mais quelque chose ramenait ses perfections au niveau de la terre...

L'admiration se heurtait à une bizarrerie qui était une séduction nouvelle, et qui faisait oublier l'ange pour désirer la femme.

Sous les boucles molles de ses cheveux blonds si fins et si doux, il y avait deux fiers sourcils bruns, dessinés hardiment, et des yeux noirs dont l'étincelle commandait, impérieuse.

Ce regard, dont l'audace inattendue s'allumait parmi tant de douceur, avait d'irrésistibles charmes.

Parce que, bien souvent, leur hardiesse s'éteignait en des langueurs molles qui donnaient à cette femme deux beautés distinctes et lui livraient les deux portes du cœur...

Elle se nommait Laure de Carhoat. Sa merveilleuse beauté avait chauffé jusqu'à la poésie l'esprit lent des jeunes gentilshommes rennais, qui l'avaient appelée la Topaze.

C'était bien en effet une pierre précieuse. Les reflets blonds du collier de topazes, qui entouraient son cou d'ordinaire, ne brillaient pas si doucement que ses cheveux.

Mais quel cœur y avait-il derrière l'attrait exquis de ce visage?...

Son coude s'appuyait au coussin du sopha, et l'une de ses mains disparaissait sous les masses ondées de sa chevelure; son autre main tenait une chaîne d'or où était passé l'anneau d'un médaillon.

Elle jouait avec ce médaillon, l'élevant parfois au-dessus de sa tête, pour lui darder un long regard d'amour, et parfois le posant sur son cœur dont les battements venaient le caresser.

La lumière, entrant par les deux fenêtres ouvertes, tombait d'aplomb sur elle, et faisait rayonner son sourire.

Car elle souriait bien tendrement, et la tristesse de sa rêverie était douce...

Au-dessous d'elle, sur le tapis, il y avait deux ou trois énormes bouquets de fleurs d'automne.

Le médaillon, si chèrement contemplé, représentait un homme d'une trentaine d'années, au visage noble et fier, portant le costume à la mode parmi les gentilshommes bretons.

La poudre donnait de la douceur à sa physionomie un peu trop hautaine. — Son regard perçant avait de la franchise et parlait d'honneur.

On reconnaissait une de ces têtes de preux qui traversaient de temps à autre les États de Bretagne, et tenaient au siècle étonné le langage chevaleresque des anciens jours.

La Topaze lui souriait; elle l'appelait; elle lui disait à demi-voix des paroles passionnées.

— Amaury ! Amaury ! murmurait-elle, — que je vous remercie de m'aimer !...

La porte du boudoir s'ouvrit, et une jeune fille, à la figure maligne et simplette à la fois, entra, tenant à la main un superbe bouquet de roses rouges.

— De la part de M. le lieutenant de roi, dit-elle en présentant le bouquet à sa maîtresse.

Celui-ci le prit, respira un instant la fraîche senteur des belles roses et le jeta auprès des autres bouquets qui se fanaient sur le tapis.

— Avec une lettre, reprit la jeune fille.

— Mets-la dans ma corbeille, répliqua la Topaze.

Il y avait, sur la petite toilette, — un bijou de marqueterie! — une corbeille fermée. La jeune fille l'ouvrit et jeta la lettre cachetée au milieu d'une multitude de lettres, cachetées également, que contenait la corbeille.

C'étaient les oubliettes épistolaires de la Topaze. — On y eût trouvé, signé au bas de madrigaux plus ou moins spirituels, les noms de toutes les familles historiques de Bretagne.

Et vraiment si la vengeance savait compenser les mépris du monde, Laure de Carhoat aurait eu là de quoi se consoler. — Car, à toutes ces belles dames qui détournaient la tête maintenant sur son passage, elle aurait pu renvoyer les lettres de leurs maris.

Mais Laure ne songeait point à cela.

Elle appela d'un geste caressant la jeune fille qui refermait la corbeille.

— Viens ici, Aline, dit-elle.

Aline obéit et se mit à genoux sur un coussin aux pieds de la Topaze.

Aline était presque une enfant. Elle avait un joli visage, malin mais timide, qui devenait rose tout-à-coup quand on lui adressait la parole. Elle était petite et alerte. Ses beaux cheveux noirs se relevaient sous la coiffe coquette des filles de la forêt de Rennes.

Elle avait connu, tout enfant, Laure de Carhoat, lorsque le marquis possédait encore un manoir. Elle aimait Laure plus que toute autre chose en ce monde.

— Aline, lui dit mademoiselle de Carhoat, te souviens-tu de sa dernière lettre?

— Oh! oui, répondit la petite fille. Elle était bien longue et bien belle!

— N'est-ce pas qu'il m'aime? reprit Laure, dont la voix paresseuse prononçait à peine ses paroles et qui rêvait.

— Oh! oui, répliqua encore Aline.

— Quand on n'aime point, poursuivit la Topaze, — peut-on écrire de ces choses qui descendent jusqu'au fond de l'âme pour y ranimer l'espoir éteint?... Quand on n'aime point, trouve-t-on ainsi la route des cœurs fermés?... Oh! j'en suis sûre, il m'aime!... et Dieu ne m'a point pris toutes mes chances d'être heureuse!...

Aline lui mit un baiser sur la main.

— Oui, oui, notre demoiselle, murmura-t-elle, — vous serez bien heureuse... il vous aime... Pourquoi serait-il le seul à ne vous point aimer?...

Son regard s'arrêta sur les bouquets de fleurs couchés côte à côte sur le tapis.

— Tout le monde vous aime, reprit-elle, — et tous nos jeunes seigneurs vous donnent leur première pensée, comme je donne la mienne à Dieu.

Le beau front de la Topaze s'attrista.

— Tout le monde m'aime, répéta-t-elle. — Je suis pourtant la fille d'un gentilhomme.

Elle se leva d'un bond, et sa taille se redressa dans toute sa hauteur fière. — Ses grands yeux noirs brillèrent sous la ligne hardie de ses sourcils.

Dans sa colère soudaine et fougueuse, elle foula aux pieds les bouquets dont les fleurs détachées jonchèrent bientôt le tapis autour d'elle.

— Qui donc a eu le droit de me faire ces présents?... dit-elle.

Sa pose était celle d'une reine. Tout en elle respirait une dignité superbe...

Elle reprit en écrasant du pied les roses rouges de M. le lieutenant de roi :

— Je ne veux pas de ces fleurs qui sont un outrage!... Je veux vivre seule... je veux mettre un voile sur mon visage et me consacrer à lui, toute à lui!...

Elle s'arrêta, et son impétueux élan tomba comme par magie. Son beau visage, enflammé par la colère, se couvrit de pâleur. — Son regard s'éteignit.

Elle s'affaissa, faible, sur les coussins du sopha, et mit son front dans ses mains.

Aline vit son sein soulever la molle étoffe de sa robe; entre ses doigts blancs, des larmes coulèrent.

— Ne pleurez pas, notre demoiselle! dit la jeune fille dont les yeux devinrent humides, — ne pleurez pas!... vous êtes belle, riche, aimée!...

La Topaze l'interrompit par un geste brusque.

— Laisse-moi, dit-elle.

Aline s'éloigna, docile.

Comme elle arrivait à la porte, un valet s'y présenta, et dit :

— De la part de M. le vicomte de Plélan...

Laure eut un tressaillement douloureux.

Aline rentra. Elle avait encore à la main un gros bouquet de roses et une lettre.

— De la part de M. le vicomte de Plélan, répéta-t-elle d'une voix triste.

Laure lui montra du doigt la porte.

La jeune fille déposa sur un meuble le bouquet avec la lettre et sortit.

Une fois seule, Laure de Carhoat resta durant quelques secondes immobile, l'œil fixe et les sourcils contractés.

Elle croisait ses bras sur sa poitrine soulevée. Son exquise beauté prenait un caractère tragique.

Ses cheveux blonds ruisselaient le long de sa joue pâle. Autour de sa lèvre il y avait un amer sourire qui répondait au feu sombre de son regard.

Elle saisit le médaillon suspendu à son cou, et le colla sur sa bouche, comme si elle eût voulu chercher dans ses pensées d'amour un refuge contre sa détresse.

Mais le désespoir pesait sur elle un poids trop lourd. Sa force fléchit... Sa riche nature se courba domptée.

Elle se jeta sur le sopha et se roula en étouffant des cris d'angoisse...

Du sopha elle glissa sur le tapis. Des convulsions terribles la secouèrent. Elle se tordait parmi ces fleurs froissées par elle, et son beau corps s'agitait sous l'effort d'une douleur poignante...

Lorsqu'elle s'arrêta, sa tête se renversa dans les masses éparses de ses cheveux. — Elle était comme morte.

La petite Aline ouvrit la porte bien doucement, traversa la chambre sur la pointe des pieds et vint s'agenouiller auprès de sa maîtresse.

Elle se pencha au-dessus de son front livide et y mit sa lèvre en pleurant.

Puis elle souleva la tête lourde de Laure et glissa son corps souple sous les masses de ses cheveux, de manière à lui servir d'oreiller.

Ainsi couvert de pâleur et gardant les traces de son martyre, le visage de la Topaze reculait les bornes de la beauté humaine Sa tête reposait maintenant sur le sein d'Aline. Elle demeurait toujours immobile. — Vous eussiez dit le chef-d'œuvre d'un pinceau sublime qui aurait jeté sur la toile Madeleine morte de repentir...

Aline avait passé ses bras autour de son cou et lui faisait respirer des sels.

Au bout de quelques instants, une rougeur fugitive revint aux joues de la Topaze. Sa bouche trembla et ses paupières se rouvrirent languissantes.

Elle jeta autour d'elle ce regard stupéfait des gens qui reviennent à la vie.

Son regard rencontra le bouquet déposé sur une table. — Sa paupière se referma.

— Merci, ma fille, murmura-t-elle, — tu veilles toujours sur moi, comme un bon ange... J'ai beau t'éloigner, tu sais deviner ma souffrance... et tu viens.

— Je vous aime tant, notre demoiselle, répliqua la jeune fille; mais ce que je ne puis deviner, c'est la cause de votre souffrance..... Vous, si belle, et que chacun croit si heureuse!

Laure, au lieu de répondre, lui fit une caresse et tâcha de sourire.

Elle se releva péniblement et reprit sa place sur le sopha, où elle demeura immobile.

Elle ne tressaillait plus, et l'angoisse vive ne tordait plus ses muscles sous le satin tourmenté de sa peau. Elle avait le calme de la fatigue affaissée. Ses paupières alourdies retombaient à demi comme si elles eussent supporté un lourd poids de sommeil. Les belles lignes de son visage se reposaient mornes, et semblaient tranchées dans le marbre.

C'était un désespoir immobile et muet.

Elle souffrait encore, mais c'était un sourd martyre qui la poignait au plus profond du cœur, et ne laissait plus percer au dehors ses mystérieux élancements...

C'est qu'elle était bien malheureuse! Elle était tombée. Le monde impitoyable assistait à sa chute. Sous le brillant manteau dont elle se parait, il y avait une torture mortelle et une insupportable honte. Sa vie était une lutte à outrance. Elle s'était posée seule en face de la foule qu'elle bravait : elle avait défié ses anciennes rivales; et, fière et indomptable, elle avait dit : Je les écraserai sous mon sourire! Je serai morte avant de m'avouer vaincue!...

Elle combattait; elle forçait sa souffrance à se taire et voilait son désespoir sous le calme de son orgueil.

Toutes celles qu'avait éclipsées autrefois sa beauté essayaient de l'accabler de leurs mépris, et lui jetaient son surnom de la Topaze comme un suprême outrage.

Elle se redressait contre le dédain, seule, en face de toutes. — Ce nom, qui était son opprobre, elle s'en parait comme d'une gloire, et se vengeait du dédain en grossissant chaque jour les rangs de sa brillante cour.

A elle étaient tous les hommages. La jeune noblesse, affolée, se pressait sur ses pas, cherchant à surprendre un de ses sourires, mendiant à genoux un de ses regards.

Et jusqu'alors elle avait triomphé dans la lutte. Ce qu'elle souffrait, nul ne l'avait deviné, tandis que chacun assistait à sa victoire...

Elle avait rendu coup pour coup, malheur pour dédain; — et les yeux de celles qui l'insultaient de loin s'étaient souvent mouillés de larmes.

Elle était si belle!

Mais un jour, au milieu de cette vie brillante dont le fracas assourdissait sa conscience, elle fut terrassée par un choc soudain.

Un sentiment nouveau donna une voix à ses remords.

Au dedans d'elle, une plainte s'éleva, et nul bruit ne put l'empêcher d'être entendue.

Jusqu'alors, elle avait passé dans la foule de ses adorateurs, froide, insoucieuse, cruelle.

Elle avait fait de chacun d'eux un joyau de plus à sa parure; — ou plutôt un soldat dans cette armée soumise qui marchait à sa vengeance.

Elle ignorait son cœur; ses sens ne parlaient point...

C'était à Nantes, durant l'été précédent.

Elle s'était échappée du milieu de sa cour comme une reine puissante et fatiguée d'hommages qui veut se reposer dans le calme de l'incognito.

Elle avait quitté Rennes, et sans que personne pût suivre sa trace, elle s'était rendue à Nantes, où, pendant quelques semaines, elle avait vécu retirée.

Là, tandis qu'elle était seule avec elle-même, un homme s'était rencontré sur ses pas; — un cœur noble et fier, comme Dieu avait fait le sien.

Ces natures robustes et superbes qui attendent pour aimer, aiment avec délire.

Laure se croyait à l'épreuve. — Elle avait vu tant de passions autour d'elle!

Elle se vantait encore au fond de son cœur invulnérable, que déjà la passion la courbait domptée. Elle voulut combattre. Le trait s'enfonça davantage : elle aima, elle était esclave.

Ce furent quelques jours de délices parmi l'amertume de sa vie. Le chevalier Amaury de Talhoët, vivant habituellement à Paris et absorbé par les intrigues politiques où il se trouvait étroitement mêlé, ignorait l'histoire de mademoiselle de Cornoat, et jusqu'à son existence.

Ses apparitions en Bretagne étaient courtes et rares; il était à Paris l'une des têtes du parti de la résistance. Bien jeune encore, il avait trempé dans toutes les conspirations, malheureuses ou avortées qui se succédaient presque sans relâche depuis dix ans.

Il ne vit dans Laure qu'une femme merveilleusement belle et dont le cœur valait le visage.

Lui aussi se croyait à l'abri de l'amour derrière ses fatigues politiques.

Mais c'est là une insuffisante cuirasse, et le chevalier aima éperdument.

Laure, qui avait bravé la honte pour humilier ses rivales, joyeuses de la chute de sa famille, n'avait que les apparences contre elle. Sa fière royauté tenait ses courtisans à distance, et si elle n'était pas pure, puisqu'elle permettait à un homme de semer autour d'elle cette profusion luxueuse qui l'entourait, du moins n'avait-elle donné à cet homme d'autre droit que de mentir impunément en l'appelant sa maîtresse.

Aux premières lueurs de cet amour, elle se sentit éclairée. Un courage immense lui remplit le cœur. Elle crut qu'il ne tiendrait qu'à elle de jeter à ses pieds ce voile de honte qui n'était point à elle et dont elle se laissait couvrir.

Elle espéra. L'avenir lui apparut radieux. Elle vit le ciel s'ouvrir.

Mais ce fut pour retomber, froissée, au fond de la vérité triste.

Le chevalier partit, laissant derrière lui un serment. Laure revint à Rennes.

A Rennes elle sonda son malheur. Le chevalier n'était plus là pour la soutenir et mettre son amour au-devant de la réalité. Le regard de Laure pénétra jusqu'au fond de sa misère.

Elle vit autour d'elle ces hommages impudents qui l'entouraient, qui la pressaient, qui la marquaient au front d'un signe d'infamie.

Elle se recula épouvantée; il n'était plus temps : elle était la *Topaze*, l'idole que chacun avait le droit d'adorer.

C'est alors que la torture fut cruelle, et que le désespoir vint peser sur ses heures de solitude.

Au dehors, l'orgueil la soutenait : elle retrouvait ses beaux sourires pour braver l'envie ameutée.

Au dedans, elle fléchissait perdue; son âme navrée n'avait plus ni force ni courage, et souvent le paroxisme de son martyre la jetait, comme aujourd'hui, brisée, sur le tapis de son boudoir, témoin discret de son supplice.

Elle avait mesuré sa situation. Comment espérer encore? Le chevalier pourrait-il aimer la Topaze?...

Celle qu'il avait adorée à genoux, lorsqu'il la croyait pure, ne la repousserait-il point en apprenant sa funeste gloire?...

Tous ces hommages qui l'accablaient chaque jour étaient sa condamnation.

Mais elle aimait et, si insensé que fût l'espoir, elle se forçait à espérer.

Sa forte nature luttait contre l'impossible, et, après des heures d'angoisse qui la terrassaient, accablée, elle se relevait dans sa vigueur et regardait d'un œil ferme l'avenir...

Durant une demi-heure elle resta immobile sur son sopha, la tête dans ses mains et gardant une attitude découragée.

La pauvre Aline se tenait à l'écart, contemplant avec inquiétude sa maîtresse aimée, et retenant son souffle pour ne la point troubler.

Au bout d'une demi-heure, Laure de Carhoat se releva lentement.

Elle rejeta en arrière ses longs cheveux. Son regard avait recouvré sa fierté.

— Prépare ma toilette, ma fille, dit-elle avec une sorte de gaîté calme, — je veux me faire belle aujourd'hui... ces messieurs m'attendent sans doute sur le rempart... choisis ma plus belle robe... il faut que je sois éblouissante!

Aline la regarda étonnée.

La Topaze s'assit devant sa toilette et sourit orgueilleusement à son miroir...

XVII.

MAITRE COLIN.

Il faut croire qu'au dix-huitième siècle, les femmes galantes de Bretagne n'étaient point si avancées que les marquises sages de Paris : la Topaze ne recevait point à sa toilette.

On n'y voyait point cette foule papillonnante de petits vicomtes, de petits abbés, de petits chevaliers et de gros Mondors, dont abusent si candidement les petits artistes et les petits poëtes qui ont inventé les petits soupers.

Car de nos jours, on invente tout. Il s'est trouvé récemment une muse fade pour proclamer sans rire que Voltaire est un être réel et que madame de Pompadour n'est point une marquise fantastique. — Ces deux personnages ayant existé bien positivement, comme on peut s'en convaincre en prenant la patience de feuilleter les pauvres blonds livrets de ladite muse lymphatique et douceâtre.

Laure resta quelques instants seulement devant le miroir de la toilette en marqueterie qui ornait son boudoir.

Puis elle se leva en disant :

— Je suis bien laide ce matin, ma fille; je veux mettre de la poudre.

Elle passa dans la chambre voisine qui était son vrai cabinet de toilette, et se plaça devant une grande glace à pivot, où elle pouvait se voir de la tête aux pieds.

— Fais monter Colin, dit-elle.

Ces paroles n'étaient pas encore prononcées qu'un petit homme, blanc de poudre depuis le sommet de la tête jusqu'aux basques de son frac, fit irruption dans la chambre.

Il saluait, souriait et sautillait. — Un nuage de poudre voltigeait autour de lui et il apparaissait comme un saint au milieu d'une blanche auréole.

C'était maître Colin, dit Ménélas, à cause du caractère aimable de sa femme, le perruquier à la mode parmi le beau monde de Rennes, et l'homme le plus gracieux qui fût en Bretagne.

— Madame a manifesté un désir, dit-il avec un sourire de perruquier ou de chanteur; — cela suffit... Madame est une fée... Si madame est prête à se faire coiffer, je suis aux ordres de madame.

Laure prit posture devant sa grande glace.

Le petit perruquier salua encore, sourit davantage, et plongea ses deux mains dans les poches de son frac lilas.

On sait ce que peut contenir la poche d'un perruquier : c'est une corne d'abondance où rien ne manque.

Maître Colin, dit Ménélas, à cause du caractère aimable de sa femme, se plaça à la droite de Laure et mit ses deux pieds à la troisième position, comme s'il allait commencer un menuet.

En même temps il arrondit ses bras en zéphyr, sucra son sourire, et pencha légèrement la tête de côté. — Cela fait, il planta le peigne dans la belle chevelure de la Topaze.

— Certes, voilà bien des fois que j'ai le bonheur de coiffer madame, dit-il avec un salut timide, — mais je ne puis m'accoutumer aux cheveux de madame... Ce n'est pas la parure d'une simple mortelle... et Vénus...

— Y a-t-il du nouveau en ville, monsieur Colin? interrompit Laure.

Le perruquier inclina son sourire sur l'autre épaule.

— Toujours la même nouvelle, répondit-il. — Tous les jours on se demande si madame sortira... si la ville jouira de la vue de madame...

— Vous êtes un flatteur, maître Colin! dit Laure en relevant sur lui son regard.

Le perruquier mit sa main devant ses yeux comme pour fuir un éblouissement inévitable.

— Est-il possible de flatter madame? murmura-t-il. — L'imagination la plus poétique, dès qu'il s'agit de madame, reste au-dessous de la réalité... Quelle taille!... quel teint!... quels yeux!...

Laure eût imposé silence peut-être à cet irrévérencieux enthousiasme, — mais elle n'écoutait plus. Son esprit se redonnait à la rêverie.

Maître Colin, dit Ménélas, faisait voltiger son peigne avec une aisance de prestidigitateur.

Et tout en accomplissant sa tâche, il poursuivait complaisamment :

— Ce n'est point mon avis personnel que je dis à madame... c'est l'avis de tous nos messieurs sur madame... Si madame pouvait entrer dans ma boutique à l'heure où je coiffe ma clientelle, sa modestie serait assurément aux abois... On ne tarit pas sur madame... M. le marquis dit ceci.... M. le vicomte dit cela... M. le baron propose une gageure... le petit chevalier la tient, et le marquis, le vicomte, le baron, le petit chevalier, tous parlent de madame, et ne parlent que de madame!... Madame trouve-t-elle ce crêpe comme il faut?

— Oui, répondit Laure, — cela m'est égal.

— Le fait est, riposta témérairement le perruquier, — que madame est peut-être la seule au monde qui ait le droit de répondre ainsi : cela m'est égal... Qu'importe à madame que les crêpes remontent ou descendent, avancent ou reculent?... Madame est toujours belle, et mon art ne saurait rien ajouter à ses perfections... Je pare les autres femmes en les coiffant... mais c'est madame qui pare ma coiffure!...

Le perruquier se redressa, glorieux d'avoir trouvé ce délicat madrigal. Il glissa son regard du côté de la glace, qui lui renvoya son sourire triomphant et heureux. Il attendit un instant pour voir si sa belle pratique lui ferait compliment. — Comme Laure gardait le silence, il réprima un léger mouvement de dépit et continua :

— Quant à ce qui regarde la ville, on n'est pas trop content, ma foi, de voir les ministres de Sa Majesté refuser des juges à M. de La Chalotais... Si madame me demandait mon avis à cet égard, je lui dirais que je ne suis ni pour les jésuites ni pour messieurs de l'ancien parlement, parce que mes fonctions m'obligent à la plus grande circonspection au sujet de la politique : je coiffe toutes sortes de têtes, — mais il me paraît injuste de ne pas permettre à un homme de se défendre et de le laisser se morfondre tantôt en prison, tantôt en exil, lorsqu'il n'a pas été bel et bien condamné...

Maître Colin passa derrière la Topaze et s'occupa de son chignon.

— En tout cas, reprit-il, — c'est l'avis d'un simple bourgeois, qui n'est pas même membre du tiers... car c'est une chose étonnante comme les bourgeois de notre bonne ville sont malheureux dans le choix de leurs représentants! On parle encore de quelques castilles entre M. l'intendant royal et les bonnes gens taillables du pays de Saint-Malo..... mais du diable s'il y a de quoi s'inquiéter : les récalcitrants paieront double, et les plus méchants seront pendus... je n'y vois point de mal... Que madame ait la bonté de relever un peu la tête..... Quel cou divin!... On parle aussi un peu de la nouvelle salle de théâtre que l'on construit derrière l'hôtel de Brissac!... Ah! ah! monseigneur l'évêque dit que c'est loger le diable... mais nos jeunes seigneurs ne sont pas de cet avis-là... C'est un bel et noble édifice! on y tiendra quatre cents personnes sans se gêner, et l'on y pourra jouer les tragédies de M. de Voltaire.

Le perruquier s'interrompit brusquement et déclama d'une façon très-originale :

Un bruit assez étrange est venu jusqu'à moi ;
Seigneur, je l'ai jugé trop peu digne de foi.
On dit, et sans horreur je ne puis le redire...

Il s'interrompit encore pour reprendre aussitôt sans ponctuer sa loquace volubilité :

— Mais madame connaît aussi bien que moi les tragédies de l'auteur d'*Alzire*... Madame sait parfaitement que Racine et Corneille étaient des écoliers auprès de lui.

Maître Colin donna un dernier coup de peigne au chignon de la Topaze, puis il se regarda encore dans la glace, pour échanger avec lui-même un sourire souverainement satisfait.

Avant de reprendre la parole, il eut le loisir de s'avouer que ses connaissances littéraires égalaient pour le moins son coup d'œil politique.

— On dit encore, poursuivit-il, remplissant en conscience son office de gazette, — on dit encore que l'auberge de la *Mère-Noire*, dans la rue du Champ-Dolent, donne du fil à retordre au guet toutes les nuits. Il paraîtrait que ce qui reste des anciens Loups de la forêt de Rennes s'est abattu sur ce taudis... Madame n'a sûrement jamais eu l'idée de passer dans la rue du Champ-Dolent... C'est un méchant repaire où l'on tue des moutons et des hommes... Et, Dieu me pardonne, je suis payé pour savoir cela, puisque mon oncle a été étranglé derrière le glacis de Toussaint et jeté dans la Vilaine pour douze sous qu'il avait dans sa poche... Je prie le ciel de faire paix à son âme... C'est son héritage qui m'a permis d'élever ma boutique.

Maître Colin attaquait maintenant le côté gauche de la chevelure de Laure; — l'âme de celle-ci était bien loin de sa toilette. Les innombrables paroles du perruquier babillard bourdonnaient vaguement autour de ses oreilles inattentives, et passaient comme de vains sons.

— Est-ce bientôt fait, maître Colin? dit-elle.

— Que madame daigne prendre un peu de patience, reprit le perruquier. — Je fais de mon mieux et au plus vite... Mais madame a tant de beaux cheveux qu'on aurait plus tôt fait de coiffer trois autres femmes que madame... Ah! je sais bien de bons gentilshommes... et je dis des plus riches!... qui donneraient quelque chose pour être à la place où me voici... pas plus tard qu'hier... Mais je ne sais si je dois me permettre de raconter ces bagatelles à madame?

Laure ne répondit point, parce qu'elle n'avait pas entendu.

Le perruquier attendit l'espace de deux secondes; puis, enhardi par ce silence qu'il prit pour un tacite consentement, il poursuivit :

— Je l'ai dit bien souvent à madame... et pourquoi ne le répéterais-je pas, puisque c'est la vérité?... Madame est la providence de ma pauvre boutique... Depuis qu'on sait que j'ai la tête de madame, mon salon ne désemplit pas... J'ai été obligé de prendre deux apprentis, et j'espère bien sous peu en avoir un troisième... La noblesse et les écoles se donnent rendez-vous chez moi... J'ai deux ducs, six marquis, seize comtes, vingt-huit vicomtes, et quant aux barons et aux chevaliers, j'avoue franchement à madame que je n'ai même pas essayé de les nombrer... Mes confrères enragent, et ce n'est pas là le moins flatteur de mon succès... Madame comprend que tous les jours j'entends bien des paroles passionnées.

Le perruquier baissa la voix et se pencha pour tâcher de voir les yeux de la Topaze.

Ces grands yeux, demi-fermés, étaient fixes et regardaient sans voir.

Maître Colin, dit Ménélas, à cause du caractère aimable de sa femme, replaça son peigne dans sa trousse. Il avait achevé le crêpe du côté gauche.

Sa main se glissa, adroite et légère, entre les divers étages de la coiffure, afin de leur donner la symétrie convenable.

Et tout en activant son travail, il continua :

— Comme madame peut le penser, personne ne perd jamais le respect qui est dû à madame..... on cause, on admire, on fait des souhaits... mais celui qui se permettrait de parler autrement qu'il n'est convenable, trouverait close le lendemain la porte de ma boutique.

Le perruquier fit un geste noble pour accompagner cette chevaleresque déclaration.

— D'ailleurs, ajouta-t-il, un mot prononcé de travers mettrait au vent vingt rapières... Mais ce n'est pas de cela qu'il s'agit... Je voulais rapporter à madame une petite histoire pour rire, si elle daigne m'en accorder la permission.

— C'est fait, n'est-ce pas? demanda brusquement la Topaze.

— A l'instant, répliqua maître Colin, — un peu de poudre et tout sera dit... Voici la chose.... M. le vicomte de Plélan, se trouvant hier dans ma boutique, me disait : Colin, mon ami, tu es un gaillard bien heureux!... Veux-tu que nous fassions une affaire ensemble?

— Moi, j'ai répondu : A vos ordres, monsieur le vicomte.

— Écoute, a-t-il repris, — je vais te compter vingt-cinq louis... et toi tu vas me donner en échange ta trousse, ta houppe, et ton frac lilas.

— Moi, j'ai répondu : monsieur le vicomte veut railler... Mon frac lilas, ma houppe et ma trousse, je lui donnerai tout cela pour quatre pièces de six livres.

— Non pas, non pas! a répliqué le vicomte. Je veux autre chose encore, et ce n'est pas trop de vingt-cinq louis pour cela... Je veux que tu me laisses aller à ta place demain. — J'ai vraiment peur d'importuner madame, s'interrompit le perruquier en prenant position à quatre pas pour lancer la poudre qui devait mettre un nuage blanchâtre sur les admirables cheveux de Laure.

Celle-ci n'avait garde de l'encourager; elle n'avait pas entendu un mot de l'anecdote.

Le perruquier agita la houppe en faisant ce geste que la tradition nous a gardé, et qui sert encore à nos gamins de Paris pour exprimer leurs espiègles dédains.

La poudre se prit à voltiger, emplissant la chambre d'une vapeur odorante. Malgré la distance, l'adroit Colin en envoyait une bonne part à la tête de la Topaze, qui blanchissait peu à peu comme un arbre où se forme le givre. Le silence de Laure l'intimidait.

Ce fut entre ses dents et à voix basse qu'il dénoua son anecdote.

— Madame sait bien, murmura-t-il, que j'aimerais mieux tomber de mort subite que de m'exposer à l'offenser... M. le vicomte de Plélan est un galant seigneur qui n'a voulu faire qu'un badinage... Il voulait me remplacer auprès de madame, parce que c'est vraiment un office divin que de...

La Topaze fit un mouvement.

Maître Colin s'arrêta effrayé.

— Mais je ne l'ai pas permis, ajouta-t-il en redoublant de prestesse et en épaississant le nuage de poudre qui tournoyait autour de lui. — Madame peut m'en croire.... J'ai répondu au vicomte de la bonne façon et comme pouvait faire le plus respectueux des serviteurs de madame...

— Que dites-vous donc là, maître Colin? prononça Laure du ton d'une personne qui s'éveille.

Le perruquier se pinça la lèvre; il était humilié profondément.

— Madame ne m'a pas fait l'honneur de m'écouter? dit-il en dessinant un raide salut. — Je ne suis pas fait pour occuper l'attention de madame... Madame est coiffée.

Les deux Carhoat et Francin attendant M. de Talhoët.

Laure se leva et donna un coup d'œil distrait à sa coiffure.

— C'est bien, maître Colin, dit-elle.

Celui-ci salua par trois fois en tâchant de rappeler son sourire, — puis il prit la porte.

Quand il fut dehors, il haussa les épaules énergiquement.

— C'est insolent! grommela-t-il. — C'est impertinent!... c'est maussade!... et ce n'est, après tout, que *la Topaze!...*

Cette petite vengeance accomplie, maître Colin, dit Ménélas à cause du caractère aimable de sa femme, regagna sa boutique.

C'était au tour d'Aline, qui s'approcha de sa maîtresse pour lui demander ses ordres.

— Je monterai à cheval, dit Laure. — Faites prévenir M. le lieutenant de roi qu'il m'accompagnera aujourd'hui à la promenade.

Aline sortit pour transmettre cet ordre à un valet, et revint presque aussitôt.

La poudre changeait peu la physionomie de mademoiselle de Carhoat. Elle adoucissait seulement un peu la fière expression de son visage.

C'est une chose charmante que la poudre; mais c'est un voile; et sur des cheveux comme ceux de Laure, tout voile était de trop.

Laure se mit entre les mains d'Aline. Une longue amazone de soie grise à reflets roses remplaça sa robe légère; un corsage étroit emprisonna sa riche taille, et, sur ses cheveux étagés, un petit béret de velours se posa de côté coquettement.

Elle était belle ainsi à tourner la tête des gentilshommes de Rennes et de tous les gentilshommes de France.

Comme elle allait descendre, on annonça M. le lieutenant de roi.

M. le marquis de Coëtlogon, qui tenait cette charge à peu près héréditaire dans sa famille, était un homme d'un certain âge, mais qui conservait une belle mine, malgré son embonpoint un peu exubérant.

Il entra, la sueur au front et l'haleine essoufflée.

— Belle dame, dit-il en baisant la main de Laure, — je craignais de vous avoir fait attendre... M. le gouverneur de la ville, le maréchal, et M. de Fitz-James se sont réunis ce matin, et m'avaient convoqué.... J'allais prendre place au conseil, lorsque votre message m'est parvenu...... Belle dame, le service du roi passe avant tout, mais après vos ordres.... le conseil peut attendre : me voici.

Le lieutenant de roi passa son mouchoir sur son front et s'assit sur un fauteuil pour reprendre haleine.

— Nous partons, dit Laure.

Le lieutenant de roi se leva aussitôt et parut oublier sa fatigue.

Dans la cour, un fringant cheval attendait Laure; elle se mit en selle avec le secours de M. le marquis de Coëtlogon, et tous les deux passèrent la porte cochère de l'hôtel.

A la fenêtre du boudoir de Laure, la petite Aline, accoudée au balcon, tournait ses regards pensifs sur la rue qui descendait aux remparts. Lorsque Laure de Carhoat, escortée de M. Coëtlogon, s'engagea dans cette voie après avoir tourné l'angle de la rue Saint-Georges, les yeux d'Aline s'animèrent, et un sourire ému vint à sa lèvre.

— Mon Dieu, murmura-t-elle, ayez pitié de ma maîtresse! — Vous qui l'avez faite si belle et si bonne, mon Dieu! la laisserez-vous toujours souffrir?...

La tête poudrée de la Topaze disparut derrière les premières maisons qui bordaient les Murs. — Aline resta bien longtemps pensive à la fenêtre. Ses grands yeux naïfs rêvaient; son esprit, éveillé, tâchait à sonder un malheur qui la touchait, mais qu'elle ne comprenait point.

Laure allait, gracieusement assise sur la selle, et montrant les perfections de sa taille, au balancement du pas de son cheval. Les glands d'or de son béret se jouaient sur son épaule. Elle avait retrouvé son beau sourire, — ce sourire qui enivrait le cœur et la faisait sans rivale.

Sur son passage, les jeunes garçons s'arrêtaient et admiraient, disant avec un vague accent de désir :

— C'est la Topaze!

Les femmes répétaient avec un mépris affecté, où il y avait de l'envie et de la haine :

— C'est la Topaze!

Quelque vieillard enfin, qui se souvenait du bon temps de Carhoat et des jours où ce nom brillait parmi les plus nobles de la province, secouait, en soupirant, sa tête austère, et détournait les yeux en murmurant :

— C'est la Topaze!

La Topaze! la Topaze! Ce nom était dans toutes les bouches; tous les regards étaient pour elle. Vers elle convergeaient tous les sentiments : amour, aversion, pitié.

Elle passait hautaine, faisant pâlir toute beauté rivale devant la sienne, et attachant tous les yeux à son sourire.

Le temps était magnifique : c'était une de ces douces journées d'automne, où le soleil semble nous faire de caressants adieux.

Toute la société noble de Rennes semblait s'être donné rendez-vous sur les Murs. C'était une cohue brillante où les parures étincelaient et où l'œil indécis ne pouvait point se fixer, parce que de toute part l'appelaient de frais et charmants visages.

Laure parut, et les plus belles pâlirent. Les souveraines de la mode sentirent leur royauté déchoir.

Laure éblouissait. Il n'y avait plus de regard que pour elle. Son cercle se gressissait aux dépens de ses anciennes rivales, et sa monture avait peine à fendre les flots de ses adorateurs.

Chacun voulait mettre son hommage à ses pieds. — Tous quêtaient une part de son sourire.

De loin, celles qui étaient pures ou passaient pour telles, médisaient, maudissaient et se plaignaient.

Leurs paroles de colère étaient comme un aveu de la victoire de Laure. Leurs regards de mépris proclamaient son triomphe, et ce nom de la Topaze qu'elles prononçaient comme un outrage, montait au-dessus de la foule, répété tant de fois, qu'il ressemblait à une acclamation. C'était pour cette vaine gloire que Laure de Carhoat avait vendu son bonheur...

Qu'il y avait de souffrance derrière son sourire et que son cœur pleurait, tandis qu'elle passait superbe, écrasant les haines soulevées sous le poids de sa merveilleuse beauté!...

A ses côtés, M. le lieutenant de roi chevauchait, fier et tout enflé du bonheur qu'on lui supposait.

Il faisait bien des envieux, et plus d'un jeune gentilhomme, qui suivait de loin la cavalcade, eût donné dix ans de sa vie pour un seul des jours de ce fortuné lieutenant de roi.

Ces jours tant jalousés se passaient à subir docilement d'impérieux caprices, à ramasser un éventail, à frapper en vain à une porte close...

Mais il y a des gens pour qui la jouissance suprême est de paraître heureux!

M. le marquis de Coëtlogon n'eût pas changé son sort contre celui du roi de France.

Francin Renard au cabaret du Champ-Dolent.

Les heures s'écoulaient. — Peu à peu toutes les belles dames de Rennes, ulcérées et vaincues, cédèrent la place. — La Topaze resta maîtresse du champ de bataille au milieu de la foule de ses soupirants.

Une cavalcade nombreuse lui faisait maintenant escorte, et son retour à son hôtel était une véritable marche triomphale.

En arrivant à la porte cochère, elle arrêta M. le lieutenant de roi qui voulait en franchir le seuil.

— Adieu, messieurs, dit-elle en le confondant dans le congé commun.

M. le lieutenant de roi fit choix de son plus gracieux salut, afin de ne point laisser paraître son désappointement. Il alla, faut-il croire, prendre sa place au conseil retardé. La cavalcade se dispersa.

Laure descendit de cheval et gagna son boudoir.

Elle se laissa tomber sur le sopha.

Une pâleur mortelle avait remplacé les vives couleurs qui, naguère, animaient sa joue.

Une tristesse morne et découragée avait chassé son sourire.

Elle demeura quelques minutes affaissée sur les coussins de son sopha, et ne répondant point aux tendres questions d'Aline, qui s'agenouillait auprès d'elle.

La représentation était finie. Elle n'avait plus besoin de se contraindre.

Un domestique ouvrit en ce moment la porte du boudoir.

— Une lettre pour madame, dit-il.

Aline s'élança, prit la lettre et vint la présenter à sa maîtresse.

Celle-ci fut plusieurs minutes avant de daigner y jeter les yeux.

Mais, dès que son regard se fut porté sur l'adresse, une vive rougeur colora sa joue; elle saisit la lettre en poussant un cri de joie.

L'enveloppe brisée tomba. — Les mains tremblantes de Laure ne pouvaient réussir à défaire les plis du papier.

Elle voulait lire, et ses yeux troublés ne voyaient point.

— C'est de lui, murmura la petite Aline, qui se sentait aussi trembler.

Laure approcha enfin de ses yeux la lettre dépliée. — Elle déchiffra les mots un à un. — Des larmes tombèrent sur le papier.

— Il va venir, dit-elle. — Il vient!...

Elle baisa la lettre avec passion.

— Il m'aime, reprit-elle. — Oh! Aline, si tu savais comme il m'aime!..

Son beau visage rayonnait d'allégresse et de passion exaltée. Les larmes se séchaient sous sa paupière qui brûlait.

Aline la regardait, inquiète et attendrie.

Laure reprit la lettre pour la relire.

Et tout en lisant, elle disait :

— Mais c'est ce soir... ce soir même qu'il arrive!... Mon Dieu, je ne veux pas mourir de joie!

Elle joignit les mains et leva ses yeux au ciel avec une ardente gratitude.

Puis elle bondit sur ses pieds et s'élança vers la pendule.

— Six heures! dit-elle. — Dans quelques minutes je vais le revoir!..

XVIII.

LA CHASSE DE PRESMES.

Le ravin de la Fosse-aux-Loups où nous avons placé la scène d'un précédent ouvrage, était situé sur les terrains maintenant défrichés qui confinent à la forêt, dans la direction de Saint-Aubin-du-Cormier.

Depuis trente ans cette partie de la Varenne de Liffré avait perdu quelque peu de son caractère sauvage. Les ruines des deux moulins à vent se perchaient encore, chancelantes et crevassées, au sommet de la lèvre orientale du ravin. Au fond du trou, se dressait encore le chêne gigantesque, entre les racines duquel le vieux Nicolas Treml avait enfoui l'avenir de sa race (1).

Mais on avait déjà porté la cognée dans les sombres taillis qui formaient autrefois, autour de la Fosse-aux-Loups, une sorte de rempart.

Une partie du ravin était à découvert et l'on y avait percé une route qui conduisait de Saint-Aubin-du-Cormier à la croix de Mi-Forêt.

Malgré ces changements partiels, la Fosse-aux-Loups était encore un des lieux les plus agrestes de la forêt; — à son nom se rattachait une sombre poésie, des souvenirs de révolte et de brigandage.

Les grands souterrains qui avaient leur entrée au fond du ravin, et dont maintenant chacun connaissait l'existence, défrayaient la veillée dans tout le pays de Rennes.

C'était le lieu mystérieux et sauvage où les conteurs aimaient à placer le dénoûment de leurs drames. — Tout avait sa place au fond de ce lugubre entonnoir. L'amour s'y pouvait cacher comme le meurtre.

Il y avait bien longtemps que l'association des Loups, organisée contre l'impôt, était dissoute. Elle avait compté autrefois des milliers de membres et livré des batailles rangées aux gens du roi.

Ceux qui portaient ce nom maintenant étaient purement et simplement des bandits faméliques réduits à un très-petit nombre, et ne sachant plus où cacher leur tête.

Il restait bien encore quelques parties du souterrain, connues d'eux seuls, et que les gens du roi n'avaient point osé parcourir. — Mais ces galeries reculées ne gardaient point d'issue. La famine eût fait justice de quiconque s'y serait retiré.

Les Loups étaient partout et n'étaient nulle part. On les chassait à outrance comme leurs homonymes à quatre pattes; et il était à croire que le pays en serait complétement débarrassé sous peu.

Il était cinq heures du soir environ. La route de Saint-Aubin-du-Cormier à Rennes, toute neuve et peu fréquentée encore, était complétement déserte. — Les derniers rayons du soleil se glissaient, obliques, dans le ravin et mettaient de chaudes lueurs parmi les feuillages jaunis des chênes.

Le ravin semblait aussi solitaire que la route. Nul mouvement ne s'y faisait entre les arbres, et il eût été mal aisé d'y deviner la présence d'un être humain.

Trois hommes pourtant s'y cachaient. Laurent de Carhoat, son frère Philippe et Francin Renard étaient tapis dans le creux du grand chêne entre les racines duquel le vieux seigneur de La Tremlays avait caché le prix de ses domaines, dans un coffret de fer (2).

Ils attendaient déjà depuis une heure. Tous trois avaient le fusil en bandoulière et le visage de chacun d'eux disparaissait derrière un masque en peau de loup.

Les deux Carhoat étaient assis côte à côte sur un tas de feuilles sèches; Francin Renard se tenait debout, aussi loin d'eux que le permettaient les parois de l'arbre.

Il avait toujours ses culottes ficelées sur ses jambes nues, sa longue veste de futaine en lambeaux et son grand chapeau en éteignoir.

Les Carhoat portaient un costume à peu près analogue, ils étaient vêtus tous les deux en paysans : ils avaient ramené leurs fusils en avant pour pouvoir s'adosser à l'écorce de l'arbre.

— Si ce diable de Talhoët avait pris l'ancienne route, dit Philippe, nous en serions pour nos frais d'attente!

— Ça se pourrait bien, murmura Francin Renard.

— Que le diable t'emporte, oiseau de mauvais augure! s'écria Laurent. — La nouvelle route abrége le chemin de plus d'un quart de lieue. Elle est plus commode et mieux tracée..... Il y a dix à parier contre un qu'il y passera.

(1) Voir, la *Forêt de Rennes*.
(2) La *Forêt de Rennes*.

Francin Renard baissa la tête et répondit d'un ton soumis :

— Ça se pourrait bien.

— Écoutez! dit Philippe, je parie que le voilà!

On entendit sur la route des pas lointains de chevaux. Les deux frères se levèrent et mirent l'œil à des trous pratiqués dans l'écorce de l'arbre.

Bientôt un cavalier parut sur la route, il se penchait sur le cou de son cheval, et, tout en galopant, il regardait à terre attentivement.

Derrière lui se montrait un piqueur, poussant de son mieux ses chiens découragés et mal menés.

Derrière encore, un cavalier, long, mince et blond se laissait secouer au trot de son cheval et paraissait harassé de fatigue.

Le premier cavalier arrêta sa monture à l'endroit de la route qui se rapprochait le plus de l'arbre.

Il se pencha de manière à perdre presque les étriers.

— En revoyez-vous, monsieur Hervé? demanda de loin le piqueur.

Hervé Gastel descendit de cheval et se mit à genoux sur la terre molle.

— Allez, chiens, tirez! cria-t-il.

Les chiens arrivèrent en se poussant, et le nez à terre.

Ils mirent leur tête aux pieds du jeune veneur, qui prononça doucement :

— Volce lest, mes bellots!... Volce lest!

Les chiens donnèrent de la voix durant quelques secondes et s'élancèrent en avant. Puis leurs cris s'affaiblirent et ils allèrent quêtant de droite et de gauche.

— Ce n'est pas le sanglier de meute, dit le piqueur.

— J'ai vu cela tout de suite! ajouta le cavalier long et blond, qui arrivait par derrière.

— C'est un ragot, — reprit le piqueur, — qui a fait ses mangeures dans la Fosse-aux-Loups...

Le cavalier blond, qui n'était autre que Corentin Jaunin de La Baguenaudays, secoua ses énormes cheveux d'un air important et répéta :

— Ce n'est qu'un ragot... et je voudrais gager qu'il a été faire ses mangeures dans la Fosse-aux-Loups!

Le piqueur haussa les épaules.

— C'est pourtant vous, monsieur de La Baguenaudays, dit-il, qui avez détourné les chiens et donné sur le change!

Corentin sourit d'un air content.

— Vous n'y êtes pas, l'ami, répondit-il. — Je suis veneur jusqu'au bout des ongles... et si j'ai enlevé les chiens sur la voie, c'est que j'avais revu du sanglier de meute...

— Il y paraît! grommela le piqueur.

— En attendant, reprit Hervé Gastel, — nous avons perdu la chasse, et du diable si c'est gracieux de quêter ainsi à la billebaude!

— Voulez-vous que je sonne? demanda Corentin Jaunin de La Baguenaudays.

Et, avant qu'Hervé eût pu répondre négativement, le long et blond hobereau emboucha sa trompe, dont il tira des sons impossibles.

Le piqueur et Hervé se bouchèrent les oreilles et prirent la fuite en enlevant les chiens qui crièrent plaintivement.

Corentin Jaunin de La Baguenaudays les suivit en cahotant sur son cheval et en achevant de sonner faux sa fanfare.

— Allons, mes toutous, s'écria-t-il quand il eut fini; — velci-va-vau!..... là-bas! tout là-bas! là-haut! il y va! — A tartarau!..... au coût!... ha bais! perce! il perce!

Ayant ainsi mêlé au hasard tout ce qu'il savait du vocabulaire de vénerie, il piqua des deux pour rejoindre ses compagnons, lesquels le maudissaient de tout leur cœur.

Philippe et Laurent se regardèrent dans leur cachette.

— Voilà qui ne vaut rien, dit l'aîné de Carhoat. — La chasse est encore en forêt, et ce vieux fou de Presmes pourrait bien nous donner du fil à retordre!

— Bah! répliqua Philippe; — la forêt est grande, et il faudrait du malheur pour que la chasse arrivât justement sur nous.

Le vent du soir qui s'élevait passa sur le ravin, apportant les notes affaiblies d'une fanfare.

Les deux frères prirent un air inquiet.

— Ce n'est pas la trompe de ce grand niais, murmura Laurent; — et je reconnais le coup de langue du maître piqueur de Presmes qui sonne au relancé.

— La chasse va passer, répliqua Philippe, — c'est ce qui pouvait nous arriver de mieux... Après cela nous aurons le champ libre.

Un nouveau coup de vent apporta un écho plus lointain des mots de la trompe. Laurent frappa du pied.

— Les voilà qui s'éloignent! — Ils vont et viennent comme de piètres veneurs qu'ils sont!..... Pour peu qu'ils s'attardent encore, au lieu du sanglier perdu, ils vont trouver quelque chose qu'ils ne cherchent pas.

— Tout de même, murmura Francin Renard, — ça se pourrait bien..... mais, respect de vous, nos maîtres, voilà quelqu'un qui nous arrive.....

— Chut! fit Laurent, — cette fois c'est le Talhoët ou je veux être pendu, quoique je sois gentilhomme!

La route faisait un coude un peu au-dessous de la Fosse-aux-Loups, pour remonter ensuite directement vers Saint-Aubin-du-Cormier.

Les deux Carhoat remirent l'œil au trou de l'arbre parce qu'ils entendaient de nouveau le bruit des pas d'un cheval.

Au détour de la route apparut bientôt un cavalier de riche taille et de grande mine, escorté d'un seul valet à cheval.

Dans ce cavalier, nos lecteurs auraient reconnu l'original du portrait suspendu par une chaîne d'or au cou de la Topaze.

Il était, ainsi que son valet, fort bien armé et monté.

— Ce diable de Kérizat ne s'est pas trompé d'une demi-heure! dit Philippe joyeusement. — Voici la nuit qui tombe; c'est comme un rendez-vous où tout le monde est exact... reconnais-tu le cavalier?

— Oui, oui, répliqua Laurent; — c'est bien M. de Talhoët... un des plus beaux soldats que j'aie vus de ma vie... Alerte, Francin Renard, ajouta-t-il, — coupe à travers le taillis, mon homme, et va prévenir ces messieurs pour qu'ils ne laissent pas passer le lièvre entre leurs jambes.

— Oui, notre monsieur, répondit Francin Renard, qui sortit de l'arbre aussitôt et se glissa parmi les hautes herbes du fond du ravin.

Avant d'entrer dans le taillis, il tourna la tête vers le voyageur, qui poursuivait sa route sans défiance.

— Ce lièvre-là, grommela-t-il, pourrait bien tenir les abois mieux qu'un sanglier de quatre ans!

Philippe et Laurent laissèrent M. de Talhoët prendre de l'avance et se coulèrent à leur tour hors du creux de l'arbre, pour le suivre de loin.

Le jour baissait; la route était encore éclairée, mais il faisait nuit déjà sous le couvert.

Dans une petite cabane de charbonniers, abandonnée et ruinée à demi, qui touchait presque au carrefour de Mi-Forêt, le vieux Carhoat, son fils Prégent et M. le chevalier de Briant étaient réunis autour d'un débris de table qui supportait trois coupes en cuir et une gourde d'eau-de-vie. Ils buvaient et tâchaient d'attendre le plus patiemment possible l'arrivée du gibier qu'ils guettaient.

Chacun d'eux avait auprès de soi un fragment de peau de loup taillé de manière à servir de masque.

A une forte demi-lieue de là, du côté de Liffré, les équipages de M. le capitaine des chasses, harassés, brisés, s'en revenaient piteusement après avoir manqué le sanglier de meute.

C'était un grand vieux sanglier de six ans, courable au mieux et n'ayant point de refus, comme eût dit maître Proust, le piqueur.

Hervé Gastel l'avait détourné le matin, et, sur son rapport fait dans les règles, le vieux Presmes avait compté sur une superbe chasse.

Le *revoir* avait été magnifique, le débuché brillant, et M. de Presmes avait juré qu'avant deux heures de relevée on verrait la bête s'acculer aux abois.

Mais il avait compté sans le baron de Penchou et sans Corentin Jaunin de La Baguenaudays.

Ces deux aimables gentilshommes étaient possédés d'un désir immense de se distinguer, pour reparaître à leur avantage devant les charmantes filles du vieux veneur.

M. de Talleyrand l'a dit et bien des sous-chefs de bureau l'ont répété : le zèle est le plus grand de tous les fléaux.

Un homme qui a du zèle est capable de tout. — Le plus sûr est de l'étouffer préventivement entre deux matelas comme une bête enragée.

On avait négligé cette précaution à l'égard du baron de Penchou et du long Corentin Jaunin de La Baguenaudays.

On avait fait pis. — On leur avait mis une trompe sous l'aisselle et des pistolets dans leurs fontes.

Ils s'étaient élancés, les deux jeunes et vaillants rivaux, brûlant d'ardeur et pleins d'espoir.

Leur trompe bavarde avait crié sous le couvert, et les chiens, désorientés par leur éloquence romantique, avaient cessé de goûter la trace, harpaillant çà et là comme des bêtes folles.

Tandis que le baron de Penchou fortuait de son mieux dans la coulée, parce qu'il tombait sur le pied d'un ragot égaré, Corentin Jaunin de La Baguenaudays s'arrêtait triomphant dans la voie d'un lièvre et sonnait un joyeux requêté...

C'était une confusion extraordinaire..... Les vieux piqueurs y perdaient la tête, et M. de Presmes lui-même, malgré sa glorieuse expérience, hésitait comme un jeune valet de chiens à son premier laisser-courre.

La meute, cependant, excellente et bien dressée, tenait bon; elle restait ferme dans la voie du sanglier, qui s'était forlongé. — Mais, au premier relais, les jeunes chiens, impatients et pressés, n'eurent pas le temps de bien goûter la trace et furent enlevés çà et là par le tapage des deux gentilshommes amoureux de mesdames de Presmes.

Ils tournèrent au change. Le vieux veneur désespéré eut beau les accabler des malédictions les plus cruelles que contienne le vocabulaire des chasses, ils étaient affolés, — impossible de les rallier.

Voilà comme quoi le grand vieux sanglier, détourné le matin par maître Hervé Gastel, avait échappé pour cette fois à son sort.

Les manœuvres de M. de Presmes et de ses lieutenants avaient été assurément héroïques. Rien n'avait pu lasser leur courageuse patience, mais les chiens étaient rendus, et la nuit venait offrir au sanglier des chances trop favorables.

La chasse dut reprendre le chemin de Presmes.

Chacun était de fort mauvaise humeur. De temps en temps, les trompes essayaient quelque fanfare chagrine. Il n'y avait guère de contents que Penchou et Corentin Jaunin de La Baguenaudays.

Ces deux gentilshommes étaient en paix avec leur conscience. Ils avaient fait manquer la chasse, mais ce n'avait pas été sans peine.

La nuit était tout à fait venue, lorsque M. de Presmes et sa suite arrivèrent aux environs du carrefour de Mi-Forêt.

Plus ils approchaient du château, plus leur mélancolie augmentait. Hommes et chiens marchaient en silence. La meute n'avait plus de voix, les sonneurs n'avaient plus de souffle.

Hervé Gastel, qui marchait le premier, s'arrêta tout à coup.

— Écoutez! dit-il à voix basse.

Ceux qui le suivaient firent halte, et, dans le silence, on entendit à quelque deux cents pas de là un cliquetis métallique.

Ceux qui arrivaient les derniers s'arrêtèrent à leur tour.

— C'est un combat, dit Hervé Gastel.

— Il se fait bien tard! murmura Corentin Jaunin de La Baguenaudays, — le souper sera froid.

— Silence, monsieur! dit sévèrement le vieux de Presmes. — Il faut battre le bois.

Comme il achevait ces paroles le bruit redoubla. Une lueur vive se fit, et deux coups de feu retentirent sous le couvert.

XIX.

L'ABATTIS.

Le vieux Carhoat, Prégent et le chevalier étaient toujours réunis dans la loge abandonnée du carrefour de Mi-Forêt.

Ils ne se montraient point chagrins et soucieux comme Philippe et Laurent dans le creux de leur chêne.

La gourde passait gaillardement de main en main. Le vieux Carhoat contait quelque bonne histoire du vieux temps, Kérizat disait ses fredaines de Paris, Prégent buvait, écoutait et haussait les épaules en disant : Bah! avec tout plein d'admiration.

Du carrefour de Mi-Forêt, on entendait de temps à autre, comme à la Fosse-aux-Loups, les bruits errants et lointains de la chasse; mais les trois bons compagnons n'étaient point d'humeur à s'en inquiéter.

Au moment où la gourde trop souvent retournée commençait à devenir légère et sonnait le creux, Francin Renard arriva essoufflé. Son chapeau en éteignoir couvrait les trois quarts de son visage. Il avait laissé aux branches du taillis une bonne part de sa veste en lambeaux. Ses jambes velues saignaient :

— Respect de vous, nos messieurs, dit-il, — il faut se mettre en besogne!... je suis venu à pied, et il est à cheval.

Les deux Carhoat et le chevalier se levèrent aussitôt et sortirent avec leurs fusils.

Francin Renard, avant de les suivre, saisit la gourde abandonnée et mit le goulot dans sa bouche, déterminé à boire un énorme coup.

Il eut beau renverser sa tête en arrière et lever le ventre de la gourde, pas une goutte de liquide ne tomba dans son gosier desséché.

Le paysan grogna et sortit à son tour.

Il faisait nuit noire. Les deux Carhoat et le chevalier avaient mis sur leur visage les masques de peau de loup. Ils se concertèrent un instant, puis ils traversèrent le rond-point de l'Étoile de Mi-Forêt et gagnèrent la tête de la route de Rennes.

Ils n'avaient point passé tout leur temps à boire. Kérizat et le vieux marquis étaient de vrais virtuoses, faut-il croire, en fait d'attaques de grandes routes. Avant de déboucher la gourde, ils avaient pris leurs mesures et dressé leurs batteries.

Au plus épais du bois, ils avaient coupé de fortes branches et des jeunes arbres tout entiers, qu'ils avaient traînés jusqu'au carrefour et jetés en travers la route.

C'était là, nul n'en peut disconvenir, un stratagème fort recommandable. Les branches et les troncs, renversés pêle-mêle, poussaient en tous sens leurs menus rameaux, et formaient comme un large piége où devait tomber leur victime.

L'idée appartenait au vieux Carhoat. Prégent l'avait combattue par forfanterie, et Kérizat par insouciance.

— Nous sommes cinq contre deux, avaient-ils dit; — à quoi bon cet excès de précautions!...

Mais Carhoat avait répondu :

— On ne tue pas un Breton comme un chien... Si c'était un Français, je ne me donnerais pas tant de peine.

L'argument n'admettait point de réplique.

D'ailleurs ce coup de main était le prélude de l'attaque du château. Il ne fallait pas s'exposer à échouer ainsi avant même que la vraie bataille fût engagée.

Carhoat eut gain de cause, et la tête de la route de Rennes fut fermée par le perfide abattis.

Le vieillard se posta au centre de ce piége, le fusil à la main. Les deux autres prirent place sur les bas-côtés. — Francin Renard forma l'arrière-garde.

L'ennemi ne se fit pas attendre.

Il y avait trois minutes à peine qu'ils avaient pris position, lorsque M. de Talhoët, débouchant par la route opposée, s'engagea dans le rond-point.

Le vieux Carhoat se fit un porte-voix de ses deux mains.

— Ho! ho! ho! cria-t-il lentement.

M. de Talhoët s'arrêta court au milieu du rond-point.

Et à l'instant même une voix partant de la route qu'il venait de parcourir répondit :

— Ho! ho! ho!

— Les enfants sont là, murmura le vieux Carhoat. — Attention, et tenons-nous fermes... Il est à nous.

Les enfants étaient là en effet; Laurent et Philippe se cachaient derrière les derniers arbres de la route. — Ils avaient suivi M. de Talhoët depuis la Fosse-aux-Loups.

Ce dernier tira son épée, et prit un pistolet de la main gauche. Son domestique l'imita.

Il n'apercevait qu'un seul ennemi debout, au milieu de la route qui conduit à Rennes.

— Pique des deux, Gérard, dit M. de Talhoët à son valet.

Les chevaux éperonnés à la fois, s'élancèrent et vinrent s'empêtrer dans les fortes branches munies de leurs rameaux, qui avaient été jetées à dessein en travers de la route.

Celui du valet s'abattit au bout de quelques pas. — Au même instant Talhoët sentit le sien s'arrêter, bien qu'il lui mît ses éperons dans le ventre.

Il finit par s'apercevoir qu'un homme tenait le cheval par la bride, et en jetant les yeux autour de lui, dans son inquiétude, il vit que des ombres noires avaient surgi de tous côtés et l'entouraient.

Ces ombres qu'il distinguait vaguement dans la nuit étaient au nombre de six et semblaient n'avoir point de visage.

— Allons, cher monsieur de Talhoët, dit une voix railleuse qui sortait évidemment de dessous un masque, — n'essayez pas de résister à de braves garçons qui ne veulent que votre bien... ne bougez pas. Laissez-nous déboucler votre valise, et vous arriverez à Rennes sain et gaillard comme si vous n'aviez pas rencontré de Loups sur votre route.

M. de Talhoët était un homme de fier courage qui avait vu le danger souvent et qui était fait aux aventures.

— Ce que contient ma valise n'est point à moi, répondit-il; — les Loups étaient autrefois de braves cœurs, dit-on... si vous êtes des Bretons, livrez-moi passage.

— Quant à être Bretons, répliqua le vieux Carhoat, — cela ne fait pas l'ombre d'un doute... Nous sommes Bretons de la vieille roche... et nous avons besoin d'argent pour nous refaire un duc et le mettre en son palais à Nantes ou à Rennes, comme c'est notre droit... Qui sait, Talhoët, si notre choix ne tombera pas sur vous... vous êtes bon gentilhomme, vous pourriez bien être duc quelque jour!

Quatre éclats de rire contenus murmurèrent dans la nuit.

Laurent et Philippe, aidés par Francin Renard, s'ingéniaient à couper tout doucement par derrière les courroies de la valise.

— Et quand vous serez duc une fois, Talhoët, reprit le chevalier de Briant, qui fit une tentative adroite mais infructueuse pour lui arracher son épée, — du diable si vous ne nous donnez pas de bonnes places autour de Votre Altesse.

— Je veux être grand écuyer, dit Laurent.

— Moi, grand bouteiller, ajouta Prégent.

— Moi, connétable, reprit Philippe.

— Moi, dit Kérizat, je me contenterai de la charge de premier gentilhomme de Son Altesse.

— Je demande formellement la vénerie, dit à son tour le vieux Carhoat. — Et je présente humble requête à cette fin que notre seigneur, le duc Amaury, nomme Francin palefrenier des bêtes malades et Noton fille d'honneur de la duchesse.

Les rires redoublèrent.

Talhoët donna de l'éperon à son cheval, qui fit un saut de côté.

— Allons, enfants, allons! dit le vieux marquis; — c'est assez rire... Jouons des dents comme de bons Loups!

Cinq des assaillants s'élancèrent à la fois, et l'on entendit durant quelques secondes le cliquetis du fer.

Francin Renard était occupé à contenir le domestique sur la poitrine duquel il s'était assis tranquillement.

L'obscurité était complète, mais Talhoët et ses adversaires avaient l'œil fait maintenant aux ténèbres; ils se voyaient.

Talhoët se défendait vaillamment et sans trop de désavantage, parce que les assaillants le ménageaient. Les jeunes Carhoat avaient déjà reçu quelques horions qui lassaient leur patience et leur donnaient bonne envie de mettre fin tout d'un coup à la lutte.

— Morbleu! père, dit Philippe qui arma son fusil et fit un pas en arrière, pensez-vous qu'il faille se faire tuer pour épargner cet homme?

— Attends! répondit Prégent, — nous allons finir ça tout de suite...

Il jeta son fusil et prit entre ses bras la botte forte de Talhoët pour le soulever et le jeter à bas de son cheval.

Talhoët déchargea son pistolet sur lui à bout portant. Prégent tomba à la renverse.

Le fusil de Philippe partit au même instant. Talhoët poussa un gémissement sourd, — mais il redoubla d'efforts et durant une seconde la lutte fut terrible.

En ce moment même des pas nombreux de chevaux retentirent sur le gazon du rond-point.

C'était la chasse qui arrivait, M. de Presmes en tête.

Talhoët, grièvement blessé, étourdi par la grêle de coups qui venait de l'assaillir, avait éperonné son cheval à tout hasard, et l'animal, effrayé, courait maintenant ventre à terre dans la direction de Rennes...

Mais il n'avait plus la fameuse valise, qui était restée entre les mains de Laurent de Carhoat.

La moitié des cavaliers de Presmes perdit les étriers en arrivant au milieu de l'abattis. Il est à peine besoin de dire que le baron de Penchou et Corentin Jaunin de La Baguenaudays furent au nombre des désarçonnés.

Ces deux vaillants gentilshommes ne perdirent point pour cela l'occasion de gagner de l'honneur. Chacun d'eux rencontra un adversaire dans l'ombre, et chacun d'eux entama une lutte à outrance.

Les cris se croisaient cependant; on cherchait à se reconnaître, et l'on frappait sans se ménager.

Les brigands, suivant toute apparence, devaient être fort malmenés, car les coups de crosse pleuvaient et les horions s'échangeaient avec une prodigalité sans pareille.

On eût dit que tous ces malheureux chasseurs voulaient se dédommager sur les bandits du piètre résultat de leur journée.

Et ils y allaient de tout leur cœur, battant, sacrant, s'échauffant.

— Holà! Noël! s'écria enfin le vieux de Presmes, en s'adressant aux valets de chiens qui étaient restés en arrière. — Holà! Guyot! — Allez chercher de la lumière à la loge du sabotier de Mi-Forêt, et revenez vite!

Les valets obéirent aussitôt; mais il y avait bien trois cents pas du carrefour à la loge. Avant que Guyot et Noël fussent de retour, M. de Presmes, qui s'était désigné lui-même en prenant la parole, eut le temps de recevoir une demi-douzaine de coups de crosse passablement appliqués.

Les autres combattants redoublèrent de zèle, et la lutte se poursuivit au milieu d'un concert de hurlements.

Enfin des torches apparurent dans le lointain, derrière les arbres et s'approchèrent rapidement.

— Arrivez! arrivez! cria M. de Presmes.

Ce fut comme un signal.

M. de Presmes reçut en plein sur la tête un dernier coup de crosse une voix moqueuse s'éleva tout près de son oreille pour lui dire :

— Bonsoir, vieux fou!... nous aurons encore bientôt affaire ensemble.

Au même instant, les deux valets de chiens et plusieurs charbonniers, munis de branches de pins enflammées, arrivèrent sur le lieu de scène, qui fut éclairée vivement tout à coup.

Les chasseurs cherchèrent leurs ennemis et se virent avec étonnement au milieu de ces arbres abattus qui prolongeaient les taillis jusque dans la route tracée.

Mais ils n'eurent pas le temps de garder ce sujet de surprise.

Ils étaient en famille pour ainsi dire, et nul adversaire ne se montrait autour d'eux.

C'était entre eux qu'ils s'étaient distribué ces vaillants horions de tout à l'heure.

Hervé Gastel avait mis dans un état pitoyable le maître piqueux de Presmes, et avait pris ainsi à son insu une ample vengeance des propos téméraires que maître Proust avait tenus sur la jolie fille de Jean Tual, au souper de la veille.

Les écuyers s'étaient rués contre les veneurs. — Ce n'étaient que plaies et bosses. Chacun avait fait son devoir en conscience.

Enfin, dans un coin, entre deux arbres abattus qui les entouraient de leurs rameaux, le baron de Penchou et Corentin Jaunin de La Baguenaudays faisaient rage l'un contre l'autre.

Ils s'étaient saisis aux cheveux dans l'obscurité et s'étaient assommés sans miséricorde.

Un des petits yeux noirs du baron de Penchou disparaissait maintenant sous une énorme bosse. — Corentin avait perdu plusieurs dents, et des mèches entières de ses cheveux fades jonchaient le sol.

Il est vrai de dire que de ces cheveux jaunes et laids il en restait encore assez pour couvrir deux têtes, tant la Providence avait été généreuse à cet égard envers le jeune de La Baguenaudays!

Il faudrait un chapitre entier pour peindre comme il faut les ravages exercés sur Corentin par le baron et par Corentin sur Penchou.

Vous ne les eussiez point reconnus. Jaunin était privé de l'une de ses longues oreilles; le nez camard du baron s'élargissait aplati et courait ses deux joues.

Ils s'étaient contusionnés, égratignés, mordus!

Les autres gens de la chasse, quand ils eurent reconnu leur méprise, se donnèrent une poignée de main de bon cœur, et tout fut dit.

Les ténèbres seules étaient coupables, et d'ailleurs il n'y avait point eu de dangereuses blessures, à cause de la confusion qui avait gêné les mouvements et de l'impossibilité où chacun s'était trouvé de faire usage de ses armes.

Mais il n'en fut point ainsi du baron de Penchou et de Corentin Jaunin de La Baguenaudays. — Quand les deux malheureux gentilshommes se reconnurent après leur bataille homérique, ils se lancèrent de fauves regards.

— Ah! c'est toi qui m'as ravi mon oreille! pensa Jaunin.

— C'est toi qui m'as mis une bosse sur l'œil! se dit le baron.

Ils se mesurèrent, se menacèrent du geste et prirent une posture hostile.

Les gens de Presmes les entouraient et riaient à gorge déployée à les voir ainsi malmenés.

Ces rires exaltèrent la fureur des deux anciens amis, qui se ruèrent un contre l'autre avec rage.

Quand on les sépara, l'infortuné Jaunin avait perdu sa seconde oreille, et une bosse incommensurable était sur le second œil de Penchou.

On les laissa prendre rendez-vous pour le lendemain, toucher majestueusement la garde de leurs épées, et se promettre un combat plus digne de gentilshommes.

Cependant où étaient passés les brigands? — Car il y avait eu là une attaque nocturne : les abattis en faisaient foi, et d'ailleurs on venait de trouver le malheureux valet de Talhoët gisant à terre privé de sentiment et comme étouffé sous le poids de Renard qui s'était assis sur sa poitrine.

Les coups de crosse qui étaient tombés sur le crâne de M. de Presmes et auxquels une tête bretonne avait pu seule résister, partaient évidemment d'une main étrangère. — Les paroles menaçantes et railleuses, prononcées aux oreilles du vieux veneur, au moment où les torches étaient arrivées ne pouvaient laisser aucun doute à cet égard.

Battre la forêt était désormais chose impossible.

On dut se déterminer à regagner Presmes, avec l'homme évanoui qui commençait à reprendre ses sens.

Comme on rassemblait les chevaux occupés à brouter paisiblement, on entendit au plus fourré de l'abattis un gémissement faible.

Tout le monde s'élança de ce côté.

Après un instant de recherche, on découvrit entre les branchages un homme renversé sur le dos, qui laissait échapper des plaintes confuses.

Cet homme avait un masque de peau sur le visage.

— Oh! oh! dit Hervé Gastel, — nous avons eu affaire aux Loups!

Le vieux de Presmes se courba et souleva le masque du blessé.

— Prégent de Carhoat! murmura-t-il. — Pas n'est besoin de chercher pour deviner quels étaient les autres!...

— Voilà de quoi faire pendre toute la couvée de Marlet! dit le maître piqueux.

M. de Presmes lui imposa silence par un geste où il y avait de la tristesse.

— Carhoat s'est assis bien souvent à ma table, pensa-t-il tout haut; — et bien longtemps je l'ai nommé mon ami... était-ce donc ainsi que devait finir cette noble race?...

Il s'interrompit et passa le revers de sa main sur son front incliné, puis il se redressa tout à coup, et son visage paisible prit une expression sévère.

— Mais je suis officier du roi, dit-il en changeant de ton, — et mon devoir est tracé... Qu'on charge cet homme sur un cheval, et qu'on le conduise à Presmes, jusqu'à ce qu'il soit en état d'être remis aux mains de M. le lieutenant criminel.

XX.

LA COMPLAINTE.

Ce même jour, madame la comtesse Anne de Landal s'était rendue à Rennes pour visiter l'hôtel de Presmes et y faire les préparatifs d'un prochain séjour. La saison d'hiver s'avançait, et les États devaient siéger cette année de bonne heure. — La session des États c'étaient les nobles fêtes, les bals luxueux et les galants plaisirs.

Bien des jours se sont écoulés depuis le temps où toute la noblesse de la province, réunie à Rennes, rivalisait d'hospitalité gracieuse et de belle magnificence.

Mais la capitale bretonne n'a point perdu son élégante renommée. Elle est toujours le centre noble, et la riche cité de Nantes, enorgueillie en vain de ses quatre-vingt mille habitants et de ses pompes commerciales, doit s'incliner encore, à cet égard, devant l'antique royauté de sa suzeraine.

Lucienne n'avait point suivi sa sœur. Elle était partie de Presmes, comme nous l'avons vu, après une nuit sans sommeil, pour se rendre à Fontaine-aux-Perles.

Mais Bleuette se levait avec l'aurore. Bleuette était déjà dans le bois où sa chanson accoutumée env yait en vain cette fois le signal d'amour.

Hervé Gastel l'entendait peut-être, mais il faisait semblant de ne la point entendre. Il était venu cette nuit à la ferme, le cœur plein de soupçons jaloux, et cette terrible aventure de l'homme qu'il suivait dans l'ombre, et qu'il avait vu disparaître au sommet du rocher de Marlet, ne l'avait point empêché de faire à Bleuette de vifs reproches.

Il y avait eu querelle. Le veneur sous la fenêtre, la jeune fille dans sa chambrette, s'étaient disputés une heure durant, au sujet du pauvre Martel, qui pendant cela se morfondait dans le jardin de Presmes.

Bleuette avait un bon petit cœur qui ne savait point se souvenir du mal. Dès le matin, elle courut après Hervé dans la forêt; — mais Hervé lui gardait peut-être de la rancune.

En outre il tenait à se laver du reproche de faiblesse que lui avait adressé publiquement le vieux piqueur, au souper de la veille.

Il s'était bouché les oreilles vertueusement pour ne point écouter le chant de la sirène, et avait mis son limier dans les voies de ce grand vieux sanglier qui devait être le héros de la chasse, ce jour-là.

La bête avait été jugée comme il faut et détournée selon l'art. Ce n'était point la faute d'Hervé Gastel si la chasse avait eu le résultat malencontreux que nous savons.

En bonne vénerie, la présence de deux auxiliaires comme Penchou et Corentin Jaunin de La Baguenaudays est un de ces accidents sur lesquels on ne peut point compter.

La pauvre Bleuette chanta tout le long la mésaventure déplorable de Madeline, la belle fille de la forêt, devenue châtelaine, sans que le son du cor répondît à son appel.

Durant les premiers couplets, elle espérait, et sa voix joyeuse jetait sous le couvert les téméraires roulades où s'égare toujours la chanson bretonne.

Mais, à mesure qu'elle avançait, sa voix se faisait plus triste. Ce fut avec un accent désolé qu'elle chanta cette partie de la complainte où le poëte de la forêt raconte naïvement les suites funestes de la jalousie du châtelain, éveillée par le tout petit chevalier :

Arrivé de Normandie
A Saint-Aubin-du-Cormier...

Les paroles ne prêtaient point tant à la mélancolie que le fond même du récit ; mais la voix de la pauvre Bleuette tremblait et y mettait des larmes.

La chanson parlait de la colère du vieux seigneur jaloux. — Elle disait :

Il blasphémait comme un diable
Dans le bénitier caché ;
Il commit un grand péché,
Un jour en sortant de table.
Il prit madame aux cheveux
Et l'étrangla tout au mieux...

Bleuette s'arrêta pour écouter. — Quelques merles sifflaient sous la feuillée comme pour railler son attente vaine, et, sur les bords de la Vanvre, des bécassines tôt venues lui jetaient leur cri moqueur.

Et point de réponse !...

Elle reprenait sa chanson qui se faisait satirique, et il y avait des pleurs dans ses yeux tandis qu'elle chantait cette rustique épigramme :

On s'occupa de l'affaire
Chez messieurs du parlement,
Qui savent si bellement
Bâiller de la bouche et braire :
On dit ceci puis cela,
Et l'affaire en resta là...

Point de réponse encore ! la trompe du jeune veneur était muette ce matin. — Bleuette craignit de l'avoir fâché. Elle était bien repentante, et le couplet suivant, qui n'avait point été fait pour exprimer la contrition tomba doucement de ses lèvres :

Parce que de notre maître,
L'avocat dit en latin ;
Ce fut le fait d'un lutin
Qui mangea le corps peut-être...
On admit cet argument
Chez messieurs du parlement...

C'était la première fois qu'Hervé manquait à l'appel, et la première déception d'amour fait bien souffrir !...

Bleuette se sentit froid au cœur. Elle eut de vagues craintes et des angoisses inconnues. — Elle se laissa tomber sur la mousse, au pied d'un arbre, et pleura. Et, tout en pleurant, la pauvre fille voulut chanter encore ; — car peut-être Hervé Gastel n'avait point entendu, — et peut-être était-ce justement à ce couplet qu'allait répondre le son bien-aimé de sa trompe :

Mais un soir dans la fontaine
Le tout petit chevalier,
Voulut boire et se baigner,
Après un courre à la plaine ;
Il vit luire au fond de l'eau
Un collier bien riche et beau.

Elle s'arrêta ; les oiseaux s'éveillaient et mettaient de beaux concerts au milieu du silence...

Un collier de perles fines
Valant bien trois cents écus,
Pour ne rien dire de plus ;
Le collier de Madeline...
En cela les gens du lieu
Connurent le doigt de Dieu !

— Mon Jésus ! mon Jésus ! murmura la pauvre Bleuette, — il ne veut plus venir !...

Et sa voix, brisée par les sanglots, essaya un dernier couplet.

On fit une autre sentence,
Et notre maître vraiment
Fut pendu comme un manant,
A la plus haute potence...
Du plus sage et du plus fou.
L'amour vous casse le cou !

La complainte de Fontaine-aux-Perles était finie ; Bleuette av[ait] chanté ses douze couplets sans éveiller le joyeux écho des fanfares [qui] répondait d'ordinaire à son appel.

Elle n'avait plus de force. Il y avait une tristesse profonde sur [ses] jolis traits habitués à sourire.

Elle se coucha sur la mousse et laissa tomber sa tête affaissée en[tre] ses mains.

Elle ne chanta plus.

Tous les jours il y avait deux cœurs attentifs à la complainte [de] Bleuette. Ce matin, elle était seule, complétement seule. Petit René [ne] la suivait pas de loin, effleurant la mousse de son pas timide. Il n'ét[ait] point caché derrière quelque buisson voisin. Il ne l'entendait pas.

Oh ! s'il l'avait entendue, comme il serait venu s'agenouiller aup[rès] d'elle ! Comme il eût penché doucement sa blonde tête d'ange au-d[es]sus du visage désolé de la jeune fille, et que de pleurs silencieux il e[ût] mêlés à ses larmes !...

Mais petit René n'était point dans la forêt. — La veille au soir, lo[rs]qu'avait pris fin le conciliabule des Carhoat et du chevalier de Bria[nt], il n'avait pu fuir assez vite, parce qu'il ignorait le chemin à prend[re] pour sortir de ces souterrains inconnus.

Il n'avait pu que se blottir contre la muraille dans la salle circulai[re].

Son père, ses frères, le chevalier et Francin Renard avaient pas[sé] auprès de lui sans le voir.

Puis la porte s'était refermée à double tour, et il était resté priso[n]nier dans les salles souterraines.

D'abord, il avait eu grand'peur, car la résine pendue à la murai[lle] était éteinte depuis longtemps et il était entouré d'une nuit profonde.

Mais il avait un cœur généreux ; sa frayeur céda bientôt à la pi[tié] que lui inspirait le sort promis aux deux filles de M. de Presmes, d[ont] l'une était l'amie de Bleuette et la fiancée de son frère Martel qu'il [ai]mait tant !...

Et cette pitié se mêlait à une douleur amère, inconsolable.

Son père, qu'il avait respecté jusqu'alors, ses frères, qu'il chérissa[it] si ardemment, il venait de surprendre leur commun secret.

Il n'osait point se dire ce qu'ils étaient. Peut-être n'aurait-il pas p[u], car il ne savait guère le monde.

Mais l'instinct de son cœur suppléait à son ignorance, et lui montr[a] la barrière qui sépare le bien du mal, l'honneur de l'infamie...

Ceux qui avaient sa tendresse étaient des criminels ! Il compren[ait] leur honte. Il devinait le crime fatal de sa famille, lui, le pauvre e[n]fant, qui n'avait point connu la gloire de ses aïeux !...

Il venait d'entendre parler de rapt et de vol, le verre à la main, [au] milieu des éclats de rire.

Ces salles souterraines dont on lui avait toujours caché l'existen[ce] avaient sans doute leurs mystères de chaque nuit. Tandis qu'il dorm[ait], on y menait l'orgie, et l'on y combinait les méfaits du lendemain...

Longtemps il resta immobile à l'endroit où il se trouvait, lors d[u] départ de son père et de ses frères.

Puis, comme la muraille humide et froide glaçait ses pauvres peti[ts] membres demi-nus, il se souvint d'avoir vu des vêtements à l'aut[re] extrémité de la salle.

Il la traversa en tâtonnant, décrocha les habits pendus à la muraill[e] et s'en fit une sorte de lit sur lequel il se coucha.

L'idée lui vint que peut-être on n'entrait pas tous les jours dans c[es] appartements souterrains. — Peut-être restait-on quelquefois des s[e]maines sans y mettre les pieds. — C'était la mort.

Cette pensée fit descendre en son âme une sorte de consolation r[e]cueillie.

Il sentit sa fatigue reposer. Sa douleur amère se calma, — l'espo[ir] entra dans son cœur comme un baume.

— Mourir ! — Il avait déjà bien souffert ; et Dieu, qu'il priait pie[u]sement tous les jours, lui gardait une place en son saint paradis.

Il joignit ses mains et invoqua la Vierge, dont sa mère, en mourant, lui avait dit le nom béni.

Puis ses yeux se fermèrent et un sourire descendit sur ses lèvre[s] entr'ouvertes.

Il n'avait plus peur. — L'obscurité ne gardait point pour lui de fa[n]tômes. — Il s'endormit.

Au-dessus de son front, les rêves inclinèrent l'image souriante d[e] Bleuette...

Le lendemain, lorsqu'il s'éveilla, l'obscurité n'avait point diminu[é]

Il faisait grand jour sans doute au dehors, mais nulle fente, nulle fissure ne donnait passage à la moindre échappée de lumière.

Au réveil, le cœur est faible; René se sentit repris de terreurs vagues. Il éleva sa voix pour rappeler son père et ses frères.

Personne ne répondit.

Il se leva de sa couche improvisée et fit, en se guidant de son mieux, le tour de sa prison.

Ses pas, que nul indice ne guidait, s'égarèrent bien souvent; et, bien longtemps, il tourna sur lui-même sans pouvoir prendre une direction quelconque.

Mais enfin il rencontra la porte qui donnait entrée dans la salle où les Carhoat avaient soupé.

Il y pénétra.

Il se heurta bientôt à la table dressée au milieu de la pièce, et qui contenait, parmi les pots vides, quelques débris du repas de la veille.

René mangea et se sentit reprendre de la force.

Il tâtonna encore, il chercha; c'était un enfant; les idées de mort solitaire qui l'avaient consolé la veille, l'épouvantaient maintenant.

Il s'arrêtait parfois, fatigué, et se laissait choir, les larmes aux yeux, en appelant du secours.

Puis, comme rien ne répondait à ses cris, un peu de courage secouait son désespoir. Il se relevait et il cherchait encore.

Mais partout il trouvait la muraille humide et sans issue.

Enfin le hasard lui fit heurter du pied la dernière marche de cet escalier par où le chevalier de Briant avait fait, la veille, son entrée inattendue.

Où conduisait cet escalier? le pauvre enfant ne se le demanda même point. Il monta, guidé par cet instinct qui pousse le désespoir à essayer toutes chances.

L'escalier s'enfonçait étroit et roide dans le roc. René pouvait en toucher à la fois les deux murailles. — Les marches ne montaient point en ligne directe, elles tournaient à chaque instant, suivant les veines terreuses qui se trouvaient dans la pierre vive. Elles s'arrêtaient même souvent pour aboutir à des couloirs sans pente qui rejoignaient au bout de quelques pas de nouvelles marches.

Et cela ne finissait point.

Les couloirs succédaient aux degrés, les degrés aux couloirs. — C'était interminable.

Petit René montait toujours; la lenteur avec laquelle s'opérait son ascension donnait à la route parcourue une longueur fantastique. Il lui semblait que, depuis la salle souterraine, il avait monté assez pour arriver au faîte de la plus haute montagne.

La fatigue se joignant à de vagues frayeurs lui ôtait le souffle, — et lorsqu'il s'arrêtait un instant pour reprendre haleine, il se demandait, dans sa superstition enfantine, s'il n'allait point franchir les limites de la terre et arriver aux portes du ciel.

Puis son pied heurtait de nouveaux degrés dans l'ombre et il montait encore.

Il y avait un gros quart d'heure qu'il gravissait ainsi, presque sans relâche; et, comme chaque minute s'allongeait dans cette nuit silencieuse et pleine de terreur, il lui semblait que son voyage avait duré déjà plus d'une heure.

Au moment où il se demandait, pour la vingtième fois, où aboutirait cette ascension indéfinie, il crut entendre autour de lui comme un murmure confus.

Il écouta mieux, et son oreille, rendue plus subtile par les heures muettes qu'il avait subies dans le souterrain, saisit un bourdonnement indistinct qui allait désormais s'augmentant à chaque marche qu'il montait.

Si René eût jamais vu l'Océan, ces bruits vagues lui auraient rappelé le sourd fracas de la mer, bruissant au loin sur les grandes grèves.

Il monta quelques degrés encore et sa tête heurta brusquement le roc.

René demeura un instant étourdi, et ses yeux se fermèrent. — Lorsqu'il les rouvrit, une lueur imperceptible, mais qui sembla une étoile brillante à sa vue aiguisée par l'obscurité, vint frapper ses yeux.

Cette lueur était un point perdu dans les vastes ténèbres.

Il s'élança, croyant pouvoir la toucher du doigt, mais le chemin s'allongeait sous ses pas. — Il marchait, suivant maintenant une pente insensible, et la lueur était toujours devant lui. Lorsqu'il l'atteignit enfin, il était au bout du long couloir qui terminait l'escalier de pierre.

Le roc vif lui barrait de tous côtés le passage.

La lueur paraissait toujours; il en approcha son œil et la vit grandir, mais il n'aperçut rien au delà.

C'était une fente étroite, qui communiquait probablement avec le dehors, mais qui laissait pénétrer la lumière de biais, et ne donnait nulle issue au regard.

Le cœur de René bondissait d'espoir; il devinait le grand jour derrière cet obstacle, et il se promettait de se frayer une issue.

Il prit dans sa poche le petit couteau qui lui servait à couper des branches dans les taillis, et attaqua courageusement le roc.

La pierre était bien dure. René frappait de toute sa force: les étincelles jaillirent, puis le couteau se brisa.

Mais au moment où René sentait ses yeux s'emplir de larmes, en voyant perdue son unique ressource, il lui sembla que la pierre contre laquelle il s'appuyait cédait au poids de son corps.

Il rassembla ses forces et la poussa. — La pierre tourna lentement sur un pivot invisible, et des torrents de clarté inondèrent la place des ténèbres enfuies.

René bondit au dehors avec un grand cri de joie.

La pierre retomba, sollicitée par son propre poids, et referma d'elle-même l'ouverture.

Petit René avait clos ses yeux qu'éblouissait la clarté trop soudaine et il s'était mis à genoux pour remercier Dieu.

Sa prière finie, il releva ses paupières et reconnut les objets qui l'environnaient.

Que de fois il était venu dans ce lieu sans en soupçonner le mystère!

Il se trouvait non loin du sommet du rocher de Marlet, sur cette petite plate-forme où nous avons vu d'abord le vieux Carhoat, vêtu de sa peau de bique, mettre en joue la suite de M. de Presmes, — et où nous avons vu depuis le chevalier de Briant disparaître tout à coup, à la grande horreur de maître Hervé Gastel.

Nous savons maintenant par où s'était éclipsé le chevalier, et pourquoi le jeune veneur n'avait point trouvé son cadavre au bas du précipice.....

Petit René regardait autour de lui avec ravissement le paysage connu. Au-dessous de ses pieds, à une grande profondeur, la Vanvre coulait lentement. — A sa gauche la tête du roc s'élançait, droite et blanche; — à sa droite, le taillis de Marlet descendait la colline.

La brise y jouait parmi les feuilles demi-séchées et produisait ce murmure qu'il avait entendu dans le souterrain.

Entre lui et le taillis, la loge de son père s'écrasait, tapie contre la base même du roc.

Le soleil était déjà bien élevé au-dessus de l'horizon, il devait être plus de onze heures. — René jeta un long regard vers le taillis, comme s'il eût espéré percer le couvert et découvrir, derrière les buissons épais, celle que son œil y cherchait toujours.

— Il est trop tard! murmura-t-il; — elle doit être revenue à la ferme.

Il quitta la plate-forme et gagna le sentier qui menait à Fontaine-aux-Perles.

En quelques pas il atteignit le sommet de la colline et se trouva en face de la maison de maître Jean Tual.

La porte de la ferme était ouverte, mais il n'y avait personne sur le seuil.

Le vieux gruyer s'était rendu de grand matin au château de Presmes pour affirmer son procès-verbal et soutenir la plainte qu'il avait portée contre M. le marquis de Carhoat, pris en flagrant délit de braconnage dans les varennes du roi.

Le vieux Carhoat avait autre chose à faire, nous le savons, ce jour-là, qu'à répondre aux citations du tribunal de la capitainerie.

Il ne comparut point. M. de Presmes partit pour la chasse, après avoir donné défaut contre lui, et maître Jean Tual resta auprès du greffier pour l'aider à libeller le jugement qui condamnait M. le marquis de Carhoat aux peines portées par la loi de France, nonobstant tous usages traditionnels ou écrits dans la Coutume de Bretagne.

Petit René, voyant la ferme déserte, tourna ses regards vers la fontaine entourée d'aunes et de saules, qui ombrageaient sa nappe limpide, au pied du même rocher.

Les derniers couplets de la complainte de Bleuette nous ont appris la cause du gracieux nom donné à la fontaine.

Madeline — une belle fille de la forêt — avait épousé un châtelain de Presmes.

Il y avait bien longtemps de cela.

Le châtelain, par jalousie, avait tué la pauvre Madeline.

Le parlement de Rennes avait évoqué l'affaire, car la rumeur publique accusait énergiquement le châtelain, mais le *corps du délit* manquait. On n'avait pu retrouver ni le cadavre de Madeline ni aucun de ses beaux atours.

Il n'était pas impossible que le diable eût emporté la châtelaine.....

Bien des années après, un cavalier vint dans le pays. Il avait aimé autrefois Madeline, lorsqu'elle était une simple fille de la forêt.

Il demanda ce qu'elle était devenue, et un sabotier des bois de Presmes lui répondit:

— Notre maître a jeté madame dans la fontaine, après l'avoir étranglée.

Le gentilhomme se rendit à la fontaine et la vida jusqu'à la dernière goutte, parce qu'il voulait venger Madeline et faire mettre à mort le châtelain de Presmes.

Mais l'eau de la fontaine avait détruit la chair, les os et le sang de la pauvre Madeline, — ses dents d'ivoire et la soie dorée de ses blonds cheveux. Elle avait détruit ses brillants atours de châtelaine.

— Il ne restait rien, — rien, sinon un objet blanchâtre qui brillait faiblement, à demi enfoui dans le sable.

Le chevalier gratta le sable avec ses ongles et en retira un collier de perles. — Le beau collier de Madeline.

L'eau de la fontaine avait mangé la chair et les os et l'étoffe précieuse des brillants atours, — mais elle n'avait pu dissoudre les perles, qui sont un fruit de la grande mer.

Le châtelain fut mis à mort, et le nom de Fontaine-aux-Perles resta dans la mémoire des bonnes gens de la forêt...

René eut beau regarder, Bleuette ne lavait pas son linge aujourd'hui au bord de la fontaine.

Mais, au lieu de Bleuette, René aperçut mademoiselle de Presmes qui était assise sur le gazon, au pied d'un saule.

Lucienne avait de vives couleurs sur son charmant visage. — Auprès d'elle, à genoux, il y avait un homme qui portait le costume d'un soldat du roi.

XXI.

NOBLE HÉRITAGE.

René de Carhoat n'avait point vu le visage de la jeune femme assise au bord de la fontaine. Il n'avait aperçu que sa robe blanche à travers les rameaux à demi dépouillés des grands saules, et le brillant uniforme du soldat qui s'agenouillait à ses pieds.

Il allait se retirer, car ce n'était point là ce qu'il cherchait, lorsqu'un mouvement de la jeune femme lui montra les doux et nobles traits de mademoiselle de Presmes.

Il s'arrêta, et la beauté enfantine de son visage prit une expression de menaçante colère.

— Lucienne! murmura-t-il! — Lucienne, qui oublie mon pauvre frère Martel!

Il ne savait point être jaloux pour lui-même, et sa douce âme ne gardait point de rancune à l'homme qui lui prenait le cœur de Bleuette, — mais l'amour de Lucienne était à Martel, à Martel absent! René s'indignait, et le vieux sang breton bouillait pour la première fois dans ses veines.

Il aurait voulu tenir une épée pour venger son frère Martel.

Lucienne cependant rougissait et souriait; elle était bien belle. — René ne s'en allait point. Il s'attendrissait à voir le charme naïf et suave qui s'épandait autour d'elle.

Il pensait au sort que réservaient à cette pauvre jeune fille les desseins de son père et de ses frères.

Elle allait être au chevalier de Briant! à cet homme qui parlait de vol et de meurtre avec un sourire à la lèvre!

Une voix s'élevait au fond du cœur de René pour le pousser à prévenir mademoiselle de Presmes, — mais qui accuserait-il, sinon son père et ses frères dont il avait surpris le secret?

Son père et ses frères qu'il aimait tant, et qui adoucissaient pour lui jusqu'au sourire la rudesse sauvage de leurs traits!

René ne se sentait pas la force de les dénoncer. — Et d'ailleurs, là, tout près, Lucienne souriait, infidèle.

René eût parlé peut-être, si la cause de mademoiselle de Presmes avait été plaidée en ce moment par sa solitude et sa tristesse.

Il aurait vu dans sa mélancolie un bon souvenir de Martel, et il se serait élancé vers la fiancée de son frère.

Maintenant, il demeurait indécis entre la voix de sa conscience et son amour pour les siens. Il n'osait point descendre la colline pour se rapprocher de Lucienne, et il répugnait à la laisser sans défense sous le coup d'un terrible malheur.

Il s'assit à l'ombre d'une saillie de rocher, et demanda conseil à Dieu.

. . . .

Lucienne et Martel se parlaient tout bas, derrière les aunes, au bord de la fontaine.

— Oh! merci, Lucienne! merci, mademoiselle, disait le garde française. Est-il possible d'avoir tant de joie parmi tant de désespoir?...

— Pourquoi désespérer? demandait doucement la jeune fille.

Martel et Lucienne à la fontaine aux Perles.

Martel ne répondit point. Ses mains pendaient, jointes sur ses genoux, et sa tête se courbait.

— Hélas! Lucienne, dit-il après un silence, — vous savez bien ce qui nous sépare... Mon père, mes frères... ma sœur!...

Il se tut, et la jeune fille baissa les yeux à son tour. Quand elle releva ses paupières, il y avait autour de sa bouche un sourire angélique.

— Nous sommes bien malheureux, murmura-t-elle, — mais je vous aime!

Martel couvrit ses deux mains de baisers passionnés.

— Oh! pourquoi me parlez-vous ainsi! s'écria-t-il; — voulez-vous m'ôter ce qui me reste de courage, Lucienne? voulez-vous me rendre faible et lâche!.... Écoutez, votre vie est bien belle! votre avenir sourit; il n'y a devant vous, si loin que votre regard puisse voir, que joies et bonheur sur la terre!... et je viendrais, moi, le malheureux sur qui pèse la main de Dieu, changer vos jouissances en deuil et mettre ma misère, comme un manteau sombre, sur votre jeunesse heureuse!..

— Je vous dis que je vous aime, répéta la jeune fille, dont un éclair d'enthousiasme illumina le regard.

— Vous m'aimez! murmura Martel, — moi... oh! moi, Dieu sait que mon cœur n'a pas un battement qui ne soit pour vous, Lucienne!... Pendant trois longues années votre souvenir a été mon soutien et mon courage.... Longtemps j'ai gardé de l'espoir, parce que l'amour me faisait esclave et me rendait insensé...... Je ne voyais point clair encore au fond de mon malheur... Un voile restait entre mes regards et la honte de ma race... Hélas! mademoiselle, maintenant que je touche au doigt ma misère, mon devoir m'apparaît cruel, mais impossible à méconnaître... Il faut que je renonce à vous... il faut que j'aille bien loin vivre et mourir tout seul en un lieu où l'infamie de Carhoat n'ait point encore pénétré!

Une larme coula sur la joue pâlie de Lucienne.

— Mon Dieu! reprit Martel, dont la voix grave tremblait, — il y a quatre ans, nous étions bien pauvres déjà... mais nous n'étions que pauvres, et j'aurais eu le droit d'accepter le don de votre amour,.... Il y a bien longtemps que dure la déchéance de notre famille.... Carhoat a glissé lentement du faîte des honneurs au plus bas de la honte.... Il lui a fallu de longues années pour cela, mademoiselle.

Kériaat enlevant Lucienne.

Lucienne n'osait répondre. Son cœur se serrait et prenait sa part de l'angoisse douloureuse qui torturait Martel.

— Nous étions bien puissants! poursuivit celui-ci, qui fuyait involontairement le présent pour se reporter vers le grand passé de sa race; — notre bannière était au premier rang parmi celles des chevaliers chrétiens qui allèrent mourir à la croisade... Nous étions bien riches... le domaine des Carhoat touchait aux montagnes d'Arrez et avait pour limites les rivières du Relec et de Tremorgan..... il confinait à trois villes... Pleiber-Christ voyait nos grandes forêts; les bourgeois de Morlaix se reposaient sous les arbres de notre parc; Plougouven nous demandait la permission de pêcher dans nos étangs..... Pendant quinze ans de ma vie, Lucienne, j'ai cru que Carhoat était toujours le maître de cette immense fortune.... A Brest, où j'ai été élevé, mon père m'entretenait avec ma sœur sur le pied des plus riches enfants de famille.... Parfois il venait nous voir..... c'était encore alors un cavalier plein de force et dont le visage fier s'encadrait d'une épaisse chevelure noire... Il avait conservé sa jeunesse et sa beauté, bien qu'il fût arrivé déjà aux limites de l'âge mûr!.. Ah! vous ne savez pas, Lucienne, quel noble feu il y avait dans le regard de mon père! et comme il portait haut son front où brillait le vaillant orgueil du gentilhomme!

La voix de Martel faiblit et se voila.

— Quant à Laure, reprit-il, c'était le cœur et la beauté d'un ange.... Vous l'avez vue, mademoiselle, vous savez si Dieu créa jamais une créature plus parfaite!.... Oh! que je l'aimais! que je l'aimais!

Martel se couvrit le visage de ses mains, et un sanglot souleva sa poitrine. — Lucienne tâchait de retenir ses larmes.

— Un jour, poursuivit Martel, il y a de cela un peu plus de quatre ans...... M. le marquis de Carhoat, qui était alors député de la noblesse de Morlaix aux États de Bretagne, vint à Brest...... il y avait deux années que nous ne l'avions vu, ma sœur et moi... Durant cet espace de temps l'âge et le malheur avaient pesé sur lui bien cruellement sans doute, car des rides profondes étaient maintenant à son front,

LAGNY. — Imprimerie de VIALAT et Cie.

et sa chevelure, jadis noire, dispersait, autour de son visage vieilli, ses boucles blanches comme la neige.

« Nous remarquâmes ce changement avec tristesse; — M. de Carhoat nous dit :

« — Mon fils et ma fille, vous allez me suivre à Rennes.

« Laure fut joyeuse, parce qu'elle avait entendu parler souvent des belles fêtes de la noblesse rennaise; — moi, je sentis au dedans de mon cœur une vague tristesse mêlée de crainte.... quelque chose me disait que j'allais apprendre le malheur...

« Nous partîmes. — Au lieu de prendre la route directe de Morlaix, nous appuyâmes sur la droite afin de gagner la montagne d'Arrez.

« Nous arrivâmes à Sizun vers trois heures de l'après-midi, un jour de décembre dont je ne perdrai jamais le souvenir.

« Mon père se fit servir à dîner dans l'auberge, et nous remarquâmes avec chagrin, ma sœur et moi, qu'il mettait une ardeur folle à vider incessamment son verre.

« Il demeura deux heures à table. — Quand il se leva son visage était enflammé, et son œil sanglant brûlait.

« — Venez, mes enfants, nous dit-il, — je vais vous montrer le domaine de Carhoat.

« Il commençait à faire nuit. Nous montâmes tous les trois à cheval, et mon père, nous donnant l'exemple, partit aussitôt au galop.

« Nous allions dans les ténèbres par ces routes défoncées et creuses de la Basse-Bretagne, où l'on rencontre des fondrières à chaque pas.

« Mon père marchait le premier; il poussait son cheval avec une sorte de frénésie. Nous avions peine à le suivre. — Les étincelles qui s'échappaient des cailloux de la route, heurtés par les fers de sa monture, nous guidaient seules de loin.

« — Où nous mène-t-il? me demandait Laure.

« Moi, je ne savais point répondre, — et notre route se poursuivait en silence.

« Il faisait un froid glacial. Nos chevaux trébuchaient sur la terre durcie, et leurs sabots brisaient la couche de glace qui recouvrait l'eau croupie des ornières.

« Après une heure de course non interrompue, mon père s'arrêta au sommet d'une colline; nous le rejoignîmes en quelques instants.

« La lune se levait à l'horizon et montrait au loin la campagne blanche de givre.

« Nous trouvâmes mon père debout sur ses étriers, les cheveux au vent et le visage animé d'une exaltation extraordinaire.

« — Regardez, nous dit-il à voix basse, en désignant de sa main étendue une ligne de monticules qui rejoignaient dans le lointain la grande chaîne d'Arrez, — voici les premiers arbres de votre héritage... Venez, enfants, venez!

« Il piqua son cheval, qui s'élança impétueusement et descendit la colline à bride abattue. La plaine fut parcourue en un clin d'œil; nul obstacle n'arrêtait mon père qui semblait poussé par l'effort d'un vertige.

« Nous le suivions dociles, franchissant les haies, sautant par-dessus les palis aigus et coupant à travers les champs, que la neige transformait en éclatants tapis.

« — Venez, enfants, venez, nous criait-il de loin, tandis que son cheval bondissait fougueusement, et faisait jaillir sous ses pieds des gerbes d'étincelles.

« Il atteignit la ligne des collines que nous avions aperçues à l'horizon.

« Il s'arrêta une seconde fois.

« Son regard brillait sous ses sourcils blanchis.

« — C'est une noble fortune que celle de nos pères, dit-il. — Regardez au-dessous de vous, enfants... Voici à votre droite la forêt de Lezennec, qui nous est venue en 1560 par le mariage de Jean Guern, seigneur de Carhoat, notre aïeul, avec haute et puissante dame Marie de La Curze de Lezennec, cousine de MM. de Rieux... Dans le partage de monsieur mon père, cette forêt a été estimée quatre-vingt mille écus. Tout là-bas, derrière les derniers arbres, ces pointes noires qui tranchent sur le ciel, sont les donjons du manoir de Lezennec... Pauvre demeure, mon fils, et que l'on peut à peine porter à trois cents écus de rentes... Ne parlons point de cela...

« Il tourna sur lui-même et désigna du doigt l'immense plaine qui s'étendait à ses pieds.

« — Je ne saurais point vous dire, reprit-il, — à quelle époque ces champs que voici sont tombés en notre héritage. C'est aussi vieux que le nom de Carhoat.... Il y en a beaucoup et vous n'en pouvez point voir la fin.... Celui-là serait un insensé qui les donnerait pour moins de cent mille écus... C'est le domaine de Ploumier.

« Son regard remonta de la plaine au manoir et il secoua ses longs cheveux en poussant un rauque éclat de rire.

« Nous écoutions, ma sœur et moi, en silence. Quelque chose donnait pour nous aux paroles de notre père une signification lugubre. — Il parlait d'opulence, et rien jusqu'alors n'avait pu nous faire soupçonner notre misère.

« Pourtant notre cœur se serrait comme si tout ce que nous entendions eût été une amère raillerie...

« La lune montait au ciel, éclairant le visage de mon père, qui s'enflammait de plus en plus et rayonnait, ardent, sous la neige de sa chevelure.

« — Venez, enfants, venez! nous cria-t-il.

« Ses éperons s'enfoncèrent dans le ventre de son cheval qui bondit et se reprit à dévorer l'espace.

« Les montagnes d'Arrez étaient à notre droite. La lune mettait des étincelles bleuâtres aux fragments de quartz qui perçaient de tous côtés sous la bruyère. — le givre scintillait aux branches des arbres.

« Nous passions, emportés par notre course haletante, et les mille lueurs parsemées dans la campagne semblaient des traits de feu qui fuyaient derrière nous.

« — Connaissez-vous le château de Kerpont? demanda tout à coup mon père en arrêtant son cheval dont les naseaux fumaient; — voici ses hautes cheminées là-bas sur la montagne... Plus d'un gentilhomme des États se contenterait des terres qui l'environnent... mais pour nous, enfants, c'est bien peu de chose... Kerpont, malgré les deux cent mille écus qu'il représente dans le tableau de nos biens de famille, n'ajoute guère à notre opulence... Ce fut l'apport de mademoiselle Gertrude Kaër de Kerpont, qui épousa, sous les derniers ducs, René, cadet de Carhoat... L'alliance n'était point brillante pour des gens comme nous, et je n'en parle que pour mémoire... Voici, en bas, le clocher du Cloître, bonne paroisse qui nous appartient, ainsi que les trois quarts de celles des environs... Ah! ah! monsieur de Carhoat, votre père était un riche gentilhomme!...

« Il fit un geste emphatique, et poussa son cheval qui se précipita de nouveau à travers champs.

« Nous le suivîmes encore.

« — Martel, me dit Laure d'une voix faible, — le cœur me manque et je me sens perdre mes forces.

« Moi-même j'avais du froid dans mes veines, et je souffrais cruellement... »

Martel s'arrêta, des gouttes de sueur perçaient sous ses cheveux. Il était pâle, et un fugitif tremblement agitait sa lèvre...

Lucienne l'écoutait émue; chacune des impressions qui agitaient l'âme de Martel trouvait un écho dans la sienne. Tout ce qu'il sentait, elle le sentait aussi vivement que lui. — On eût dit que Martel remuait au fond de la mémoire de Lucienne l'angoisse de ses propres souvenirs.....

— Pourquoi me dites-vous tout cela? murmura-t-elle, — vous souffrez et je souffre.

« — Oh! ce fut une nuit terrible! reprit le garde française, emporté par les ressentiments éloignés du passé. — Laure et moi nous allions toujours, dociles à l'ordre de mon père.

« Nous le voyions de loin chevaucher devant nous... La lune éclairait sa grande taille et les flots argentés de ses cheveux... Il étendait ses bras à droite et à gauche, comme pour saluer partout sur son passage les tenues dispersées de son immense domaine... Ces grands bois étaient à lui... Ces champs, qui s'étendaient à perte de vue, lui payaient redevance... Ces fermes endormies étaient la demeure de ses vassaux.

« Il s'arrêta encore bien des fois, tantôt sur la montagne, et tantôt dans la plaine, nous faisant le compte pompeux de ses innombrables richesses.

« Ici, c'était le douaire d'une Rohan. — Là c'était l'apport d'une fille du sang ducal de Bretagne, qui avait fait Carhoat le cousin de son souverain.

« Partout d'opulentes et illustres alliances! Partout de la richesse et de la splendeur!

« Le front de mon père rayonnait d'orgueil. Sa superbe taille se dressait de toute sa hauteur. Il dominait les campagnes vassales, et jetait son regard de maître jusqu'à l'horizon qui était à lui!...

« Les heures passaient; nous étions épuisés de fatigue, et ma sœur se sentait défaillir.

« Nous arrivâmes enfin sur les bords du Coëtlosquet, et une longue avenue aligna devant nous son quadruple rang de vieux chênes.

« — Venez, enfants, venez! nous dit mon père, dont la voix tranquille n'annonçait ni trouble ni lassitude.

« Il s'engagea dans l'avenue où croissaient de grands ajoncs épineux, et des genêts qui barraient le passage.

« A mesure que nous avancions, la route devenait plus impraticable; les pieds de nos chevaux s'embarrassaient dans la lande épaisse.

Il semblait que depuis des années, nul pas humain n'avait foulé le l de cette magnifique avenue.

« Mon père poussait son cheval de la voix et des éperons. — Le uvre animal, harassé, ne marchait plus que par saccades, et bronait à chaque instant contre les obstacles du chemin.

« Devant nous, au bout de l'avenue, se dressait une grande masse ire, dont les angles, irréguliers et comme déchirés, tranchaient sur zur étoilé du ciel.

« On pouvait distinguer déjà des tours démantelées et des pans de urailles qui n'avaient plus de toiture à soutenir.

« C'était une ruine immense, sombre, froide, et qui mettait dans le eur de poignantes idées d'abandon et de mort.

« — Venez, enfants, venez ! disait mon père, en frappant son cheval.

« Celui-ci, par un dernier effort, dépassa les derniers arbres de l'aenue, et s'abattit, mourant, au pied de la ruine.

« Mon père se releva sans blessures.

« Il s'avança vers ma sœur et lui offrit courtoisement la main pour uitter la selle.

« Nous étions tous les trois debout au pied des sombres murailles.

« Mon père demeurait immobile et muet ; — la lune, arrivée au plus ut de sa course, frappait d'aplomb son visage. Il y avait une sorte orgueilleuse complaisance sur ses traits.

« — Voyez, Carhoat, voyez, me dit-il, — ceci est le berceau de notre ce. Tout ce que je vous ai montré n'est rien... Lezennec, Kerpont, rémeur, Ploumer, tous nos autres domaines, rassemblés en un seul, e valent pas la moitié de Carhoat!...... Carhoat est un apanage de rince!.....

« Nous regardions, Laure et moi, ces hautes murailles désolées où lierre pendait, et dont les ans avaient festonné le faîte.

« Et notre cœur se serrait douloureusement.

« Mon père nous prit par la main et nous fit monter les marches oussues du perron.

« Nous franchîmes une ouverture voûtée où il n'y avait plus de porte.

« Nous gravîmes le grand escalier, et nous entrâmes dans une vaste lle où les rayons de la lune entraient par les fenêtres et par le plaond ouvert.

« — Asseyez-vous, enfants, nous dit mon père, — vous êtes ici chez ous... tout cela vous appartient.

« Nos regards parcoururent ces murs humides et nus.

« — Asseyez-vous, nous répéta mon père.

« Nous cherchions des siéges, — il n'y avait que des décombres.

« Mon père prit place sur une poutre tombée du plafond, et nous ous mîmes auprès de lui.

« A cette heure seulement, je pus m'apercevoir que sa respiration tait courte et haletante. Ses yeux brillaient outre mesure et des tresillements soudains agitaient son corps.

« — Les fous ! s'écria-t-il : — les misérables fous !... ils disent que arhoat est un mendiant!... Ils ne savent donc pas que Carhoat ne eut vendre la terre qui porte son nom, et que nos seigneurs les ducs ui enviaient ce royal château !... Ils n'ont donc pas vu ces nobles murailles, au pied desquelles tant d'Anglais sont morts, et qui abritent e si fières magnificences !... Ils n'ont pas vu ces tentures de soie, ce elours, cet or... Ils n'ont rien vu, et ils parlent!

« Il eut un rire sec et strident.

« — Je les amènerai ici, dans mon château, reprit-il, — je leur ontrerai salle par salle, avec son riche ameublement et son luxe prodigue !... je les écraserai sous ma splendeur !... et ils iront à Rennes ire qu'ils en ont menti et que Carhoat est un grand seigneur!..

« Ces paroles insensées faisaient un contraste navrant avec le morne spect de cette ruine ravagée.

« Il n'y avait rien, — rien que des croisées sans vitraux, de larges rèches et des monceaux de poussière recouvrant le plancher...

« Laure regardait notre père et avait les larmes aux yeux.

« Je voulus parler ; ma voix s'arrêta entre mes lèvres.

« — N'est-ce pas, enfants, tout cela est bien beau ! s'écria mon père près un silence et d'une voix qui éclata tout à coup. — N'est-ce pas, ue tout cela est bien riche, et qu'il n'y a point au monde d'aussi noble emeure que le château de Carhoat !...

« Il commença un éclat de rire qui se termina en un gémissement.

« Sa tête tomba entre ses mains. Son corps chancela, et il s'affaissa omme une masse inerte dans la poussière.

« La lune donnait à cette scène de désolation sa pâle lumière. — Il 'y avait rien là qui pût guérir ou porter secours.

« Nous étions seuls, auprès de notre père mourant, dans les ruines le notre demeure !

« Ce fut là que je compris, Lucienne, toute l'étendue de notre misère. — Pour la première fois, l'avenir se voila devant mon regard...

« Mais que je devais apprendre à souffrir davantage !...

« Carhoat n'était que pauvre alors... »

Martel se tut. Lucienne pleurait.

Longtemps ils gardèrent le silence. La jeune fille n'osait point interrompre la rêverie triste de Martel, qui se donnait tout entier à ses souvenirs.

— C'est mon excuse, poursuivit-il brusquement. — Nous étions si riches autrefois, Lucienne, et si grands que j'ai pu espérer sans folie... Je me disais : Dieu nous rendra peut-être une part de ce qu'il nous a pris... Et mon espoir a duré tant qu'il n'y a point eu de honte ajoutée à notre malheur ! mais maintenant, mademoiselle, ce qui était faiblesse deviendrait crime... Je ne veux pas !... je ne veux pas !

Martel s'était levé, sa tête dépassait le bas feuillage des aunes et petit René put le voir

L'enfant bondit sur ses pieds, et descendit la rampe en courant.

Il vint se jeter dans les bras de son frère qui, surpris d'abord, le couvrit bientôt de baisers.

— Ah ! je vais tout vous dire, s'écria l'enfant en riant et en pleurant. — Il faut que tu saches tout, mon frère... Il faut que mademoiselle Lucienne soit sauvée et qu'elle soit heureuse, puisqu'elle ne t'a point trahi !...

XXII.

LE CHAMP-DOLENT.

La rue du Champ-Dolent était alors, comme aujourd'hui, une voie impure et tortueuse dont la fange sanglante exhalait incessamment de mortelles vapeurs. L'habitant de Paris pourrait s'en faire une idée à peu près exacte en visitant les derrières de la rue Mouffetard et les bords pestiférés de la Bièvre.

A Rennes, un mince filet d'eau noire et boueuse, emprunté à la Vilaine, remplace le fétide ruisseau des Gobelins. Au lieu des tanneries, ce sont des boucheries ; toute la différence est là.

Mais sous le rapport des odeurs abominables et l'atmosphère épaisse, incessamment chargée de vapeurs méphitiques, le cloaque rennais n'a rien à envier à l'égout parisien.

Au dix-huitième siècle, le Champ-Dolent renfermait, outre les abattoirs, une assez grande quantité de tavernes mal hantées, où se réunissaient les truands de l'époque.

Ces malheureux portaient ainsi la peine de leur méchante vie, car c'est, à coup sûr, un châtiment terrible que de respirer par habitude, quand on n'est point bœuf ou boucher, l'air tiède et fade du Champ-Dolent.

De nos jours, ces tavernes ont complétement disparu. Le Champ-Dolent est la rue la plus odieuse, mais la plus honnête qui soit en toute la ville. Il forme une cité à part au milieu de Rennes, et, par un privilége tacitement reconnu, qui remonte aux temps féodaux, il reste à l'abri de la surveillance municipale.

Là où il n'y a point de police, les voleurs font défaut : ceci est un axiome. Le Champ-Dolent, où jamais sergent de ville ne pénétra, ne croit pas aux brigandages nocturnes qui désolent le reste de la ville. Il est gardé par ses chiens féroces, qui se feraient un plaisir, le cas échéant, de dévorer quelques bandits, — et par des bouchères énormes, non moins redoutables que leurs dogues.

C'est un lieu inconnu et plus inviolable que s'il était entouré de hautes murailles. A ses deux extrémités ouvertes, une chaude odeur de carnage éloigne invinciblement les curieux. On sait que le Champ-Dolent existe, mais on n'y passe jamais, et l'aristocratie de ce séjour y élève ses belles grandes filles rougeaudes, en narguant les séductions de la garnison et des écoles.

Les héritiers mâles, au contraire, après avoir tué le samedi, aiment à se promener en gants jaunes le dimanche ; ce goût funeste les force à se laver les mains. Les traditions se perdent.

Ainsi s'en vont, hélas ! pièce à pièce, tous les souvenirs du vieux temps ! et nos neveux pourront voir le jour où le Champ-Dolent, assaini, fera place à quelque abattoir municipal.

La Vilaine, purgée énergiquement, roulera des ondes à peu près claires et ne montrera plus le ventre blanc de ses poissons, mis à mort par sa naïade empoisonneuse !

Il était temps, en vérité, d'écrire l'histoire de Rennes, qui devient une ville toute comme une autre, et nous devons des remerciments au savant bibliothécaire dont l'érudition étoffée a mis au jour sur ce sujet un in-8° précieux...

En 1772, la taverne de la Mère-Noire élevait fièrement ses murailles enfumées entre deux étables à moutons.

Elle avait un renom détestable, ce qui lui procurait une nombreuse clientèle.

Bien peu, parmi ses habitués, pouvaient saisir le calembourg aimable de son enseigne, mais chacun en savait apprécier la belle composition et admirait, en passant la porte, la grande femme noire avec des yeux blancs et une langue rouge, qui était entourée d'une innombrable quantité de petits enfants, noirs comme elle, avec des langues rouges et des yeux blancs...

Le lendemain du jour qui avait vu l'attaque de M. de Talhoët dans la forêt, et l'effrayant combat soutenu par le baron de Penchou contre Corentin Jaunin de La Baguenaudays, Francin Renard entra dans le cabaret de la Mère-Noire.

Il avait, comme toujours, sa grande veste de futaine déchirée, sa culotte nouée avec des ficelles sur ses jambes maigres et nues et son large chapeau en éteignoir.

Il était onze heures du matin à peu près. La pièce principale du cabaret, qui ressemblait à la chambre basse d'une grande ferme, commençait à s'emplir déjà.

Autour de chaque table boiteuse, on voyait s'asseoir des gens de mauvaise mine, vêtus, pour la plupart, de peaux de biques pelées.

Quelques femmes se mêlaient à eux çà et là, — des femmes descendues au dernier degré de la honte et de la misère.

La salle donnait d'un côté sur la rue du Champ-Dolent, et de l'autre sur le sordide ruisseau dont nous avons parlé ; au delà de ce ruisseau s'élevaient des masures en bois, soutenues par de longs étais vermoulus, dont le pied se baignait dans la vase.

La salle avait deux fenêtres sur la rue et deux fenêtres sur le ruisseau. Malgré ces quatre ouvertures, il n'y régnait qu'un demi-jour, épais et enfumé parce que le maître de l'établissement, craignant sans doute les regards indiscrets, avait eu l'ingénieuse pensée de barbouiller de chaux les carreaux de ses croisées.

Les hommes fumaient et buvaient du cidre ; les femmes buvaient du cidre et fumaient. Les émanations de la rue et celles du ruisseau, se mêlant aux vapeurs du dedans, composaient une atmosphère diabolique, où les habitués seuls du cabaret de la Mère-Noire trouvaient moyen de respirer à peu près.

On eût pu croire que Francin Renard, habitué à l'air libre de la forêt, serait suffoqué en entrant dans ce bouge ; mais, bien au contraire, Francin Renard dilata ses narines et aspira chèrement ces âpres senteurs. Il était là dans une atmosphère connue ; il s'y trouvait bien ; c'était là son centre.

Il traversa la salle sans rien dire à personne et vint s'asseoir à une table déserte.

Son grand chapeau cachait sa figure jusqu'à la naissance du menton. Il était impossible de distinguer ses traits.

Il frappa sur la table avec son bâton à gros bout et demanda un pot de cidre.

On l'examinait à la ronde avec une curiosité croissante. Son costume, si caractéristique qu'il puisse paraître au lecteur, ne disait rien en ce lieu, où il y avait dix costumes semblables.

Une fille du cabaret lui apporta son pot de cidre et un verre jaunâtre figurant un cône tronqué.

On attendait au moment où il faudrait boire pour voir son visage tout à l'aise.

Mais Francin Renard but deux rasades coup sur coup, en laissant son verre à moitié plein, et parvint à ne point montrer autre chose que le bout pointu de son nez.

Cela fait, il tira de sa poche une petite pipe à tuyau court et noir comme de l'encre, un briquet de bois mort et une corne.

Il battit le briquet et alluma son bois mort, qu'il plaça dans la corne. Il y fit entrer ensuite le fourneau de sa pipe, et bientôt un nuage circulaire de fumée, sortant par-dessous les vastes rebords de son chapeau, l'entoura d'une blanchâtre auréole.

Ces diverses choses avaient été exécutées avec un aplomb remarquable. Les buveurs et les buveuses ne pouvaient s'empêcher d'admirer la précision mise à charger, la grâce du coup de pouce mouillé pour assurer la b urre, le maniement du briquet et le bruit sec des lèvres rejetant la fumée.

C'était évidemment un gaillard de fort bonnes manières, et qui savait sa pipe de fond en comble. Mais qui était-ce ?

Chacun se faisait cette question, et les femmes qui ont des priviléges partout, même au cabaret, s'excitaient mutuellement à percer ce mystère.

Mais la prestance du nouveau venu était véritablement si sombre et si imposante sous son éteignoir de feutre, que personne n'osait entamer le badinage et soulever ledit éteignoir.

Francin but son pot de cidre jusqu'à la dernière goutte et fuma sa pipe jusqu'à la suprême bouffée.

Quand il eut fini, il croisa ses jambes d'un air digne, ôta son grand chapeau qu'il mit auprès de lui sur la table, et promena sur l'assemblée les regards fiers de ses petits yeux clignotants.

— Monsieur Repard ! monsieur Renard ! répéta-t-on à la ronde, — l'homme à la ménagère de Carhoat !...

— Ça se pourrait bien, grommela Francin d'un ton protecteur.

Il frappa sur la table avec le gros bout de son bâton, et demanda un autre pot de cidre.

— Et, quoi de nouveau dans le pays, garçons ? dit-il.

— Pas grand'chose, monsieur Renard, répliqua un gros truand qui était le chevalier d'une de ces dames. — Comme vous voyez, l'argent est rare et les filles sont laides.

Le truand reçut incontinent un monstrueux soufflet qui le fit rire.

— Bien tapé, Marie-Jolie ! cria-t-on de toutes parts.

Marie-Jolie avait eu un succès. Son triomphe la perdit. Elle voulut redoubler la dose et mit sur l'autre joue de son cavalier un second soufflet, mieux appliqué encore que le premier.

C'était un soufflet de trop, paraîtrait-il, car le cavalier prit la pauvre fille aux cheveux, la traîna, renversée, sur le sol humide, et la plongea, hurlante, à plusieurs reprises, dans le ruisseau rouge du Champ-Dolent.

L'assemblée avait des bravos pour tout ce qui était beau.

— Bien rendu, Jozon Ménard ! cria-t-elle en riant et en applaudissant.

La pauvre Marie-Jolie avait pris la fuite, poursuivie par les huées des garçons bouchers du Champ-Dolent.

— Tu es un joyeux gars, Jozon, dit Francin qui buvait son verre à petites gorgées. — Eh bien ! les affaires ne marchent donc pas comme tu voudrais ?...

— Ne m'en parlez pas, monsieur Renard ! répondit Jozon. — Il n'y a pas de l'eau à boire, et nous tirons la langue plus longue que le bras depuis que les gens du roi ont mis leur nez du diable sur la Fosse-aux-Loups !

— Ah ! ah ! la Fosse-aux-Loups ! s'écrièrent quelques voix mélancoliques. — Étions-nous bien là dedans !...

Francin Renard but un coup et cligna de l'œil.

Puis, il bourra sa pipe lentement et d'un air qui voulait dire tout plein de choses.

La grande majorité des habitués du cabaret de la Mère-Noire se composait de mauvais garçons de la forêt de Rennes, qui avaient pris le nom de Loups après la dissolution de la résistance politique, et s'étaient fait un repaire de la retraite de leurs devanciers.

Les anciens Loups, qui étaient eux-mêmes les héritiers de l'association politique des Frères Bretons, combattaient pour leur indépendance et pour conserver des priviléges qu'ils croyaient légitimes.

Les Loups de la fin du dix-huitième siècle étaient purement et simplement des bandits, qui ne prenaient même plus la peine d'exploiter ce sentiment antipathique que la majorité des Bretons gardait contre les gens de France.

Ils étaient peu nombreux ; ils étaient misérables, et leur unique métier consistait à voler sur les grands chemins ou ailleurs ; mais telle était l'obstination vivace de la haine bretonne contre la domination française, que ces malheureux étaient protégés encore sous main, à cause de leur nom de *Loups*.

On se souvenait de ces vaillants hommes de la forêt qui avaient tenu si longtemps en échec autrefois les soldats du roi. On se souvenait de leurs hauts faits et des attaques hardies qu'ils avaient dirigées contre Rennes même.

C'étaient de vrais Bretons !

Ils avaient jeté là leur mousquet ; ils étaient rentrés paisiblement sous le toit de chaume de leur loge.

Mais beaucoup de gens aimaient à penser qu'il n'y avait rien de fini entre la province et le roi de France, et que la Bretagne n'avait point dit encore son dernier mot dans la lutte séculaire.

Ceux-là se complaisaient à voir toujours dans les Loups ce qu'ils n'étaient plus depuis bien longtemps déjà.

Et cette poignée d'hommes, vivant de brigandages, tombée au plus bas du vice, était entourée encore de secrètes sympathies.

On les avait chassés de la Fosse-aux-Loups, et il s'était trouvé des gens pour déplorer ce fait comme une injustice.

Les vers que nous avons mis en tête de ce récit expriment une vérité éternelle, et il faut de longs siècles, après toute conquête, pour faire oublier aux vaincus le fiel de leur rancune, et aux vainqueurs l'orgueil de la bataille gagnée...

La Bretagne avait été vaincue pacifiquement et à l'aide de la diplomatie matrimoniale, mais comme elle aimait à se battre et qu'elle savait se battre, elle n'en gardait que mieux son implacable colère.

Sans cette protection occulte qui entourait le reste des Loups, ce faible débris eût été anéanti depuis bien longtemps.

Mais la protection qu'on leur accordait était en quelque sorte négative et n'allait point souvent jusqu'à secourir leur misère. Ils pillaient çà et là maigrement et gagnaient à peine de quoi payer le torrent de cidre aigre, qui coulait en leur honneur au cabaret de la Mère-Noire.

Tous, tant qu'ils étaient, ils auraient risqué leur peau pour quelques sous.

Francin Renard savait parfaitement cela, et c'était le motif de son apparition au cabaret du Champ-Dolent.

A le voir ainsi prendre un air de circonstance et humer son cidre à petites gorgées, l'assemblée conçut de vagues espoirs.

On savait que Carhoat n'avait point une conduite très-différente de celle des Loups, mais que seulement il était plus habile à prendre ses mesures.

On se disait que, peut-être, il serait possible de trouver un autre asile en quelque lieu de la forêt de Rennes, si le vieux marquis voulait s'en mêler.

— Allons, monsieur Renard, dit l'un des hommes à peau de bique, qui se nommait Pierre Barriais, — déboutonnez-vous avec nous... m'est avis que vous venez nous causer pour quelque affaire?...

— Ça se pourrait bien, répondit Francin Renard. — Mais je ne vois pas beaucoup de bons gars ici autour...

— Nous en trouverons, dit Jozon, tant que vous voudrez!... Est-ce un fameux coup, père Renard?

— Ça se pourrait bien, répondit celui-ci, qui reprit aussitôt son air de réserve.

La curiosité générale était de plus en plus excitée.

Toutes les tables furent abandonnées peu à peu, et un large cercle se forma autour de Francin Renard, qui fumait sa pipe courte et noire avec un calme d'empereur.

Il y a pour le moins autant de diplomatie chez le paysan breton que chez le Normand, et c'est, dit-on, chose éminemment curieuse que de voir les deux races lutter de stratagèmes et de ruses aux foires de la Basse-Bretagne.

Francin Renard, voyant son auditoire en bon point, prit son temps et entama le marché.

Ce furent des demi-mots auxquels vous n'eussiez rien compris, des excitations patelines, des métaphores téméraires, des arguments subtils qui décourageraient les plus retors de nos avocats parisiens.

Les truands voulaient savoir quelque chose, et Francin prétendait ne rien leur dire. Les truands voulaient être payés grassement, et Francin serrait de son mieux les cordons de la bourse.

Ils étaient, comme on le voit, loin de s'entendre.

Pourtant, après trois heures de discussion animée et un nombre incalculable de pots de cidre vidés, on parvint à se rapprocher, grâce à l'éloquence supérieure de Francin Renard.

Ce brave garçon avec son *ça se pourrait bien*, répondait à tout et mettait en poudre les raisonnements les plus meurtriers.

Vers deux heures de relevée, il mit sa pipe dans sa poche avec son briquet, sa corne et son cuir à tabac.

Puis il tendit sa large main noirâtre où chaque Loup vint frapper un grand coup, en signe de marché conclu.

On but un dernier verre pour trinquer comme des amis, et Francin se leva.

— Vous êtes dur, monsieur Renard, dit Jozon; — mais enfin ce qui est fait est fait... va pour l'écu de six livres.

— C'est bien payé! grommela Renard. — C'est trop payé... mais ce qui est fait est fait... vous aurez chacun un écu de six livres, puisque j'ai été assez sot pour vous le promettre... et vous serez trente bons gaillards à m'attendre ce soir à côté du pont de planches qui est sur la Vanvre, au bas de l'avenue de Presmes.

— Nous y serons, répondirent les Loups.

Francin Renard sortit, remonta sur son bidet, qu'il avait attaché à la porte, et reprit la route de la forêt.

Tout le long du chemin il souriait sous son grand feutre en éteignoir et résumait ses réflexions en répétant tout bas :

— Ça se pourrait bien! ça se pourrait bien!...

XXIII.

LE BLESSÉ.

M. le chevalier de Talhoët était arrivé à Rennes, la veille au soir, dans un assez triste état.

Il avait plusieurs blessures, dont l'une présentait quelque gravité. Il était harassé de lassitude, et sa valise avait disparu.

Cette valise, outre une somme assez considérable, contenait des papiers auxquels M. de Talhoët tenait singulièrement.

Depuis fort longtemps, il était mêlé à toutes les intrigues politiques qui se rapportaient directement ou non à la restauration de l'indépendance bretonne. Sans nul doute, ces papiers contenaient quelques notes secrètes, dont la découverte pouvait présenter de graves dangers.

Toujours est-il que M. de Talhoët se préoccupait de leur perte plus encore que de la perte de son argent. Or, les gentilshommes bretons qui faisaient à cette époque de l'opposition contre le gouvernement de France, avaient, à peu de chose près, épuisé toutes leurs ressources. L'argent était précieux, et pour que M. de Talhoët mît ses papiers au-dessus de son pécule, il fallait que leur importance fût bien grande.

Son valet était resté couché sur le gazon, au carrefour de Mi-Forêt et n'avait pu le suivre. A cette heure, il devait être au château de Presmes, où le vieux veneur lui avait sans doute offert l'hospitalité.

M. de Talhoët arrivait seul. Il descendit à la plus belle auberge de Rennes, qui portait pour enseigne le portrait de la duchesse Anne, et était située derrière le palais des États, au coin de la rue aux Foulons.

Dès qu'il eut pris possession de son appartement, il donna deux messages au domestique de l'auberge. Le premier message était verbal et avait pour objet d'appeler un chirurgien qui pansât ses blessures.

Le second était un billet de quelques lignes adressé à mademoiselle Laure de Carhoat.

Laure attendait, impatiente, depuis deux heures déjà. Elle prit à peine le temps de lire le billet, qu'elle serra dans son sein, et partit à pied toute seule pour se rendre à l'auberge de l'*Image Sainte-Anne*.

Car le bon aubergiste avait sanctifié la duchesse, malgré le caractère peu canonique que l'histoire prête à certains détails de sa vie.

Laure avait jeté sur ses épaules une mante de soie noire dont les plis amples et longs dissimulaient les perfections reconnaissables de sa taille. — Elle avait mis sur son visage un voile épais.

Elle traversa les rues de Rennes, où quelques jeunes gentilshommes préludaient aux espiègleries bruyantes qui se jouaient la nuit en plein air, et qui étaient de merveilleux goût à Paris comme en Bretagne.

On lui barra le passage en riant, on lui fit des déclarations grotesques, et quelques mains hasardées s'approchèrent même de son voile pour le soulever.

L'inconvénient n'eût point été aussi grand alors que de nos jours, car les réverbères étaient rares dans la cité bretonne; néanmoins, quelques lueurs égarées, sortant des maisons voisines, auraient pu éclairer les traits si connus de Laure. — Mais parmi les jeunes espiègles, il y avait des cœurs chevaleresques qui prirent fait et cause pour la belle inconnue.

On lui laissa son voile, on l'escorta même jusqu'à la rue aux Foulons, et, quand elle entra dans l'auberge, un chœur de compliments l'y accompagna.

Le chevalier de Talhoët était déjà sur son lit; la fatigue et une abondante perte de sang ne lui permettaient point de rester debout sans danger.

Le chirurgien était à ses côtés et posait le premier appareil sur ses blessures.

Laure n'osa point relever son voile devant ce témoin, et se tint à l'écart.

Elle voyait le chirurgien étancher le sang de M. de Talhoët, qui était pâle et semblait bien faible.

A ce spectacle son cœur défaillait. — Elle était venue chercher de la joie, et, au lieu du bonheur promis, elle trouvait de la douleur.

Talhoët tournait vers elle son visage souriant et heureux. C'était une façon muette de lui souhaiter la bienvenue. — Mais sous ce sourire il y avait tant de fatigue et de souffrance!...

Le chirurgien posait les appareils de son mieux, et, tout en s'acquittant de cette tâche, il maugréait contre les mains maladroites qui avaient fait ces blessures.

— Voici un coup de couteau, monsieur le chevalier, disait-il, — qui est porté de la façon la plus malheureuse! les chairs sont mal tranchées... Il est pitoyable d'être frappé ainsi avec des couteaux qui ne coupent pas!...

Talhoët, qui ressentait en ce moment l'atteinte de la main lourde de l'opérateur, laissa échapper un gémissement faible.

Cette plainte répondit jusqu'au fond du cœur de Laure.

— En se mettant en contact avec les lèvres de votre plaie, monsieur le chevalier, reprit le chirurgien, — mon doigt a dû vous causer une légère sensation de douleur... Ne faites pas attention à cela, je vous prie... c'est la moindre chose... mais on disait que ces diables de Loups avaient quitté la forêt de Rennes pour s'établir dans la ville même!... Il paraît qu'il en est resté quelques-uns, puisque monsieur le chevalier a été attaqué par eux... Veuillez étendre le bras, s'il vous plaît, pour que je bande cette piqûre...

Le chirurgien mit une compresse sur l'avant-bras de Talhoët et poursuivit:

— Du reste, ce n'est ici un mystère pour personne... Il paraîtrait que ce ne sont pas les Loups tout seuls qui mordent là-bas dans la forêt... et que certains gentilshommes ont pris aussi le rôle de détrousser les passants sur le grand chemin.

Laure se sentit pâlir sous son voile.

— Quels gentilshommes? demanda M. de Talhoët.

Le chirurgien hésita, et Laure se sentit le cœur serré comme si elle eût été en équilibre sur le bord d'un abîme.

On eût dit que le nom qui allait tomber des lèvres de cet homme pouvait être pour elle le coup de la mort.

La bouche du chirurgien s'ouvrit, et Laure ne respira plus.

Mais le chirurgien était un homme prudent, qui aimait mieux calomnier dix bourgeois que de médire d'un gentilhomme.

— Eh! eh! monsieur le chevalier, répliqua-t-il, je ne suis qu'un pauvre praticien, et les gens dont je parle passent pour avoir le bras long... D'autres vous diront comment ils s'appellent, car c'est ici le secret de la comédie..... Mais le premier devoir de mon état est d'être discret. Voici ma besogne finie... J'ai l'honneur, monsieur le chevalier, de vous présenter mes respects, et je n'ai pas besoin de vous dire qu'à toute heure du jour et de la nuit, je me mets entièrement à vos ordres.

Le chirurgien salua et sortit.

Laure, dont le cœur bondissait, délivré d'un écrasant fardeau, s'élança vers le lit et prit la main du blessé qu'elle porta à ses lèvres.

— Que faites-vous, mademoiselle? s'écria Talhoët, qui voulut se lever sur son séant.

Laure mit une douce violence à le retenir.

Elle s'assit à son chevet. Son voile était maintenant rejeté en arrière; les rayons de la lampe éclairaient en plein son charmant visage, entouré de sa luxueuse parure de cheveux blonds.

Talhoët la regardait émerveillé. Il ne l'avait jamais vue si belle. Le ravissement chassait la douleur. Il ne songeait plus à ses blessures.

Il ne songeait plus à rien, pas même à la perte irréparable qu'il venait de faire, et il était heureux.

La main de Laure s'oubliait dans la sienne. Ils se regardaient et ils se souriaient. — Ils s'aimaient.

Laure durant toute cette nuit fut sa garde-malade.

Et ce furent de douces heures. Ils avaient tant de choses à se dire et à se rappeler! Ils avaient si souvent tous les deux souhaité cet instant du retour!

Quand Talhoët renversait sa tête pâlie sur l'oreiller et cédait à la fatigue, Laure retenait son souffle pour ne point troubler son sommeil.

Elle le contemplait avec une tendresse passionnée. La vue de son amant suffisait à mettre dans son âme une joie sans mélange et de radieux espoirs.

Elle ne savait plus rien du malheur qui l'accablait naguère. Le malheur était trop loin d'elle maintenant, et l'amour la gardait comme un bouclier impénétrable.

Cet homme, qui était là, devant elle et à elle, avait eu son premier, son unique amour. Il lui avait enseigné à lire au dedans d'elle-même. Il lui avait appris à la fois l'allégresse et l'angoisse de la passion.

Elle l'aimait de toutes les forces de son âme. Il n'y avait rien en elle qui ne fût à lui, tout à lui!

C'était un cœur jeune, fougueux et plein de hardis élans. Son amour dépassait les bornes de la tendresse vulgaire. Elle eût voulu se dévouer, souffrir, mourir!

Et, d'autres fois, ses ardentes fougues s'alanguissaient, et une extase la berçait en de douces rêveries...

Elle voyait l'avenir bien beau, l'avenir avec lui, dans quelque solitude, loin de l'œil railleur du monde et sous le regard de Dieu qui la savait pure...

Elle priait. — De belles larmes humectaient sa paupière...

Quand M. de Thalhoët s'éveillait, secoué par la fièvre, le visage de Laure se penchait au-dessus de lui. En s'ouvrant, le regard du blessé rencontrait son adoré sourire. — Et la surprise heureuse combattait de nouveau sa souffrance. Un baume coulait en ses veines. Il se sentait rafraîchi, soulagé; il pouvait sourire à son tour.

Alors c'étaient de douces paroles échangées tout bas. On faisait des plans d'avenir. Cet amour mettait dans la vie du chevalier un élément nouveau, et depuis qu'il avait vu Laure à Nantes, il songeait sérieusement à se retirer de la politique.

Quelle paix! quel repos! que de calmes plaisirs!

Ils vivraient tous les deux au solitaire manoir de Talhoët. Ils se suffiraient l'un à l'autre et leur vie serait un long bonheur.

Les heures de la nuit s'écoulèrent. Le jour naissant trouva Laure au chevet de Talhoët, qui n'avait plus de fièvre, et se sentait ranimé par cette nuit de reposante allégresse.

Le chirurgien revint, posa de nouveaux appareils et déclara l'état du blessé aussi satisfaisant que possible.

Laure écouta cet oracle avec bien de la joie. Elle reprit sa place au chevet de Talhoët après le départ du chirurgien, et la journée commença comme avait fini la nuit, par de tendres paroles doucement échangées.

Il semblait qu'il ne fût point au pouvoir des choses de la terre de jeter un nuage entre ces deux cœurs qui s'aimaient d'un amour si entier et si sincère!...

Vers neuf heures du matin, un valet de l'auberge entra, et annonça M. le chevalier de Briant.

Laure ne connaissait point ce nom.

Elle passa dans une chambre voisine, et Talhoët ordonna d'introduire le chevalier.

Le chevalier de Briant fit son entrée presque aussitôt après.

Talhoët avait eu occasion de le voir à Paris, où il passait auprès des mécontents pour un chaud partisan de l'indépendance bretonne, comme il passait auprès de M. de Presmes et de beaucoup d'autres encore, pour un serviteur dévoué du roi de France.

Il n'était, à vrai dire, ni l'un ni l'autre, et cherchait fortune comme il pouvait, par toutes voies, par tous moyens, sans se donner le souci de choisir.

La visite matinale qu'il faisait en ce moment à Talhoët était une de ces précautions hardies que les gens de sa sorte risquent parfois, pour se faire la partie plus belle en cas de malheur.

Dans les idées de tous, on ne va guère demander de ses nouvelles à un homme qu'on attaqua la veille sur un grand chemin.

En conséquence, le chevalier venait demander à M. de Talhoët comment il se portait.

C'était comme une vague présomption d'innocence qu'il mettait de côté pour l'avenir.

Il avait le costume que nous lui avons vu à la ferme de Marlet et dans le château de Presmes.

Ses manières étaient ici, comme toujours, avenantes, franches, nullement dépourvues de distinction et comme imprégnées d'un parfum de bienveillante rondeur.

— J'apprends à l'instant, chevalier, dit-il, qu'il vous est arrivé hier un accident sur la route... Pardieu, le malheur s'en est mêlé... Si les coquins s'étaient attaqués à moi qui n'ai sou ni maille, ils n'auraient eu que des coups à recevoir!... Mais vous, si l'on ne m'a point trompé, vous étiez porteur de quelques fonds appartenant à notre confrérie bretonne...

— C'est la vérité, monsieur, répondit Talhoët. — Je les remplacerai.

— Je n'en doute pas, monsieur mon ami, je vous prie de croire que je n'en doute pas!... D'ailleurs, dès qu'il s'agit d'argent, quelle que soit la somme, c'est toujours une bagatelle... Mais ce qui est sérieux, ce sont vos blessures, à ce qu'on dit... Les coquins vous ont mené rudement et M. le lieutenant de roi, que j'ai vu ce matin, m'a chargé de vous offrir de sa part, les services de son médecin.

Kerizat disait vrai. Il avait vu ce matin même le lieutenant de roi et quelques autres gentilshommes. Il était venu à Rennes pour prendre langue et savoir si la nouvelle de l'attaque y faisait du bruit déjà.

Le commun des citoyens n'en était point instruit encore, mais les autorités savaient, depuis le soir de la veille, l'attaque qui avait eu lieu. M. de Presmes, en effet, avait dépêché au lieutenant criminel un exprès qui dénonçait le crime commis, et déclarait que l'un des coupables, M. Prégent de Carhoat, avait été saisi en flagrant délit.

Ces renseignements, pris à bonne source, réglèrent la conduite de Kerizat.

— Monsieur mon ami, — poursuivit-il en donnant à ses traits une expression d'intérêt affectueux, — bien que nous soyons, par principe, opposés à M. le lieutenant de roi, il me semble que vous pouvez accepter son offre bienveillante.

— Je n'en ai pas besoin, répliqua Talhoët, mes blessures ne sont rien, et j'ai un chirurgien excellent.

— Tant mieux, mille fois! s'écria Kérizat, — et puissiez-vous guérir aussi promptement que je le souhaite! il y a gros à parier que vos adversaires seront plus sérieusement malades que vous.

Kérizat prononça ces paroles en souriant d'un air malicieux.

— Connaîtrait-on déjà le nom des coupables? demanda Talhoët.

— Oui, monsieur mon ami... ah! voyez-vous, notre Bretagne n'est plus un pays perdu... Il y a bien encore quelques bandits çà et là... mais on s'occupe activement de les pendre... Ce sont ces diables de Carhoat qui vous ont fait un mauvais parti dans la forêt.

Le blessé se dressa sur son séant, il crut avoir mal entendu.

Ce nom de Carhoat, à part même son amour pour Laure, se liait chez lui à des idées de haute noblesse et de position considérable.

— Carhoat, répéta-t-il.

— Oui, oui, reprit Kérizat, — le vieux marquis de Carhoat et ses trois sauvages de fils... Pensez-vous que ce soit là leur coup d'essai?

— Mais nous ne nous entendons pas, murmura Talhoët stupéfait; — il est impossible que vous me parliez de cette famille de Carhoat dont le chef représentait dernièrement encore la noblesse de Morlaix aux États de Bretagne.

— Si fait, monsieur mon ami, c'est précisément cela!... il y a, par ma foi, je vous le jure, bien assez d'une famille de Carhoat en ce monde!

— Vous vous trompez, monsieur, dit Talhoët, qui se sentait pris de colère.

Kérizat le regarda en souriant, et il y avait dans son sourire quelque chose d'insolent et de railleur.

— Ah çà! s'écria-t-il, — monsieur mon ami, ce qu'on m'a dit là-bas à Paris serait-il donc vrai?... est-ce que vous auriez fait la folie de devenir amoureux de la Topaze!

— Je ne vous comprends pas, monsieur, dit le blessé.

— A la bonne heure!.. On m'avait affirmé que les beaux yeux de la petite Laure avaient fait sur vous la même impression que sur tant d'autres.....

La pâleur du blessé devint livide et ses sourcils se froncèrent.

— De qui parlez-vous, monsieur?... demanda-t-il d'une voix brève et presque menaçante.

— Eh! pardieu, de la petite Laure, monsieur mon ami... tout le monde connaît cela!... de Laure de Carhoat, que l'admiration générale a surnommée la Topaze!...

Talhoët ouvrit la bouche pour parler, mais sa faiblesse vint en aide à son émotion pour le dompter. Il laissa retomber sa tete sur l'oreiller.

Kérizat poursuivit comme si de rien n'eût été.

— Ma foi, monsieur mon ami, vous sentez qu'avec l'affection que je vous porte, je n'ai pu qu'etre extrêmement molesté en entendant porter contre vous cette accusation absurde... Car on ne disait pas que vous étiez l'amant de la Topaze, — on disait que vous aimiez la Topaze... que vous l'aimiez comme on aime une femme à qui l'on veut donner son nom... Que sais-je, moi? des folies!... J'ai répondu, comme je le devais, par un démenti positif... Que diable, messieurs, ai-je dit, je sais cela mieux que personne!... La Topaze est une adorable créature!... mais, en définitive, on n'aime pas la Topaze!

Talhoët perdait le souffle et se sentait défaillir.

Kérizat continuait sans faire attention à cette amère souffrance.

— Il faut vous dire, monsieur mon ami, — que la Topaze et moi nous sommes de vieilles connaissances... Au temps où le service de la cause bretonne ne m'avait pas forcé encore à changer de nom, et où je m'appelais M. de Kérizat, ce vieux fou de Carhoat s'était jeté parmi nous avec l'ardeur inconsidérée de gens qui n'ont plus rien à perdre... Il était le plus pressé de nous tous... Il voulait la guerre!... Il voulait renverser le royaume d'un coup de poing!

Kérizat se prit à rire et poursuivit :

— Il n'y avait qu'une seule personne au monde qui fût plus follement enthousiaste que lui... C'était sa fille Laure... Les Carhoat étaient ruinés de fond en comble. Ils n'avaient plus rien, et la petite Laure regrettait amèrement ses robes de soie, ses colliers de perles et toutes ces belles choses qu'elle portait aux bals de messieurs des États... Ne pouvant plus danser, elle se mit en tête de devenir une héroïne... Cela ne vous semble-t-il pas très-plaisant, monsieur mon ami?

Talhoët avait fermé les yeux. Il avait toute sa connaissance, mais il était incapable de faire un mouvement et de prononcer une parole.

Ce malheur inattendu, qui le frappait au milieu de sa joie, le brisait.

— Ma foi, poursuivit encore Kerizat, — ce fut moi que le hasard choisit pour guider la vocation de notre charmante enthousiaste!... Elle était jolie... ah! vous ne pouvez pas vous en faire une idée!.... Nous partîmes un beau soir de la forêt de Rennes, et nous allâmes à la pêche des partisans de l'indépendance bretonne... Nous allâmes à Nantes, nous allâmes à Vannes, à Brest, à Quimper, partout!... Je ne me souviens plus trop, à parler franchement, si nous fîmes beaucoup de prosélytes; mais ce qui est certain, monsieur mon ami, c'est que depuis ce temps je n'ai jamais pu retrouver sur ma route de maîtresse aussi adorable que la petite Laure de Carhoat!

Un gémissement s'échappa de la poitrine de Talhoët.

Une plainte faible se fit entendre du côté de l'appartement où Laure s'était retirée, et l'on ouït la chute d'un corps sur le parquet...

— Qu'est-ce que cela? demanda Kérizat.

Comme Talhoët ne lui répondait point, il feignit de s'apercevoir seulement alors de l'extrémité où le blessé se trouvait réduit.

— Eh! mon Dieu! dit-il en se levant, — je crois que vous vous trouvez mal, monsieur mon ami... je vais chercher du secours à l'instant même!

Il se leva, sortit et dit en passant au domestique de l'hôtel d'aller chercher le chirurgien de M. de Talboët.

Une fois dans la rue, il partit d'un large éclat de rire :

— Si celui-là m'accuse, pensa-t-il, — je déclare qu'il a l'esprit mal fait!.. En tout cas, je me suis vengé vertement de mademoiselle Laure... En bonne chevalerie je n'ai rien à me reprocher, puisqu'on n'est obligé à garder que le secret de ses maîtresses... Laure n'a pas voulu être la mienne... tant pis pour elle!...

Laure, pendant ce temps, était évanouie sur le plancher de la salle où elle s'était retirée. Elle avait tout entendu...

Au moment où le calomniateur l'accusait d'avoir été sa maîtresse, elle avait voulu s'élancer et le confondre. — Mais il était trop tard, sa torture durait depuis trop longtemps déjà.

Les forces lui manquèrent à ce dernier coup; elle tomba foudroyée.

Quand elle reprit ses sens, on n'entendait plus aucun bruit dans la chambre de M. de Talhoët.

Elle entr'ouvrit la porte et le vit étendu, immobile et pâle sur sa couche.

Le chirurgien était venu et l'avait rappelé à la vie.

Laure, faible encore et chancelante, traversa la chambre à pas lents et s'approcha du chevet du blessé, qui ne bougea point et garda ses yeux perdus dans le vide.

— Amaury, prononça-t-elle tout bas.

Il ne répondit point.

— Amaury! répondit-elle en pleurant, — je vous en prie... ah! je vous en prie, parlez-moi!

Le blessé gardait un silence morne.

Mademoiselle de Carhoat se mit à genoux; son visage était inondé de larmes.

— Un mot, un seul mot! murmura-t-elle d'une voix mourante; — croyez-vous ce que cet homme vous a dit?

Talhoët tourna vers elle son regard froid et triste.

Mais il ne répondit point encore.

Mademoiselle de Carhoat se couvrit le visage de ses mains. On entendit un sanglot déchirer sa poitrine.

Puis le silence régna dans la chambre du blessé.

Au bout de quelques instants, Laure se releva et ses mains retombèrent.

Son beau visage avait une expression de calme effrayant. — Ses yeux étaient sans larmes.

— Adieu! murmura-t-elle d'une voix sourde et si faible, que Talhoët eut peine à entendre.

Puis elle se dirigea vers la porte et disparut.

XXIV.

L'ASSAUT.

Il était sept heures du soir environ. Les hôtes du château de Presmes étaient rassemblés pour souper dans la salle à manger.

Les deux filles du vieux veneur faisaient défaut à la réunion; leurs places demeuraient vides.

Le repas était silencieux et triste; il y avait une vague inquiétude sur tous les visages, et si quelques paroles s'échangeaient entre voisins, c'était à voix basse et comme furtivement.

Les veneurs et officiers de la capitainerie observaient l'air soucieux de leur chef et modelaient leurs visages sur le sien.

Cela ne les empêchait point de manger comme il faut et de boire à leur soif, mais ils mangeaient et buvaient avec une figure chagrine et sans tenir les joyeux propos qui animaient le repas d'ordinaire.

Auprès du siége vide de la comtesse Anne s'asseyait le baron de Penchou, dont les deux yeux disparaissaient sous des bosses énormes, fruit du terrible combat qu'il avait soutenu dans la soirée de l'avant-veille.

Vis-à-vis de lui, à côté du fauteuil de Lucienne, se tenait, roide et grave, Corentin Jaunin de La Baguenaudays. Il avait la tête entourée d'un bandeau, destiné à cacher la place de ses oreilles perdues à la bataille.

Ce bandeau ne le faisait point ressembler à l'Amour.

Penchou et lui se lançaient de temps à autre de funestes œillades.

Il était facile de reconnaître que ces deux jeunes gentilshommes couvaient au fond du cœur une colère mutuelle. — Il était facile de prévoir que cette colère, contenue maintenant, ferait explosion quelque jour, que Penchou voudrait venger ses deux yeux mis sous cloche, et Corentin Jaunin de La Baguenaudays ses longues oreilles tombées avant l'âge.

En attendant, ils dévoraient silencieusement et vidaient leur verre à l'envi l'un de l'autre, pour chasser leur humeur mélancolique.

Un seul visage, parmi ceux qui entouraient la table, était souriant et gaillard. — C'était celui de M. le chevalier de Briant, assis à côté du vieux de Presmes.

Il ne paraissait point s'apercevoir de la contrainte générale, et faisait son devoir comme un convive aimable au milieu d'une réunion en bonne humeur.

— Y aurait-il de l'indiscrétion, monsieur mon ami, dit-il en tendant son verre au vieux veneur, — à vous demander ce qui nous prive de la présence de ces dames?

M. de Presmes lui versa gravement à boire et répondit :

— Nous vivons dans un malheureux temps, monsieur le chevalier, — et dans un malheureux pays... vous en devez savoir quelque chose, puisque la confiance de Sa Majesté vous a honoré d'une mission qui serait superflue en des circonstances plus tranquilles... Ces environs ne sont pas sûrs pour un fidèle sujet du roi..... et je suis obligé de transporter ma maison à Rennes avant l'ép que où, d'ordinaire, je prends mes quartiers d'hiver.

Le front de Kérizat se plissa, et une lueur cauteleuse s'alluma dans son œil.

— Est-ce que vous comptez partir dès ce soir? demanda-t-il avec un involontaire empressement.

— Je le voudrais, répliqua M. de Presmes, — car il n'y a aucun honneur à gagner en combattant contre des bandits, et ce qu'on peut y perdre est immense...

Il poussa un gros soupir en regardant les siéges vides de ses filles.

— Pensez-vous que le danger soit pressant? demanda Kérizat d'un air bonhomme.

Le vieux veneur secoua lentement sa tête grise.

— J'ai à garder deux bien chers trésors, monsieur le chevalier, murmura-t-il, — et je sais que les Carhoat... vous n'avez point oublié M. le marquis de Carhoat, je pense?... ont fait dessein d'enlever mes deux filles.

— En vérité! s'écria Kérizat, dont les yeux s'ouvrirent tout grands, et prirent une expression énergiquement scandalisée, — en vérité, monsieur mon ami... ces coquins de Carhoat en sont là! Tubleu! je suis souverainement satisfait de me trouver votre hôte à cette heure difficile... et je n'ai pas besoin de vous assurer que ma rapière ferait son devoir en cas de malheur.

M. de Presmes lui serra la main chaudement.

— Je ne pouvais attendre moins d'un homme investi de la confiance de Sa Majesté, répondit-il. — Dieu veuille que je n'aie pas besoin de mettre votre bonne volonté à contribution.... Il y a peu d'apparence, du reste, car nous quittons Presmes demain matin, sous l'escorte d'un détachement de maréchaussée, que M. le lieutenant général a eu la délicate attention d'envoyer à mes filles.

— Ce détachement est-il au château déjà? demanda Kérizat, qui jouait admirablement la sollicitude courtoise d'un hôte.

— Non, monsieur le chevalier, répliqua le vieux de Presmes; mais notre résolution n'a pu encore transpirer au dehors, et il faudrait bien du malheur pour que cette nuit justement!...

Mort de René.

— Assurément, assurément, interrompit Kérizat.

— J'ai, du reste, fait prendre toutes les précautions nécessaires, poursuivit le vieillard. — Le château est en état de défense et organisé militairement, comme si l'ennemi était à nos portes..... Les consignes sont rigoureuses et suffisantes, j'ai lieu de l'espérer..... Passé neuf heures chacun sera à son poste... et vous seul, monsieur le chevalier, ajouta le vieux veneur en s'inclinant, — vous aurez le droit de circuler dans la maison, d'entrer, de sortir, et de faire tout ce que vous jugerez convenable pour le service du roi notre maître..... Mes ordres sont donnés.

— Le service du roi, monsieur de Presmes, répliqua Kérizat d'une voix grave et digne, — exige en ce moment que, toutes affaires cessantes, je mette mon épée à votre disposition, comme le dernier de vos hommes...... prêter une aide loyale à un aussi fidèle sujet que vous l'êtes, c'est servir le roi comme il faut, et bien employer son temps.

— Vous me comblez, chevalier! murmura M. de Presmes.

— Et ces dames, reprit Kérizat, font sans doute leurs préparatifs de départ?

— Il n'y a qu'une de mes filles au château, répondit le vieux veneur.

— Laquelle?...

— La comtesse Anne... commença M. de Presmes.

Kérizat ne put contenir un geste de violent dépit.

Le vieillard n'y prit point garde et continua.

— La comtesse Anne nous a précédés à Rennes, et ma fille Lucienne, un peu souffrante, garde la chambre depuis ce matin.

Le chevalier respira longuement; — son affaire à lui, c'était Lucienne, puisqu'il avait perdu la comtesse aux dés.

— Allons, monsieur mon ami! s'écria-t-il, — en définitive, je ne vois point là sujet de s'attrister immodérément... C'est quelques jours de moins à passer à votre manoir, et quelques jours de plus à donner au beau monde de Rennes... voilà tout!... Je porte respectueusement la santé de vos charmantes filles et je me fais une fête de les retrouver à Rennes, ainsi que vous, monsieur mon ami, aux assemblées que les gens de Sa Majesté voudront sans doute donner en mon honneur. . . . . . .

. . . .

Dans le taillis au delà de la Vanvre, une trentaine d'hommes étaient couchés sur le gazon et fumaient leur pipe en causant.

Ils se trouvaient à cinquante pas, tout au plus, du pont de planches.

C'étaient les Loups du cabaret de la Mère-Noire qui attendaient, fidèles au rendez-vous donné par Francin Renard.

Vers neuf heures et demie, ils furent rejoints par les Carhoat et Francin, armés jusqu'aux dents.

— Debout, mes enfants! dit le vieux marquis; — nous allons faire de bonne besogne cette nuit, et si je suis content de vous, au lieu d'un écu vous en aurez deux!

Les truands se levèrent tous ensemble, et prirent leurs fusils qu'ils avaient cachés dans le taillis.

La troupe se mit en marche silencieusement, et passa le pont de planches pour gagner l'avenue de Presmes.

A moitié chemin du château, elle quitta la route battue et s'engagea sous le couvert, afin d'arriver aux derrières du parc.

Les Loups avaient mis leurs masques. C'étaient tous gens vigoureux et résolus. Malgré la petite garnison qui était à Presmes et les précautions que prenait d'ordinaire le vieux veneur, il était raisonnable de penser que le château serait emporté facilement en cas de surprise.

Mais la surprise était désormais impossible; Petit-René avait parlé ce jour même; le vieux veneur, averti, se tenait sur ses gardes avant de partir pour Rennes.

Lorsque messieurs de Carhoat et les Loups, après avoir fait un long détour dans le parc, arrivèrent à l'endroit indiqué par le chevalier de Briant pour franchir la muraille du jardin, la nuit était avancée déjà.

Le chevalier se tenait à l'intérieur, prêt à remplir sa promesse et à ouvrir les portes du vestibule.

Mais il se gardait bien de les ouvrir d'avance comme ç'avait été son premier dessein. Les paroles de M. de Presmes durant le souper, et quelques bruits inaccoutumés qui venaient du dehors lui disaient suffisamment que des sentinelles cachées veillaient dans le jardin entre lui et ses alliés.

Il était resté coi, maudissant le hasard qui avait éventé la mine, prévoyant avec dépit la défaite maintenant possible de ses complices, et se creusant la cervelle pour trouver un moyen de changer cet échec en triomphe.

Le problème n'était point aisé à résoudre, mais M. le chevalier de Briant était un homme de ressources.

Tandis qu'il méditait, absorbé dans le travail de son esprit, il se fit soudain, au dehors, un effroyable tintamarre. Des coups feu retentirent, mêlés à des cris de mort.

Le chevalier s'élança et mit son œil au guichet d'une croisée; il ne vit rien, sinon des ombres noires qui s'agitaient confusément au bout de la principale allée du jardin.

Çà et là, le feu des décharges illuminait la scène pour une seconde, et lui montrait des hommes à cheval sur la muraille du jardin, qui chancelaient et qui tombaient...

Il poussa une sourde malédiction et regagna son appartement, en se glissant le long des murs du grand escalier.

Une minute après, tout était en mouvement à l'intérieur du château. On s'appelait bruyamment; les lumières couraient par les longs corridors.

Valets, gardes, officiers de vénerie, tous s'armaient à la hâte et descendaient pour prendre part au combat.

Carhoat reconnaissant Martel.

On n'entendait plus le bruit de la fusillade; les assaillants avaient changé de tactique sans doute.

Au premier moment, suivant les instructions de Kérizat, les Loups avaient tenté d'escalader la muraille du jardin. Mais le jardin était mieux gardé cette nuit que l'avant-veille, et Martel n'aurait point pu venir soupirer sans danger sous les fenêtres de Lucienne.

Il y avait des sentinelles apostées derrière les buissons. Quelques minutes après la première attaque on aurait pu voir trois ou quatre cadavres de Loups couchés sur la plate-bande, à l'endroit même où Hervé Gastel avait franchi, l'autre soir, le mur du jardin donnant sur le parc.

Il régnait maintenant au delà de ce mur un profond silence.

La lune, descendant à l'horizon, glissait lentement parmi de petits nuages floconneux et grisâtres. Aux faibles lueurs qu'elle envoyait, on ne voyait plus apparaître au faîte de la muraille ces grandes ombres noires qui, tout à l'heure, étaient tombées sous les balles des sentinelles.

Les Loups s'étaient retirés peut-être, peut-être tenaient-ils conseil au dehors.

En cas d'une nouvelle attaque, les chances des assiégeants étaient bien diminuées. Les défenseurs du château se trouvaient maintenant en nombre dans le jardin. C'était une troupe hardie et bien armée, qui eût donné de la besogne à des assaillants plus redoutables que les Loups.

Le vieux veneur avait disposé ses gens en général habile. Tous les postes, indiqués par la disposition des allées, étaient occupés, et désormais il y avait de quoi foudroyer cent hommes essayant d'escalader la muraille.

Mais tel n'était plus le plan des Carhoat.

On entendit bientôt des coups de hache retentir sur la petite porte du parc.

— Attention! dit le vieux de Presmes.

Les coups de hache redoublèrent, et la porte brisée tomba en dedans.

Les Loups se ruèrent tumultueusement dans le jardin en poussant des hurlements sauvages.

— Feu! cria M. de Presmes.

Tous les buissons s'éclairèrent à la fois et une décharge générale ébranla les vitres du château.

Quelques Loups tombèrent; mais l'élan était donné; ils poussèrent leur pointe vers le perron, où une petite escouade de domestiques et de piqueurs était échelonnée pour les recevoir.

La mêlée s'engagea furieuse.

M. le chevalier de Briant voyait tout cela de la fenêtre de sa chambre, et ne s'inquiétait point de porter secours à ses complices.

Il avait son idée; le moment lui sembla merveilleusement choisi pour la mettre à exécution.

Il descendit dans la cour de Presmes et ordonna au gros Yvon de seller son cheval.

Yvon entendait des coups de fusils et trépignait d'impatience de ne pouvoir prendre part à la lutte.

Il sella le cheval de Kérizat et l'attacha, sur son ordre, en dehors de la grille.

— Ça chauffe là-bas? demanda-t-il.

— Je suis sûr, répondit Kérizat, que ce sont encore ces misérables bandits de Carhoat!...

— *Ma fa ian!* dit Yvon.

— Garde bien le château de ce côté, mon brave, reprit le chevalier; — je vais retourner donner un coup de main à monsieur mon ami de Presmes, avant de vaquer au service du roi, qui me réclame cette nuit...

Le chevalier disparut dans la direction du jardin et laissa Yvon caresser son vieux fusil de chasse avec envie.

La fusillade continuait de l'autre côté du château.

Au bout de quelques minutes, le chevalier se montra de nouveau sur le perron de la cour.

Il était enveloppé d'un vaste manteau sous lequel sa personne disparaissait complètement.

— Yvon! Yvon! cria-t-il avec une grande affectation d'épouvante, — les Loups ont le dessus, et il faut que tout le monde travaille!... Va vite, mon homme!... M. de Presmes m'envoie te chercher!

Yvon poussa un cri de joie, brandit son fusil au-dessus de sa tête et partit comme un trait, en oubliant de dire : Ma fa ian!

Le chevalier se prit à rire...

Il descendit péniblement les marches du perron.

Si le brave Yvon fût resté à son poste, il aurait pu voir, malgré l'obscurité, qu'un pesant fardeau embarrassait la marche du chevalier.

Mais il n'y avait plus personne dans la cour. Le chevalier la traversa le plus vite qu'il put. La clé de la grille était restée à la serrure lorsque Yvon avait fait passer le cheval; Kérizat l'ouvrit et détacha la bride.

Il rejeta en arrière son manteau et découvrit la forme blanche et affaissée d'une femme évanouie, qu'il portait entre ses bras.

A la faible lueur des derniers rayons de la lune, on aurait pu reconnaître le charmant visage de Lucienne de Presmes.

Il la mit en travers sur son cheval, sauta en selle et piqua des deux, descendant au galop l'avenue.

A ce moment même, les Loups, accablés et vaincus, faisaient retraite en désordre vers la petite porte.

Ils avaient laissé bon nombre des leurs dans le jardin de Presmes, mais ils emmenaient avec eux Prégent de Carhoat, dont une main mystérieuse avait ouvert la prison, et un captif inconnu.

Ce prisonnier ne portait point d'armes. Il avait le costume d'un soldat du roi.

Les Loups franchirent la poterne et se dispersèrent dans le parc, où les gens de Presmes n'osèrent pas les poursuivre...

XXV.

LA MÈCHE.

René, le dernier des fils du marquis de Carhoat, n'ignorait plus rien des hontes de sa famille. La conversation qu'il avait eue avec son frère Martel avait confirmé les soupçons conçus par lui la nuit précédente dans le souterrain. — Il ne savait point le monde, et ces choses ne le blessaient pas au point de vue du respect humain; mais il y avait en lui un haut et pur instinct d'honneur. Pendant bien longtemps il avait respecté son père et chéri ses frères de toute la force de son cœur. Ces révélations l'accablèrent. Il passa tout le jour à errer dans la forêt, pensif et morne.

Le souvenir de Bleuette tant aimée vint parfois à la traverse de sa peine, mais ce souvenir ne le consolait point, parce que Bleuette était la fiancée de Hervé Gastel.

Il s'agenouilla plus d'une fois aux carrefours, demandant à Dieu le pardon de son père et de ses frères, demandant pitié pour sa sœur qu'il devinait malheureuse encore plus que coupable.

La nuit venue, il ne voulut point entrer à la ferme de Marlet, parce qu'il lui répugnait de refuser à ceux qu'il avait tant chéris, les caresses accoutumées.

Il savait le chemin des salles souterraines. Il monta sur le roc, poussa la pierre qui bascula autour de son pivot, et descendit l'escalier humide que nous l'avons vu franchir le matin.

Là, il s'étendit sur sa couche de la veille. — Fatigué de pleurer et de se désoler, il s'endormit.

Il y avait plusieurs heures déjà que durait son sommeil, lorsqu'il fut éveillé par un bruit soudain. Des voix et des pas se faisaient entendre dans le couloir qui communiquait avec la ferme de Marlet.

René se leva en sursaut et n'eut que le temps de se coller à la muraille, derrière un des vêtements suspendus.

La vieille Noton Renard entra, tenant à la main une résine.

Un homme était derrière elle, qui lui parlait impérieusement et la poussait en avant.

La pauvre vieille avait sur son visage ridé de la compassion et de la terreur.

— Puisque je vous dis, murmurait-elle, — que notre monsieur ne veut pas qu'on ouvre cette porte!...

— Eh bien! elle est ouverte, répondit son interlocuteur, — le plus fort est fait! Avancez, avancez, ma respectable dame... mon fardeau me fatigue, et il me tarde de m'en débarrasser.

Celui qui prononçait ces paroles se montra en ce moment au bout du couloir. Petit-René le reconnut d'un seul coup d'œil.

C'était le personnage qu'il avait vu l'avant-veille, attablé dans la salle voisine avec son père et ses frères.

Cet homme portait entre ses bras une femme évanouie dont Petit-René, dans ce premier moment, ne put point apercevoir le visage.

M. le chevalier de Briant regarda tout autour de lui et avisa l'espèce de couche que venait de quitter le dernier des Carhoat.

— Pardieu! s'écria-t-il, v ici qui se trouve à merveille!... Madame de Kérizat sera là comme dans son lit.

Il déposa Lucienne sur les vêtements amoncelés et se tourna vers Noton Renard.

— Allons, ma bonne dame, allons! lui dit-il, — occupons-nous du souper, s'il vous plaît!... Messieurs mes amis vont revenir, et je suis sûr qu'ils ont un appétit d'enfer!...

— Mais cette jeune personne a perdu connaissance, objecta Noton Renard. — Nous ne pouvons l'abandonner ainsi!...

— Ne vous inquiétez pas, ma bonne dame! répliqua le chevalier, — je suis un peu médecin, et je réponds qu'un petit évanouissement de temps en temps ne fait point de mal aux jeunes filles... Allons, leste! à la cuisine!...

Il poussa la vieille Noton, qui tourna un œil de regret vers Lucienne évanouie et sortit avec répugnance.

Le chevalier la suivit.

René entendit la lourde porte de la ferme tourner sur ses gonds grinçants, puis retomber.

Presque au même instant un grand bruit se fit à l'intérieur de la ferme. Des voix tumultueuses se croisèrent, comme si plusieurs hommes arrivaient à la fois.

Petit-René sortit doucement de sa cachette, et vint s'agenouiller près de la femme évanouie.

Par habitude, la vieille Noton avait mis une résine dans le bois fendu fixé à la muraille, et l'avait allumée.

Petit-René put reconnaître Lucienne.

De l'autre côté de la porte, Laurent, Prégent et Philippe blasphémaient à l'envi, harassés de fatigue et tout meurtris de contusions. Bien qu'ils n'eussent reçu dans la lutte aucune blessure grave, ils avaient été fort maltraités, et devaient garder longtemps le souvenir de cette soirée.

Le vieux Carhoat entrait à ce moment, sombre et taciturne.

Sur son visage pâle, il y avait une longue trace rouge.

Le coutelas d'un des piqueurs de Presmes lui avait fait cette blessure.

Il traînait derrière lui le prisonnier qu'il tenait par le collet.

Derrière encore venait Francin Renard qui perdait son sang par de nombreuses blessures, et qui s'appuyait, chancelant, au montant de la porte.

La vieille Noton ne l'apercevait point. Elle s'avança vers M. de Carhoat, et lui dit :

— Notre monsieur, mademoiselle Laure est arrivée ce soir et se repose sur le lit du petit monsieur René.

— Ah! fit le vieillard, — et René?

— Il n'est pas revenu, répondit Noton qui secoua tristement sa tête grise.

— Ah! fit encore le vieillard.

Sa figure était morne et ses yeux égarés.

— Sers-nous à boire, dit-il.

M. le chevalier de Briant était déjà assis sur l'un des bancs, et avait ses deux coudes sur la table.

En entrant, les trois frères lui avaient jeté des regards irrités.

Le marquis de Carhoat s'avança dans l'intérieur de la chambre d'un pas lent et lourd.

— Marche!... dit-il à son prisonnier.

Celui-ci passa devant. Il portait, comme nous l'avons dit, l'uniforme de soldat du roi. Un large chapeau de paysan lui couvrait le visage, et il croisait ses bras sur sa poitrine.

Il vint se mettre debout auprès de la table, et demeura immobile.

Derrière lui entra Francin Renard, qui ne pouvait plus se soutenir. Il avait au-dessus de la tempe une large blessure, et sa chemise rougie à diverses places de sa poitrine, indiquait d'autres plaies que l'on ne voyait pas.

Il fit quelques pas chancelants à l'intérieur de la chambre; le sang ruisselait autour de lui. — Puis il perdit l'équilibre et s'affaissa contre la muraille en poussant un gémissement sourd.

Sa femme Noton s'élança vers lui, épouvantée, et tâcha de le relever. Mais ses mains rencontraient partout une humidité tiède; elle tomba sur ses genoux, brisée.

— A boire! à boire! répéta le vieux Carhoat d'un ton dur et impérieux.

Noton tardait à obéir, parce qu'elle ne pouvait pas...

Francin Renard, mourant, fit un effort pour parler.

— Allons, la femme! murmura-t-il d'une voix épuisée, — laisse-moi tranquille... j'ai mon compte... Va chercher à boire à nos messieurs.

Sa tête, qui s'était redressée à demi, retomba et choqua la pierre de la muraille.

Les Carhoat répétèrent tous ensemble :

— A boire, à boire!

Noton se leva, presque folle, et alluma une résine pour descendre à la cave.

Les trois frères prirent place à table.

Le vieux marquis se tourna vers son captif.

— Qui es-tu? lui dit-il d'une voix rude.

Le prisonnier ne répondit point.

Les trois jeunes gens, alors, se prirent à le considérer curieusement.

— Qui es-tu? répéta le vieux Carhoat avec colère.

Et comme l'autre ne répondait point encore, le vieillard lui arracha violemment son chapeau de paysan.

Les trois frères poussèrent à la fois un cri de surprise.

Le vieillard porta la main à ses yeux et fit un pas en arrière.

— Ah! bah! grommela Kérizat, — c'est mon petit compagnon de voyage!... Que diable est-il allé faire dans cette bagarre!

Les Carhoat, cependant, ne revenaient point de leur surprise.

Philippe retrouva le premier la parole.

Il se leva et vint vers le garde française auquel il tendit la main.

— Bonjour, mon frère Martel, dit-il.

Les mains de Martel restèrent croisées sur sa poitrine; son regard baissé se clouait au sol.

Philippe, indécis, tourna les yeux du côté de ses frères, qui avaient le rouge au front et gardaient le silence. — Ils se sentaient devant le seul juge qu'ils redoutassent en ce monde. — Philippe regagna sa place sans mot dire.

— Diable, diable! pensait Kérizat à part lui; voilà un Carhoat que je ne connaissais pas!... Et moi qui ai été lui parler de la Topaze l'autre soir!...

— Monsieur, dit le vieux marquis en s'adressant à Martel, — pourquoi avez-vous quitté votre régiment et qui vous amène parmi nous?

— J'ai quitté mon régiment, répondit le jeune soldat d'une voix sourde et lente, — parce que la honte du nom de Carhoat est venue jusqu'à Paris... et parce que cet uniforme que je n'ai plus le droit de porter, ne va bien qu'à des hommes pouvant parler sans crainte d'honneur et de loyauté!...

— Et vous venez nous reprocher nos fautes? demanda le vieillard d'un air sombre.

— Je viens les laver avec vous, répondit Martel, qui se redressa soudain et dont le noble visage rayonna tout à coup de fierté. — Mais prenez place, monsieur mon père... nous parlerons de cela tout à l'heure et en présence de ma sœur, qui, d'après ce que je viens d'entendre, se trouve dans votre maison.

— Qu'on fasse venir Laure! dit le marquis en s'asseyant vis-à-vis de ses trois fils.

Noton rentrait avec des pots couronnés de mousse pétillante et des flacons bouchés. Elle mit le tout sur la table et courut chercher Laure.

Mademoiselle de Carhoat parut bientôt sur le seuil de la chambre qui servait de retraite à René. Elle était pâle comme une statue de marbre, et ses magnifiques cheveux blonds tombaient en boucles éparses le long de ses joues décolorées.

Martel la regarda, et son cœur se serra douloureusement. — Elle était si admirablement belle, et tant de noblesse brillait encore sur son front désolé! — La compassion l'emporta dans l'âme de Martel sur son courroux austère. Il fit pour Laure ce qu'il avait refusé à Philippe, — il s'avança à sa rencontre et la salua du nom de sœur.

Laure s'assit auprès de lui. — Elle se trouvait en face de M. le chevalier de Briant.

La vieille Noton, profitant de ce moment de répit, s'était élancée vers Francin Renard qui agonisait dans un coin.

Les convives étaient maintenant tous rangés autour de la table. Il régnait entre eux un silence glacé. Le chevalier lui-même, qui ne tarissait guère en ces occasions, n'osait prendre la parole. — Quelque chose de solennel était dans l'air.

La lumière des résines, placées aux deux côtés de la table, éclairait vivement les visages et projetait des lueurs douteuses jusqu'aux parois noircies de la salle.

Dans un coin on apercevait vaguement le groupe formé par Noton Renard et son mari, qui se mourait. — Çà et là, sur le chêne noir des vieilles armoires, les serrures et les gonds en cuivre poli jetaient une étincelle à l'œil.

Le feu s'éteignait sous le manteau de l'immense cheminée.

— Buvons! dit le vieux Carhoat.

Les verres s'emplirent et se vidèrent, mais il n'y eut point de santé portée.

Quelques secondes de silence suivirent, et Martel se tourna vers le vieux marquis.

— Monsieur mon père, dit-il, ceci est une assemblée de famille. Nous allons traiter la plus grave de toutes les questions. M'est-il permis de demander le nom de cet étranger, et de savoir à quel titre il peut demeurer parmi nous?

Depuis que Laure était assise, elle fixait sur le chevalier son regard perçant et froid. — Le chevalier perdait sous ce regard sa hardiesse ordinaire. Il baissait les yeux et se sentait mal à l'aise.

A la question de Martel, il tressaillit comme s'il eût entendu une menace de mort à son oreille.

Les quatre Carhoat ne se pressaient point de répondre.

Ce fut Laure qui prit la parole.

— Cet homme a nom : M. le chevalier de Kérizat, répondit-elle avec lenteur.

Les sourcils de Martel se froncèrent violemment. Une force invincible le souleva, et il fut sur le point de s'élancer contre cet ennemi que sa haine appelait depuis si longtemps. — Mais il se contint, et un sourire amer vint à ses lèvres.

— Ah! c'est là M. de Kérizat!... dit-il en saluant. — Je reconnais son droit à rester parmi nous... Et ce qui va se passer le regarde autant que personne.

— Je ne vous comprends pas, monsieur, dit le chevalier qui surmonta son trouble et releva ses yeux sur Martel.

— Vous n'avez pas besoin de me comprendre, répondit celui-ci.

Les trois aînés de Carhoat écoutaient inquiets et curieux. Le marquis, calme et grave, se recueillait en lui-même et sentait plus pesant à son front le fardeau de sa honte, au contact de ce jeune honneur.

Laure semblait être changée en statue. La fièvre de sa douleur était passée : il ne lui restait que le désespoir.

Elle était frappée au cœur.

En quittant la maison de M. le chevalier de Talhoët, un mouvement irréfléchi l'avait poussée vers la demeure de son père où elle était entrée comme en un dernier asile.

Peut-être du fond de son malheur eût-elle adressé des paroles de reproche à son père et à ses frères, qui ne l'avaient ni défendue ni vengée. Mais elle se taisait devant le calme sévère de Martel, parce qu'elle sentait que sa voix serait faible auprès de la voix de ce frère resté pur. Il y avait en elle un instinct qui devinait l'heure du châtiment.

Elle n'adressait à Kérizat, qui venait de tuer son bel amour, ni plaintes ni reproches. — Martel était là. C'était l'épée de Carhoat qui sortait enfin du fourreau.

— Mon Dieu ! dit Prégent, qui avait peine à respirer dans cette grave atmosphère, — nous avons fait de notre mieux ce soir et nous avons le droit de souper gaiement... Martel n'est pas si méchant qu'il veut s'en donner l'air... C'est lui, je le reconnais bien à présent, qui m'a ouvert la porte de la prison où m'avait claquemuré le vieux de Presmes... Allons, notre frère le soldat, si nous avions des châteaux, nous ne ferions pas ce diable de métier qui paraît vous mettre en colère !

— D'ailleurs, reste à savoir, dit Philippe qui gardait rancune de l'accueil reçu, — si monsieur notre jeune frère est, à l'exclusion de ses aînés, le gardien unique et naturel de l'honneur de Carhoat.

— Plût à Dieu que l'honneur de Carhoat fût encore à garder, répliqua Martel. — Je vous prie de m'écouter, messieurs, et je demande au besoin à monsieur notre père qu'il vous ordonne de me prêter attention.

Le marquis fit un geste. Les trois frères se turent. Ils se dédommagèrent de ce silence en faisant circuler la bouteille le plus fréquemment possible et en vidant leurs verres sans relâche.

Le vieux marquis lui-même buvait avec une sorte d'emportement. Il cherchait à s'étourdir, parce que la présence de Martel réveillait en lui ces idées oubliées de fierté, qui étaient son plus cruel supplice.

— Nous étions de bien grands seigneurs autrefois, dit Martel. — Il n'y avait point de nom en Bretagne qui fût au-dessus du nom de Carhoat... Je vous le demande, monsieur mon père, si, du temps de votre jeunesse, un Carhoat eût pris du service dans les gardes du roi de France, n'eût-il pas été entouré d'affection et d'estime, avant même d'avoir fait ses preuves de vaillance !...

Le marquis baissa les yeux et fit un geste équivoque. — Il but à plein verre.

— Aujourd'hui, reprit Martel, Carhoat a été insulté parmi les gardes du roi, bien qu'il eût prouvé qu'il savait tenir son épée..... Carhoat n'a pu trouver un ami entre tous les soldats de France... On lui a jeté avec mépris au visage les noms de son père, de ses frères, de sa sœur !

La paupière de Laure battit et une larme glissa sur sa joue.

— Mordieu ! s'écria Laurent, — ce mignon est-il revenu de Paris tout exprès pour nous insulter ?

Le chevalier de Briant ne buvait guère et ne parlait point. Il était brave, une rapière à la main, — mais en ce moment il avait peur !

La brusque apostrophe de Laurent dérida quelque peu son front et sembla lui rendre quelque liberté d'esprit. — Il regarda les trois frères comme s'il se fût attendu à le voir se révolter contre cette austère semonce de leur cadet.

Laurent, Prégent et Philippe avaient en effet de la colère sur leurs visages, mais l'expression calme et grave des beaux traits de Martel leur imposait. Ils mettaient leur rage à boire, et la vieille Noton, délaissant malgré elle le pauvre Francin, n'avait que le temps de remplir les pots et de déboucher de nouvelles bouteilles.

Les trois frères étaient déjà ivres à moitié.

Quant au marquis, il buvait plus qu'eux. C'était quelque chose d'étrange et d'effrayant que de voir cet homme boire, boire sans cesse avec folie, et garder sur son pâle visage une morne immobilité.

Ses yeux seuls s'animaient lentement ; il les tenait presque constamment baissés ; mais lorsqu'il relevait sa paupière, on voyait une flamme sombre brûler au fond de son regard.

— Vous parlez bien, mon fils Martel, dit-il. — Parlez encore..... Vous autres, faites silence, et buvez !

Le jeune garde française jeta sur son père un regard indécis. Il ne savait pas si ses paroles étaient vérité ou raillerie.

— Il me souvient, monsieur mon père, reprit-il, — d'une nuit où vous nous avez montré, à ma sœur Laure et moi, tous les immenses domaines que notre famille a perdus... Comme aujourd'hui, vous aviez cherché dans le vin un refuge à votre angoisse... Combien nous trouvâmes de châteaux sur notre route ! — et de manoirs jadis brillants !... et de grandes forêts !... et d'illustres ruines !... mais, en ce temps, nous n'avions perdu que des domaines, que des forêts, que des manoirs !... à l'heure où je vous parle, monsieur mon père, ne pourrais-je vous rendre les angoisses de cette nuit où, pour la première fois, je vis l'avenir se cacher à moi derrière un sombre voile ?... Au lieu de ces vastes champs, parcourus au galop par nos chevaux, revenez avec moi vers le passé... Que de ruines encore, monsieur de Carhoat !... que de gloire perdue !... que d'honneurs enfuis ! — et que de hontes amassées sur la route !

Philippe frappa violemment son verre contre la table et tâcha de se lever.

— Restez assis ! lui dit le vieux Carhoat d'une voix brève, — et buvez !

Il se tourna vers Martel et reprit :

— Mon fils, vous parlez bien : parlez encore !

Martel garda un instant le silence. — Puis il redressa son front où brillait une noble beauté.

— Je n'ai plus rien à dire, monsieur mon père, répliqua-t-il d'une voix calme et lente, — sinon que Carhoat a trop vécu.

— Carhoat mourra ! dit le vieillard avec un fier sourire et en rejetant derrière ses épaules les masses blanchies de ses cheveux.

Laure leva ses beaux yeux au ciel, comme pour demander une fin prochaine à son martyre.

Elle aussi souriait. — Ces mots de mort descendaient en son âme navrée comme des paroles d'espoir et de joie.

Une vague terreur se peignait sur les traits du chevalier. — Il ne riait plus ; il ne causait plus. — Il ne gardait rien de ces façons aimables et légères qui faisaient de lui la veille encore un précieux convive.

Les trois aînés de Carhoat arrivaient au dernier degré de l'ivresse, et ne savaient plus guère ce qui se passait autour d'eux.

Le vieux marquis, lui, avait cessé de boire. Il avait jeté son verre loin de lui, et croisait ses bras sur sa poitrine.

— Francin Renard ! dit-il.

— Francin est mort, répondit Noton en pleurant.

Le vieillard se signa et parcourut des yeux les convives.

— Ils sont trop ivres ! murmura-t-il en parlant de ses trois fils aînés, — et il faut pourtant qu'il reste ici un homme pour garder Kérizat... car Kérizat doit mourir avec nous !

Il tira son épée et la remit aux mains de Martel étonné :

— Placez-vous auprès de la porte, monsieur mon fils, dit-il, — et si M. le chevalier tente de sortir d'ici, tuez-le.

Martel prit l'épée et se plaça debout auprès de la porte.

— Mais, monsieur mon ami ! murmura le chevalier, quelle mouche vous pique, je vous prie ?... Est-ce la rage d'avoir manqué votre coup ?... Nous ne sommes pas si malheureux que vous le croyez, et l'attaque de cette nuit...

— Taisez-vous ! interrompit le vieillard...

Kérizat voulut parler encore, mais Philippe et Laurent qui, parmi leur ivresse, gardaient contre lui de vagues élans de haine, répétèrent l'ordre de leur père en fichant leurs couteaux dans le chêne épais de la table.

Kérizat pâlit davantage et se tut.

— Mademoiselle de Carhoat, dit le vieillard, — vous avez failli par notre faute, mais il y avait en vous le cœur d'un homme fort..... Je crois que vous saurez mourir... Suivez-moi !

Laure se leva, calme et si belle qu'une larme vint au seuil de la paupière du vieillard.

— Je n'ai point failli, murmura-t-elle, — mais je veux bien mourir.

Elle suivit M. de Carhoat, qui ouvrit la petite porte située entre les deux lits, et s'engagea dans le couloir menant aux salles souterraines.

Une sueur froide vint aux tempes de Kérizat ; — bien souvent il avait joué sa vie la rapière à la main, et c'était un homme intrépide, mais il ne sut point supporter l'angoisse terrible de ce moment.

Ses regards effarés firent le tour de la chambre pour chercher une issue ; il se leva par un irrésistible instinct de terreur.

La main de Laurent s'appesantit, lourde, sur son épaule.

— Ah ! ah ! chevalier, dit-il d'une voix avinée, — le vieux Carhoat ne veut pas de cela... Il a son idée... nous allons rire...

Les deux autres frères se prirent à osciller sur leurs bancs et répétèrent avec fatigue :

— Nous allons rire !...

On entendit de l'autre côté de la porte du souterrain un bruit sourd, et dont il eût été mal aisé de définir la nature...

Quelques instants après, le vieux marquis et mademoiselle de Carhoat reparurent.

La beauté de Laure avait à cette heure un caractère de résignation sublime. Elle avait rejeté en arrière les boucles de ses longs cheveux blonds; ses yeux noirs souriaient doucement, et il y avait à son front comme une auréole...

Le sang du vieux marquis était remonté à sa joue; son œil était enflammé, mais ses mouvements restaient hautains et calmes.

— Je vous remercie, ma fille, dit-il à Laure qui se rasseyait.

Puis il reprit, en s'adressant à Martel :

— Monsieur mon fils, rendez-moi mon épée.

Martel obéit; le vieillard poursuivit :

— Vous êtes venu dans ma maison, monsieur mon fils, sans y être attendu et vous y avez parlé en maître... Je suis le marquis de Carhoat, monsieur! et nul ici excepté moi n'a le droit de lever la tête. Vous m'avez offensé : je vous chasse!

— Mais, monsieur... voulut dire Martel.

— Je vous chasse! répéta le vieillard d'une voix tonnante.

En même temps il saisit Martel à bras le corps et, usant de sa force supérieure, il le mit hors d'état de faire un mouvement.

— Ouvre la porte, Prégent, dit-il.

Prégent ouvrit la porte.

Le vieillard franchit le seuil, souleva son fils entre ses bras, et l'étreignit contre sa poitrine.

C'était de la fureur, — ou c'était le dernier adieu d'une délirante tendresse. Martel perdait le souffle.

Le vieillard lui mit au front un baiser furtif et le jeta brisé au plus épais du taillis.

— Que Dieu garde, dit-il avec une émotion profonde, — le dernier des Carhoat!

Il rentra dans la maison et referma la porte derrière lui à double tour.

— Allons, enfants, buvons! s'écria-t-il, rions! chantons!... Il n'y a plus ici de trouble-fête.

. . . .

Mademoiselle de Presmes avait repris ses sens, grâce aux soins de Petit-René.

Quand ses forces furent un peu revenues, l'enfant la releva et guida ses pas chancelants jusqu'à l'issue secrète qui se trouvait au sommet du plateau de Marlet.

Lucienne souffrait. La lassitude et la frayeur arrêtaient sa marche à chaque pas. L'enfant la soutenait, et lui rendait courage.

Ils furent bien longtemps à traverser les taillis et la longue avenue.

— Ils arrivèrent enfin à la grille de Presmes, et comme Lucienne remerciait avec effusion son jeune sauveur, René lui baisa la main en disant : — Aimez bien mon frère Martel!

Puis s'approchant de son oreille, il ajouta tout bas :

— Et vous, qui êtes si riche, mademoiselle, donnez une dot à Bleuette, afin qu'elle épouse celui qu'elle aime, et qu'elle soit bien heureuse...

Une larme se balançait aux cils de sa paupière...

Il s'enfuit.

Lorsqu'il rentra dans le souterrain, la porte de la ferme s'ouvrait, et M. le marquis de Carhoat, suivi de sa fille, s'introduisait dans la salle où étaient les habillements et les munitions.

René les vit rouler vers le couloir un des tonneaux remplis de poudre.

— Mon fils Martel a raison, disait le vieillard, — il faut que Carhoat meure.

Laure répondit :

— Je suis prête, monsieur mon père.

Puis elle ajouta après un silence :

— Mais lui, notre noble Martel, pourquoi subirait-il la peine de nos fautes?...

— Martel ne mourra point, répondit le vieillard. — Ils resteront deux bons cœurs, deux âmes pures, — si René, le pauvre enfant, vit encore, — pour relever le nom de Carhoat...

Il s'arrêta et ajouta tout bas :

— Que nous avons déshonoré!

Le tonneau de poudre était dressé contre la porte de la ferme. Le vieillard y fit un trou, et alla chercher, parmi les objets qui avaient servi trois ans auparavant au siége du château de Presmes, une mèche soufrée qu'il introduisit dans le trou.

Puis il mit le feu à l'extrémité de la mèche.

Laure et lui s'éloignèrent...

René sortit de sa cachette et s'approcha lentement.

Il regarda d'un œil morne la mèche qui brûlait, qui brûlait, et qui allait se raccourcissant toujours.

Ses mains tombaient et se joignaient. Il rêvait...

La mèche brûlait et se raccourcissait.

Un sourire mélancolique vint à la lèvre de l'enfant, qui murmura le nom de Bleuette.

En ce moment des voix rauques s'élevèrent de l'autre côté de la porte : les Carhoat chantaient.

Ils chantaient dans leur langue nationale le *gwin hagwad* (vin et sang), le chant d'orgie celtique.

Les voix montaient, confuses et avinées, hurlant les vers sanglants de l'hymne barbare.

Petit-René regarda la mèche qui était bien courte maintenant, et qui se raccourcissait toujours...

Il s'assit sur la terre et appuya sa tête blonde contre le tonneau de poudre.

Et, tandis que l'orgie hurlait de l'autre côté de la porte, Petit-René rappelait à lui par la pensée les douces notes du chant de Bleuette...;

Et il lui semblait entendre comme en un rêve la belle fille de la forêt prononcer bien tristement :

« En cela les gens du lieu
« Connurent le doigt de Dieu. »

— Bleuette! ma Bleuette! murmura-t-il, — tout le bonheur pour vous...

Il souriait un sourire d'ange.

La mèche toucha le trou. La poudre s'enflamma. Le rocher de Marlet se fendit de la base au faîte...

. . . .

Il n'y avait plus qu'un trou noir à la place où s'élevait naguère la ferme de Marlet.

Le rocher s'était affaissé dans la Vanvre, qui avait changé son cours. Le choc s'était fait ressentir jusqu'à Presmes et avait jeté bas la ferme de Fontaine-aux-Perles.

Ce ne fut point le vieux Jean Tual, gruyer de la capitainerie de Liffré, qui la releva, mais bien son gendre, maître Hervé Gastel.

Tout auprès de la ferme relevée, derrière les saules de la fontaine elle-même, on voyait une tombe avec une croix.

Sous la pierre modeste gisaient les seuls corps que l'on eût trouvés après la catastrophe de Marlet.

Les autres cadavres avaient été réduits en pièces ou brûlés.

Auprès de cette tombe, M. le marquis Martel de Carhoat, devenu l'époux de mademoiselle de Presmes, venait bien souvent s'agenouiller avec Lucienne.

Il y avait sous cette pierre un cœur d'ange et un noble cœur brisé.

La croix portait les noms de René de Carhoat et de Laure...

Bleuette pleurait parfois en lavant son linge à la fontaine.

FIN DE LA FONTAINE-AUX-PERLES.

QUANDOQUIDEM,

CONTE ANTI-FANTASTIQUE.

Videlicet avait alors treize ans. C'était en ce temps un gaillard assez laid, bien qu'il soit devenu affreux depuis.

Quant à Quandoquidem, tous ceux d'entre vous qui ont fait leurs études au collége communal de Redon (Ille-et-Vilaine) ont pu l'avoir pour professeur de troisième.

Oh! le brave homme que ce Quandoquidem! Qu'il était gras! qu'il était chauve! qu'il était bègue!

Comme il détestait le professeur de mathématiques, ce long père Pandit, que ses ennemis appelaient culaire!

Comme il vénérait M. le proviseur!

Oh! l'honnête homme! et quelle femme il avait! et combien d'enfants, tous gras et rouges et hideux, les pauvres chers anges!

Il avait onze enfants portant des noms romains. — Son aîné s'appelait Coriolan, à cause de madame Quandoquidem qui avait nom Véturie.

Il était heureux au sein de cette famille latine qu'il élevait dans la crainte de Jupiter, le père des dieux et le roi des hommes...

Outre sa femme et ses onze enfants, il avait chez lui, une petite fille qu'il avait baptisée Simpronie, et qu'on appelait Niotte tout court.

Cette petite fille était jolie et douce. Son teint, un peu pâle, contrastait avec la pourpre bouffie des enfants de Quandoquidem.

Ses grands yeux bleus étaient bien purs et rêvaient souvent.

Elle avait un an de moins que Videlicet, le héros de cette histoire, qui était le plus mortel ennemi de Quandoquidem.

Niotte était la nièce du professeur.

Les onze enfants rouges et gras l'avaient prise pour souffre-douleur, et la malmenaient tant que durait le jour. — Niotte ne se plaignait point.

— Vous l'eussiez vue pensive, accoudée au balcon de bois de la fenêtre qui donnait sur la rivière de Vilaine.

Elle regardait la marée monter et envahir le petit port de Redon. — Son œil bleu se plongeait en vagues paresses, en suivant le fil de l'eau.

Elle songeait; — qui peut dire les beaux songes de l'enfant? — Quand Niotte songeait et que les onze enfants demi-sauvages venaient la mordre, la pincer, la frapper, elle se laissait faire; — et si des larmes parfois perlaient entre ses cils baissés, sa jolie bouche essayait encore de sourire...

Videlicet demeurait dans la maison voisine, et passait son temps à regarder Niotte, qui ne le voyait point. — Il détestait les onze enfants rouges pour toutes les tortures que supportait la pauvre Niotte.

Et c'étaient des batailles sans fin parce que Videlicet avait un cœur chevaleresque et qu'il avait pris à tâche de venger l'innocence opprimée.

Il était petit et grêle; ses jambes agiles et bien attachées avaient de la force, mais point d'apparence.

Quand il tombait au milieu des onze enfants rouges, conduits par Véturie, leur mère, c'était quelque chose comme Achille enfonçant les rangs des Troyens.

Videlicet frappait tant qu'il pouvait; les enfants rouges hurlaient; Véturie menaçait: c'était en vain.

La voix de Quandoquidem lui-même, qui se faisait entendre à la fenêtre, ne pouvait arrêter la fougue du vengeur de l'innocence!

Quand il avait bien frappé, emporté sans doute par l'enthousiasme de la victoire, il tirait au bon professeur une langue énorme.

Quandoquidem attestait alors Jupiter, assembleur des nuages, et vouait Videlicet aux dieux infernaux.

Les enfants rouges cependant s'éloignaient sous la conduite de Véturie, et allaient jouer quelque part sur le port, mettant leurs pieds plats dans la vase épaisse de la Vilaine, et s'y vautrant avec toute l'aisance gracieuse de ces animaux à qui le proverbe jette des perles.

Véturie avait de grands yeux bleus qui ne regardaient point du même côté. Sans ce défaut d'entente, ces yeux eussent été fort beaux et dignes en tout du visage écarlate de madame Quandoquidem.

Véturie pouvait avoir quarante-cinq ans. — Elle venait tous les jours s'asseoir à la même place sur un rouleau de cordages, sous prétexte de faire jouer les enfants rouges dans la boue.

Mais l'utilité de cette disposition compensait, et au delà, ses inconvénients, puisqu'elle permettait à Véturie d'avoir un œil sur les onze enfants rouges, et un autre œil sur un grand Anglais, maigre et blême, qui se faisait la barbe à une fenêtre voisine.

Tous les jours aussi, l'Anglais maigre se faisait la barbe à sa fenêtre.

La mousse de savon était moins blafarde que son visage.

Il avait des cheveux jaunes et des favoris paille. — Il était doué au plus haut degré de cette raideur précieuse et positivement enchanteresse qui fait reconnaître les Anglais dans les cinq parties du monde. Il s'appelait Jonathan Puddle, et vendait des rasoirs anglais de Birmingham, qu'il faisait fabriquer à Guérande.

Véturie et lui se regardaient. Nous devons avouer que Véturie était profondément touchée de voir ce gentleman maigre se faire la barbe tous les jours à la même heure.

Niotte, la pauvre fille, vaquait aux soins du ménage, — et remplaçait auprès du pot au feu la sensible Véturie.

Quandoquidem, qui était un brave homme, lui aurait certainement tenu compte de ses soins, s'il les avait aperçus; mais Quandoquidem était poëte comme tout professeur de troisième. Il célébrait Vénus et Bacchus en vers latins, et composait un recueil de thèmes qui devait porter son nom à la postérité la plus reculée.

Il avait en outre quatre heures de classe par jour; — et, le reste du temps, il buvait du cidre au cabaret.

Niotte restait seule la plus grande partie du jour. Il n'y avait point de servante dans la maison de Quandoquidem, et la pauvre fille était seule chargée de nettoyer la grande chambre où les onze enfants rouges faisaient en commun leur domicile.

Augias eût reculé devant cette étable.

Elle soupirait parfois, puis s'arrêtait, épuisée de fatigue. Mais elle ne se plaignait point, parce que c'était une douce créature dont le cœur d'ange ne savait que prier et qu'aimer.

Une fois, Quandoquidem était monté à son cabinet de travail qui était le grenier de la maison.

Tandis qu'il composait les belles phrases de son recueil de thèmes *ad usum scholarum*, Niotte était seule comme d'habitude.

Elle venait de s'asseoir, exténuée de fatigue, devant un énorme monceau de poussière, de chiffons, de noyaux de cerises et d'os à demi rongés, composant la litière accoutumée de la chambre des Quandoquidem en bas-âge.

La porte de l'escalier s'ouvrit tout doucement, et maître Videlicet s'y présenta; l'oreille basse, le chapeau à la main.

Niotte regarda ce jeune garçon chétif et laid, à qui son embarras mettait un peu de rouge sur la joue. Elle reconnut le terrible champion qui faisait chaque jour de si grands ravages dans les rangs de la famille Quandoquidem.

— Que voulez-vous? demanda-t-elle.

Videlicet tourna timidement son chapeau entre ses doigts. Il avait l'air craintif, et ses yeux priaient.

— Venez-vous parler à mon oncle? dit encore Niotte, dont la voix trouvait involontairement des accents plus doux.

Il demeura un instant comme indécis, et ses yeux naïfs disaient éloquemment la détresse de son embarras.

Puis, faisant un effort soudain pour surmonter son trouble, il saisit le balai de Niotte et se mit à l'œuvre vaillamment.

En quelques minutes, l'étable des enfants rouges fut nette et propre autant qu'elle pouvait l'être.

Niotte avait à peine eu le temps de revenir de son étonnement.

Videlicet reprit son chapeau d'un air content et fier. — Il sortit sans mot dire.

— Le lendemain il revint.

Il recommença le travail de la veille. Et tous les jours ce fut ainsi.

Les deux enfants ne se parlaient guère, mais Niotte était bien reconnaissante et Videlicet bien joyeux.

Une fois, comme il allait se retirer, Niotte lui dit:

— Vous qui êtes si bon, pourquoi battez-vous mes petits cousins?

— Parce qu'ils vous mordent, répliqua Videlicet, dont l'œil brilla de colère, — parce qu'ils vous pincent... parce qu'ils sont laids et méchants autant que vous êtes douce et jolie!...

Niotte devint toute rose. Videlicet s'enfuit effrayé.

Il y avait dix-neuf élèves dans la classe de Quandoquidem.

Videlicet était régulièrement le dernier à toutes les compositions.

Il était pauvre, chétif, et passait pour imbécile.

Quandoquidem avait assurément une bonne âme, sans rancune ni fiel; — mais il était père et il était professeur. Ses onze enfants rouges et gras, qu'il aimait, parce qu'ils lui ressemblaient tous les onze, portaient sur leurs corps dodus les marques de la vaillance de Videlicet.

Quandoquidem avait les oreilles rebattues des plaintes aigres de Véturie et des abominables clameurs de ses onze héritiers.

Videlicet, en effet, ne voulait entendre à rien. L'éloquence de Quandoquidem se brisait contre cette paresse résolue.

Il avait beau parler en grec, en latin et en français de Redon, rehaussé par des citations d'Hérodote ou de Sénèque, Videlicet restait impassible et sourd.

Il est inutile de dire au lecteur que Quandoquidem n'était point un pédant à la douzaine.

C'était un professeur de troisième, fleuri, disert, bègue, pourvu d'une langue épaisse et d'une éloquence originale autant qu'abondante.

Il ne parlait point sans employer des tours héroïques et ses moindres monosyllabes avaient une bonne odeur d'épopée.

Hélas! et Véturie, épouse de ce professeur de génie, regardait sur le port un Anglais maigre qui se faisait la barbe!...

Avec tant de motifs d'aversion et de colère, on doit penser que Quandoquidem traitait fort mal le malheureux Videlicet.

Chaque jour Quandoquidem lui infligeait ce châtiment qui est la peine infamante des colléges.

Il lui disait dans son style composite:

— *Joannes, lamentabilis puer!* prosternez-vous au milieu de la classe sur le vingt-quatrième carreau à compter de la chaire, et joignez les mains dans l'attitude qui convient à un coupable!

Nous avons oublié d'apprendre au lecteur que Videlicet s'appelait Jean Belin, et que Quandoquidem avait nom M. Rouillard.

Videlicet se prosternait de très-bonne grâce, à telles enseignes que ses malheureux pantalons étaient tout usés aux genoux par le double frottement du vingt-quatrième carreau et de ses rotules pointues.

Un de ses camarades, transformé en exécuteur des hautes œuvres, le coiffait d'un bonnet à longues oreilles et lui mettait sur le dos un écriteau où sa paresse était injuriée en latin.

Rien n'y faisait.

Il se raidissait. Coiffé d'un bonnet d'infamie et agenouillé dans la poudre, il redressait fièrement sa petite face pâle, et ses regards hardis défiaient le gros professeur.

La colère de celui-ci ne connaissait point de bornes, surtout le samedi, jour où il avait coutume de commencer le dimanche, en buvant un pot de cidre de plus au cabaret.

Il arrivait ce jour-là le cœur plein de pensées de clémence. Il était d'une gaieté heureuse et folâtre; il faisait expliquer les passages de Virgile, où l'on boit des coupes écumantes en mangeant des dos de taureaux.

Dans son humeur aimable, il traduisait nectar par cidre nouveau, et la *grasse venaison* du poëte par fricandeau piqué au lard.

Lorsque Quandoquidem arrivait ainsi le samedi, le visage épanoui et le pas flageollant, Videlicet aurait pu avoir trêve, mais il voulait la guerre. — Il s'attachait alors au professeur avec un redoublement de rancune; il mettait des éclats de rire au milieu de ses plus pompeuses périodes; il le raillait, il le provoquait, et parfois son pouce, transformé en catapulte, envoyait d'irrévérencieuses boulettes de papier jusque sur le nez de Quandoquidem!

La bonne humeur de celui-ci se changeait aussitôt en colère. Il ordonnait à Videlicet de se prosterner sur le vingt-quatrième carreau, et d'y garder l'attitude d'un scélérat convaincu de son crime! Il lui pronostiquait les galères pour sa jeunesse et l'échafaud pour son âge mûr; — puis, le cidre aidant la colère, il bredouillait d'une voix formidable la formule de l'excommunication.

— *Miserrime!* jetez-vous à la porte, ou je vais implorer sans retard les secours d'un serviteur pour vous y précipiter.

La classe riait. — Videlicet ne bougeait point.

Quandoquidem, écumant de rage, lançait sa tabatière à la tête de Videlicet, qui esquivait le coup.

La boîte allait se briser contre la muraille, et répandait çà et là son contenu subtil. — La classe éternuait en chœur.

Videlicet prenait le chemin de la porte et sortait d'un pas lent et triomphal...

La rancune s'amassait dans le gros cœur de Quandoquidem.

Une fois, le samedi, il but deux pots de cidre de supplément au lieu d'un, et arriva en classe avec une houssine cachée sous sa robe noire.

Il allait venger du même coup son importance outragée et ses onze enfants rouges continuellement battus.

Ces symptômes ne menaçaient point en vain. La comédie de chaque semaine se changea ce jour-là en drame.

Videlicet eut des coups de houssine. — Dès qu'il se sentit frappé, son maigre visage prit une expression de menace virile.

Il sortit en silence, et sur le seuil de la classe il se retourna pour montrer le poing à Quandoquidem.

C'était un homme bien heureux que ce Quandoquidem! il aimait le cidre et il en pouvait boire tant qu'il voulait. Il avait une femme aimée, pourvue d'un nom latin, et dont il comparait les regards divergents aux deux cornes d'un dilemme. Il adorait ces beaux yeux qui ne suivaient point la fade parallèle et pouvaient lui lancer des œillades alternatives. Il se mirait avec allégresse dans ses onze enfants rouges, qui rampaient autour de lui, le soir, dans la chambre commune, riant, criant, hurlant, se battant, et menant cet affreux tapage qui est si doux à l'oreille d'un père!

Il avait en outre, il avait surtout ce précieux recueil de thèmes, maintenant presque achevé, qui allait être sa gloire et sa fortune!

Tous les jours, Quandoquidem montait à son grenier pour y ajouter une page, une page chérie, une page choyée, qu'il joignait en tremblant de plaisir aux autres pages tant de fois lues et si souvent baisées!

De sa fenêtre, Videlicet le voyait souvent feuilleter son manuscrit avec amour, en déclamer à haute voix de longs passages, et raturer, et corriger, et polir....

Videlicet s'amusait singulièrement de cette tendresse passionnée; mais par un de ces sentiments fantasques qui croissent en l'esprit des écoliers, il haïssait ce malheureux manuscrit presque autant que les onze enfants rouges.

C'était aussi un fils de Quandoquidem, le plus aimé de ses fils, — et en outre c'était un magasin à *devoirs*, un réservoir de pensums, un livre de plus dans cette bibliothèque maudite que les pédants colligent pour le plus grand ahurissement de la jeunesse...

En sortant de la classe, Videlicet roulait en son cœur de redoutables projets de vengeance. — Ceux qui le rencontrèrent cette après-midi dans les rues de Redon frissonnèrent de la tête aux pieds, tant il était terrible à voir!

Il avait les cheveux épars, les habits en désordre; son pantalon était relevé au-dessus de la cheville, — beaucoup au-dessus, — de manière à laisser voir sa jambe maigre sous un bas de laine poivre et sel qui retombait sur ses souliers éculés.

Sa casquette était restée Dieu sait où. — Il allait comme le vent, les coups de houssine de Quandoquidem lui brûlaient le dos.

Ce fut au logis même du professeur que s'arrêta sa course. Il monta l'escalier raide, noir et gras, et se trouva bientôt en présence de Niotte.

Niotte était seule comme d'habitude. Véturie et ses onze enfants venaient de partir pour le port, les uns afin de jouer dans la vase, l'autre pour contempler, du plus beau de ses yeux, l'Anglais blême qui se faisait la barbe. Hélas! vous allez voir...

Niotte, accoudée sur le balcon de bois, regardait le flot vert, et suivait d'un œil distrait les petits bateaux que relevait le flux.

Elle rêvait, doucement bercée d'espérances vagues qui lui montraient dans l'avenir de beaux arbres touffus, du gazon et des fleurs...

Elle fit à Videlicet, qui entrait, un signe de tête amical.

C'étaient tous les deux déjà de vieilles connaissances. Il y avait bien trois mois que Videlicet remplissait tous les jours la tâche de Niotte. — Niotte qui avait bon cœur, était reconnaissante. Elle voyait Videlicet à travers sa gratitude. Elle ne s'apercevait pas qu'il était jaune, chétif et laid.

Elle l'aimait.

— Qu'avez-vous donc, Jean Belin? dit-elle: — comme vous voilà fait ce soir!..

Elle essuya du coin de son tablier bleu la sueur qui coulait sur le front de l'écolier.

— Niotte, dit-il à voix basse et le rouge à la joue, je suis venu vite parce que l'on m'attend... Votre oncle a besoin de son recueil de thèmes... Donnez-le bien vite, car je suis pressé.

— Je ne sais pas ce que c'est que ce recueil de thèmes, répliqua la jeune fille.

— Je le sais bien, moi, dit vivement Videlicet. — Il est là-haut, dans la chambre de votre oncle... Ce sont ces papiers attachés avec une faveur rose.

La jeune fille hésita et regarda Videlicet avec un peu de défiance.

Celui-ci, malgré les formidables pensées qu'il roulait dans son cerveau, eut la force de sourire.

— Je vais aller chercher ces papiers, dit Niotte.

Elle monta l'échelle qui conduisait au grenier. Videlicet la suivit.

Le manuscrit du recueil de thèmes était enveloppé précieusement dans un vieux mouchoir à carreaux, de peur des rats qui habitaient en grand nombre le grenier.

— Le voilà, dit Videlicet qui le reconnut d'un coup d'œil.

— Mais, répliqua Niotte embarrassée, — est-il bien vrai que mon oncle vous a chargé?...

— Oui, oui, Niotte, interrompit l'écolier dont une joie méchante éclairait le visage. — Oui, oui, ma chère Niotte! votre oncle va être content!

Il saisit l'infortuné manuscrit et descendit l'échelle quatre à quatre.

Niotte demeura inquiète et presque repentante.

Videlicet acheta un fagot et rentra chez lui.

Comment exprimer en vile prose les catastrophes qui vont suivre? Quandoquidem vous étiez trop heureux! l'Olympe envia votre bonheur!.....

Les poëtes ont raconté des choses analogues, mais jamais des choses aussi fortes.

Pâris enleva Hélène, Orphée perdit Eurydice; bien d'autres femmes quittèrent bien d'autres maris. Mais pourrait-on trouver dans les récits de l'histoire ou dans les belles exagérations de la mythologie un triste époux qui perd à la fois sa femme louche et onze enfants rouges et gras!....

La pensée seule d'une calamité si noire met des larmes amères dans les yeux de celui qui écrit ces lignes!

Ce fut un Anglais... — oh! les Anglais! ces oppresseurs de l'Irlande! ces tyrans de l'Inde! ces traficants avides qui ont dans leur bourse de l'or volé dans les cinq parties du monde!

Que de choses encore nous aurions à dire sur les Anglais, si l'importance des événements qui vont suivre ne nous défendait pas impérieusement toute espèce de digression!

Il faut bien le dire, — Véturie s'était assise tant de fois sur l'écheveau de cordages, faisant face à la fenêtre de l'Anglais maigre, que l'un de ses yeux s'était épris fougueusement des charmes du gentleman.

Cette mère des onze enfants rouges de Quandoquidem fut percée au cœur de la même flèche que Didon, que Calypso, qu'Hermione, qu'Ariane, que Phèdre et que tant d'autres dont son époux lui avait dit les noms harmonieux.

Celui de ses yeux qui se dirigeait vers l'Anglais fut fort éloquent. — Le perfide enfant d'Albion comprit sa victoire.

Il avait inondé Redon de rasoirs et de petits couteaux. Les affaires n'allaient plus. — Une idée infernale germa dans son cerveau, recouvert de cheveux jaunes.

Un jour, — ce samedi fatal où Quandoquidem avait donné des coups de houssine à Videlicet, — une diligence, achetée à grands frais par le marchand immoral de rasoirs de Birmingham, s'avança sur le port.

La coupable Véturie appela ses onze enfants rouges qui jouaient dans la vase; elle les fit monter dans l'intérieur de la diligence. — Elle-même, à l'aide de son œil gauche, jeta un regard de regret vers la maison conjugale dont elle apercevait au bout du port l'encoignure enfumée. — Puis, fascinée par la présence de l'Anglais maigre qui lui offrait la main, elle monta dans la diligence à son tour!...

C'en était fait! — L'Anglais poussa un cri de triomphe.

La diligence partit au grand galop, emportant vers des contrées lointaines la coupable Véturie et les onze enfants rouges de Quandoquidem.

Celui-ci était bien loin de se douter des malheurs que Jupiter faisait fondre sur lui.

Au sortir de sa classe, il monta dans son grenier pour se plonger dans la contemplation de son recueil adoré de thèmes.

Il ne le trouva point. — Une angoisse terrible lui déchira le cœur. — Il chercha sur les meubles, sous les chaises, dans l'armoire. — Il défit les carreaux pour voir si le manuscrit était dessous...

Rien! rien! rien!

Et, tandis qu'il se lamentait, poussant des cris impossibles à rendre, Niotte monta tout essoufflée et s'écria:

— Ah! mon oncle! mon oncle! on dit que le marchand de rasoirs a enlevé ma tante avec mes petits cousins et mes petites cousines!...

Quandoquidem n'entendait pas et gémissait.

— Mon recueil de thèmes! mon pauvre manuscrit! mon amour! mon bonheur! —

Il s'élança vers la fenêtre pour mettre fin à une vie désormais insupportable.....

Mais comme il allait se précipiter sur le pavé, il aperçut au-dessous de lui, à une croisée voisine, la tête pâle et grimaçante de Videlicet, qui le regardait avec un sourire cruel.

Videlicet lui fit un signe et rentra dans sa chambre.

En se retirant de la fenêtre, il démasqua un petit bûcher qui brûlait sur le carreau, et où des papiers achevaient de se consumer.

Et Quandoquidem contemplait tout cela d'un air stupide.

Videlicet riait à gorge déployée.

Il éleva et brandit au-dessus de sa tête deux feuilles de papier pour les jeter ensuite dans son bûcher. C'étaient les dernières. Videlicet les regarda brûler en se frottant les mains.

L'infortuné professeur tomba à la renverse sur le plancher de son grenier.

Sur l'une des feuilles qui se consumaient maintenant, il avait lu écrit en grosses lettres :

RECUEIL DE THÈMES
et
DE TOURNURES ÉLÉGANTES
par
M. J.-F. ROUILLARD,
Professeur au collége communal de Redon.

En même temps il comprit vaguement, à la fin, les paroles de Niotte.

Plusieurs jours s'étaient passés depuis ces événements extraordinaires.

Quandoquidem gisait dans son lit en proie à une fièvre accablante.

Il avait le délire, et, dans son transport, il se croyait entouré de son recueil de thèmes et de ses onze enfants. Il appelait Véturie, il appelait Coriolan, Scipion, Métellus, Publicola, Agrippa, Ahénobarbus, Tarquin, Lucrèce, Cornélie, et leur disait de lui apporter les feuilles de son manuscrit bien-aimé...

C'était à fendre le cœur!

Niotte pleurait, la pauvre enfant, comme une Madeleine. — Videlicet pleurait aussi.

Car il était là, le coupable! l'assassin du manuscrit de Quandoquidem! il était là, le larron, l'incendiaire, et son repentir égalait ses forfaits!

Il veillait nuit et jour le malheureux professeur, il suppléait à la faiblesse de Niotte, et jamais auteur du recueil de thèmes, pris d'une fièvre chaude, ne fut si bien soigné que Quandoquidem.

Le moment où il revint à la raison fut navrant et terrible.

Quand Niotte lui raconta, sur ses instances répétées, ce qui s'était passé, il faillit retomber dans son transport.

La vue de Videlicet surtout, l'infâme meurtrier de son cours de thèmes, exaltait de nouveau sa rage.

— Approche, malfaiteur, s'écria-t-il en son style tragique; viens ici que je t'immole à ma vengeance, *carnifex!*

Videlicet ne crut point d'abord devoir obtempérer à cet ordre; mais enfin, saisi d'un de ces beaux mouvements, si fréquents dans l'antiquité grecque et romaine, il prit un couteau de cuisine et le mit dans la main de Quandoquidem.

Puis il découvrit sa poitrine étique, et dit avec un geste de héros :

— Immolez!...

Quandoquidem demeura frappé de ce trait qui n'eût point déparé la vie de Thémistocle.

Il tira doucement l'oreille de Videlicet et lui dit :

— *Tu Marcellus eris, nebulo!*

Ce qu'il traduisit immédiatement pour l'usage de sa nièce :

— Petit monstre, tu feras ton chemin!

A dater de ce moment, Quandoquidem et Videlicet furent une paire d'amis. Quant à la coupable Véturie et aux onze enfants rouges, on apprit postérieurement que leur diligence avait versé dans l'une de ces profondes carrières qui bordent la route de Redon à Vannes.

Les beaux yeux de Véturie ne l'avaient point préservée d'un sort fatal. Elle et ses onze enfants avaient vu les sombres bords en compagnie de l'Anglais, débitant de rasoirs.

Terrible et juste récompense de leur crime!...

Laure auprès de Talhoët blessé.

Quandoquidem, appuyé sur l'exemple d'Orphée, d'Énée et d'autres époux célèbres dans les classes, eut bien un instant l'idée d'aller chercher sa femme aux enfers; mais il dut renoncer à cette entreprise honorable, faute de savoir le chemin.

Ses regrets amers se changèrent à la longue en une mélancolie douce. — Le samedi soir, il allait dans les bosquets qui bordent la Vilaine, et répétait aux échos le nom de Véturie!

Quant à Videlicet, il épousa Niotte, après qu'il eut recopié de sa main tout le fameux recueil de thèmes.

Ce fut un ménage heureux. Quandoquidem tint leur premier enfant sur les fonts baptismaux, et le nomma Caracalla. — Mais ce jeune Videlicet est plus connu à Redon sous le nom de Verumenimvero.

FIN.

www.ingramcontent.com/pod-product-compliance
Lightning Source LLC
LaVergne TN
LVHW010622110826
845149LV00003B/1015

* 9 7 8 2 0 1 9 2 0 5 2 4 9 *